Storytelling für Unternehmen

Neuerscheinungen, Praxistipps, Gratiskapitel,
Einblicke in den Verlagsalltag –
gibt es alles bei uns auf Instagram und Facebook

instagram.com/mitp_verlag   facebook.com/mitp.verlag

Miriam Rupp

Storytelling für Unternehmen

Mit Geschichten zum Erfolg in Content Marketing,
PR, Social Media, Employer Branding und Leadership

Bibliografische Information der Deutschen Nationalbibliothek
Die Deutsche Nationalbibliothek verzeichnet diese Publikation in der Deutschen Nationalbibliografie; detaillierte bibliografische Daten sind im Internet über http://dnb.d-nb.de abrufbar.

Bei der Herstellung des Werkes haben wir uns zukunftsbewusst für umweltverträgliche und wiederverwertbare Materialien entschieden.
Der Inhalt ist auf elementar chlorfreiem Papier gedruckt.

ISBN 978-3-7475-0559-5
2. Auflage 2022

www.mitp.de
E-Mail: mitp-verlag@sigloch.de
Telefon: +49 7953 / 7189 - 079
Telefax: +49 7953 / 7189 - 082

© 2022 mitp Verlags GmbH & Co. KG, Frechen

Dieses Werk, einschließlich aller seiner Teile, ist urheberrechtlich geschützt. Jede Verwertung außerhalb der engen Grenzen des Urheberrechtsgesetzes ist ohne Zustimmung des Verlages unzulässig und strafbar. Dies gilt insbesondere für Vervielfältigungen, Übersetzungen, Mikroverfilmungen und die Einspeicherung und Verarbeitung in elektronischen Systemen.

Die Wiedergabe von Gebrauchsnamen, Handelsnamen, Warenbezeichnungen usw. in diesem Werk berechtigt auch ohne besondere Kennzeichnung nicht zu der Annahme, dass solche Namen im Sinne der Warenzeichen- und Markenschutz-Gesetzgebung als frei zu betrachten wären und daher von jedermann benutzt werden dürften.

Lektorat: Sabine Schulz
Sprachkorrektorat: Petra Heubach-Erdmann
Covergestaltung: Designbüro »Madame Design« / Anne Adam
Satz: III-satz, www.drei-satz.de
Druck: Plump Druck & Medien GmbH, Rheinbreitbach

Inhaltsverzeichnis

	Einleitung.	9
	Teil I – Was ist eine Geschichte?	10
	Teil II – Wie werden Geschichten erzählt?	12
	Teil III – Welche weiteren Anlässe für Storytelling gibt es?	13
	Teil IV – Wie finden Unternehmen Geschichten?	14
	Microsoft Stories	14
	Gendergerechte Sprache in diesem Buch	18
1	**Wirkung von Geschichten**	19
	Magnetische Anziehungskraft für unsere Aufmerksamkeit	20
	Akku für unser Interesse	24
	Spiegel für unsere Bedürfnisse	25
	Sprungbrett für echtes Handeln.	28
	Attention – Interest – Desire – Action.	29
Teil I	**Was ist eine Geschichte?**	**35**
2	**Was ist eine Geschichte?**	37
	Ein Drama in fünf Akten	37
	Die Heldenreise nach Joseph Campbell	44
	Voglers Heldenreise – Brand Storys in zwölf Phasen	54
	Big Data führt eine universelle Storytelling-Struktur ans Tageslicht	65
3	**Vision – Ziel der Heldenreise**.	67
	Warum?	67
	Alte vs. neue Welt	70
4	**Konflikte – Hindernisse der Helden und Heldinnen**.	75
	Mensch gegen Mensch	75
	Mensch gegen Gesellschaft.	78
	Die Ruhe nach dem Sturm	83
5	**Unternehmen als Mentor und Mentorin**.	89
	Förderung statt Angst – Die Spitze der Bedürfnispyramide	89
	Die vielen Gesichter des Mentors und der Mentorin	93

		Brand-Mentor-Archetypen	95
		Archetypen statt Klischees – Drei Nachhaltigkeitsmarken im Charakter-Vergleich	106
6		**Kundinnen und Mitarbeitende als Heldinnen: Sieben Plots**	115
		Das Monster besiegen	115
		Vom Tellerwäscher zum Millionär	117
		Die Suche/Quest	119
		Reise und Rückkehr	121
		Komödie	122
		Tragödie	124
		Wiedergeburt	126
		Fazit	127
7		**Unternehmen als Held und Heldin – Sieben Plots**	129
		Die Heldenreise eines Unternehmens	129
		Sieben Unternehmensplots	132

Teil II	**Wie werden Geschichten erzählt?**	141
8	**Der zentrale Charakter**	143
	Fiktional	143
	Nicht-fiktional	144
	Welcher Charakter ist am beliebtesten?	147
	Diversität bei der Wahl der Charaktere	149
9	**Aufmerksamkeit bekommen, halten und belohnen**	153
	Payoff – Aufmerksamkeit belohnen	153
	Hook – Aufmerksamkeit bekommen	155
	Hold – Aufmerksamkeit halten	159
10	**Transmedia-Strategien**	165
	Warum Transmedia?	167
	Was ist Transmedia?	169
	Partizipation des Publikums	171
	Transmediale Strategien	174
11	**Visuelles Storytelling**	185
	Wie sieht die visuelle Story-Welt aus?	186
	Visuell im Mittelpunkt: Der Held	188

	Kontrast bringt Konflikt und Transformation zum Vorschein	190
	Welches Ziel haben Auge und Held?	192
	Visuelles Storytelling in bewegten Bildern	194
12	**Storytelling mit Daten**	199
	Typen von Daten-Geschichten	201

Teil III Welche weiteren Anlässe für Storytelling gibt es?   217

13	**Storytelling für Technik- und B2B-Themen**	219
	Es geht am Ende immer um Menschen	222
	Einfach und emotional statt Business und Buzzwords	224
	Glaubwürdig und gezielt eine Nische besetzen	227
	The Epic Split	228
14	**Employer Branding**	231
	Die Geburtsstunde des Employer Branding	231
	Werte sind wichtiger als Gehalt	233
	Employee Storytelling	234
	Storytelling für Stellenbeschreibungen	236
	Wo werden Employer-Branding-Storys erzählt?	237
	DAX-40-Ranking: Storytelling auf Karriereseiten	238
15	**Leadership Storytelling**	241
	Anlässe für Leadership Storytelling	241
	Wie erzählen Führungskräfte Geschichten am besten?	259
	FROM: Satya Nadella TO: All Employees	262
	Fazit	264

Teil IV Wie finden Unternehmen Geschichten?   267

16	**Storylistening**	269
	Perspektivwechsel	272
	Social Media Monitoring	273
	Weitere Story-Ideen	275
17	**Checklisten**	277
	Das Unternehmen als Mentor	278
	Plot	279

Charaktere 279
Kampagnen und Content 280
Employer Branding 280
Leadership 281

Stichwortverzeichnis 283

Einleitung

Unternehmensgründer, Traditionskonzerne, Manager und Managerinnen im Marketing und Personalverantwortliche stehen vor einer der größten Herausforderungen der letzten 100 Jahre. Kunden wie auch Mitarbeitende lassen sich nicht mehr mit plakativen Werbebotschaften überzeugen. Sie sind dank sozialer Medien informierter, anspruchsvoller und kritischer denn je. Auf der anderen Seite überwältigt sie die Flut an Nachrichten, Meinungen und Katzenbildern im Internet. Wie dringen Unternehmen unter diesen neuen Voraussetzungen noch durch und können langfristig überzeugen?

Indem sie zu einer der intuitivsten und wirkungsvollsten Methoden zurückkehren, mit denen Menschen seit jeher kommunizieren. Nach Jahrzehnten der Kommunikation von oben herab gilt es, die Kunst des Geschichten-Erzählens wieder neu zu erlernen. Das Ziel ist es, Konsumenten und Konsumentinnen wie auch Angestellten auf Augenhöhe zu begegnen und sie für die eigenen Ideen, Werte und Visionen zu gewinnen. Mit Storytelling verschaffen sich Führungskräfte in ihrem Team Aufmerksamkeit, Glaubwürdigkeit und Unterstützung. Für Marketing-Abteilungen ist es das Fundament in der Kundenkommunikation über alte und neue Kanäle, ob PR, Content Marketing, Social Media oder klassische Werbung.

Marken wie Patagonia, Apple, Dove oder airbnb sind heutzutage in aller Munde, wenn es um Brand Storytelling geht. Doch was genau machen sie anders, als wir es von der traditionellen Unternehmenskommunikation kennen? Was können Sie von ihnen lernen? Diese und viele weitere Unternehmen schauen wir uns genauer an, von groß bis klein, von Frachtschiffen bis Kondome, von Traditionskonzern bis Start-up. Anhand konkreter Beispiele lernen Sie, wie Storytelling erfolgreich im Marketing und in der Unternehmensführung eingesetzt werden kann.

Immer wieder werden Sie im Laufe dieses Buches detaillierte Fragestellungen erhalten, die Sie auf Ihr Unternehmen anwenden können. Diese sind besonders hervorgehoben und somit einfach nachzuschlagen. So finden Sie Ihre ganz eigene Brand Story. Zur Inspiration und Veranschaulichung bietet jedes Kapitel spannende Beispiele aus der Praxis. Diese sind zum Nach- oder auch Überblättern mit einem Balken an der Seite markiert und in jedem Kapitel abschließend jeweils in einer Linkliste zusammengefasst. Alle gesammelten Beispiele finden Sie zudem auch unter http://storytelling-fuer-unternehmen.de/beispiele.

Neben den genannten Beispielen geben Interviews mit Entrepreneuren, Agenturen und Storytelling-Verantwortlichen in Unternehmen ganz persönliche Eindrücke und Aufschlüsse aus der Praxis.

150 Illustrationen des Designbüros »Madame Design« / Anne Adam veranschaulichen die vielfältigen Beispiele. Diese geben dem Buch nicht nur eine ganz eigene optische Note, sondern helfen den Leserinnen und Lesern zusätzlich, die Ausführungen auch visuell gut nachvollziehen zu können.

Für alle, die noch Zweifel an der Wirkung von Geschichten haben, beginnt Kapitel 1 dieses Buches mit einem Exkurs in das menschliche Gehirn. Die gute Nachricht vorweg: Klassische Marketing-Ansätze wie das AIDA-Modell müssen nicht komplett über Bord geworfen werden. Im Gegenteil, Storytelling aktiviert in unseren Köpfen genau jene Aspekte, die Sie mit der Unternehmenskommunikation erreichen wollen: Aufmerksamkeit, Interesse, Bedürfnis und Handlung. Nur auf eine etwas andere, jedoch viel wirkungsvollere Art und Weise.

Teil I – Was ist eine Geschichte?

Der Begriff »Storytelling« als solcher setzt sich aus zwei wesentlichen Bestandteilen zusammen:

»Story« – Was ist eine Geschichte?

»Telling« – Wie werden Geschichten erzählt?

Im ersten Teil dieses Buches geht es darum, welche Bestandteile eine Geschichte enthalten sollte und wie sich diese auf Unternehmensgeschichten übertragen lassen. Dieser Teil dient nicht nur dazu, dass Sie für Ihr Unternehmen Helden bzw. Heldinnen, Konflikte, ein Happy End und letztendlich Ihre eigene Rolle in der Geschichte finden. Storytelling-Elemente können auch in die andere Richtung eingesetzt werden und Ihrem Unternehmen durch wesentliche Fragen bei der Findung Ihrer Strategie, Vision und Werte helfen.

Was macht eine Heldin oder einen Helden aus? Ist es sein gutes Aussehen? Sein Charakter, seine Eigenschaften und Talente?

Was macht eine gute Geschichte aus? Möglichst fiese Bösewichte oder zwei Liebende, oder beides?

Was hat Storytelling mit Marketing, PR, Social Media, Leadership oder Employer Branding zu tun? Sind Unternehmen die Helden, die ihre Mitarbeitenden, Kundinnen und Kunden retten, oder andersherum?

Auf diese und viele weitere Fragen gibt es vielschichtige Antworten, die Unternehmen helfen, ihre ganz eigene(n) Geschichte(n) zu definieren. Die Erkenntnisse liegen uns bereits in millionenfacher Form vor, in all den Büchern, Filmen, Sagen und Serien, die jeder von uns zum Vergnügen konsumiert:

Jede Geschichte besteht aus Anfang, Mitte und Ende. In Kapitel 2 erfahren Sie, was genau Aristoteles und seine Nachfolger damit meinen und welche Struktur nicht nur Homers »Odyssee« oder George Lukas' »Star Wars« geprägt haben, sondern auch in 30-sekündigen Super-Bowl-Spots ihren Platz finden. Joseph Campbell und Christopher Vogler haben uns bereits viel Arbeit abgenommen und anhand Hunderter Klassiker identifiziert, wie das immer wiederkehrende Abenteuer des Protagonisten aussieht. Steve Jobs' legendäre Stanford-Rede oder die Kampagnen von Dove beweisen, dass jeder Schritt dieser typischen Heldenreise auch in der Unternehmenskommunikation angewandt werden kann.

Kapitel 3 beschäftigt sich mit dem Ende einer jeden Geschichte, das Ziel der Heldin oder des Helden, das sie oder ihn ins Abenteuer springen lässt. Auch jedes Unternehmen sollte eine Vision haben. Nicht ohne Grund sind genau jene Marken, die ihr persönliches »Warum« stärker in den Mittelpunkt stellen als das »Was« oder »Wie«, erfolgreicher, begehrter und begeisterungsfähiger. Storytelling und die Definition einer Vision gehen Hand in Hand. Dabei kann die Kunst des Geschichtenerzählens helfen, die Vision zu finden, genauso wie diese wiederum der Geschichte ihr Ziel gibt.

Doch ein Held wäre kein Held und eine Geschichte nicht eine Geschichte, wenn das Ziel ohne Weiteres mühelos erreicht wird. In Kapitel 4 geht es daher um die Konflikte und Gegner, die ein weiterer wesentlicher Bestandteil des Storytelling sind. Vor ihrer Thematisierung wurde vor allem im traditionellen Marketing bisher zurückgeschreckt. Dabei sind sie das Salz in der Suppe und genau der Baustein, der dafür sorgt, dass unser Publikum mitfiebert und sich mit dem Helden identifiziert, und das auch langfristig.

In den Kapiteln 5 bis 7 räumen wir mit einem Vorurteil auf, das bis zu dieser Stelle noch viele von Ihnen haben könnten. Besonders spannend für Unternehmen ist nämlich die Tatsache, dass es nicht nur **eine** Heldin oder **einen** Helden und somit nicht nur **eine** Geschichte gibt. Je nachdem, mit welcher Intention welches Publikum angesprochen wird, haben Sie etliche Protagonisten zur Auswahl, aus deren Sicht immer wieder neue Kapitel geschaffen werden können. Je nachdem, ob es darum geht, eine Marke zu stärken, ein Produkt zu launchen, als attraktiver Arbeitgeber die besten Talente anzuziehen, Kundenengagement zu steigern oder die interne Unternehmenskultur zu pflegen, wird nicht nur das Unternehmen selbst als Held ins Rampenlicht gestellt, sondern vor allem seine Kunden und Angestellten. Selbst Akteure, die noch weiter unten in der Peripherie sind, können zum Helden oder zumindest zur Erzählerin erkoren werden, wie Lieferanten, Kinder der Mitarbeitenden oder gar Lieblingsgegenstände der Kunden und Kundinnen.

Wenn das eigene Team und die Konsumentinnen und Konsumenten auch Helden sind, welche Rolle spielen dann die Unternehmen selbst? Schließlich sind sie es doch, von denen die Kommunikation und die Kampagnen ausgehen! Der Mentor bzw. die Mentorin ist eine wichtige Rolle, mit der sich Firmen als Begleiter ihrer Helden identifizieren sollten. Die Bedürfnisse ihres Publikums genau zu erkennen und zu unterstützen, ist ihre wichtigste Aufgabe. Kapitel 5 zeigt Ihnen den Unterschied zwischen der »dunklen Kunst des Marketings«, die kaum noch zeitgemäß ist, und dem Storytelling. Die Bedürfnispyramide von Maslow veranschaulicht, welche Ziele, Werte und Wünsche Ihre Zielgruppen heutzutage haben und wie Sie als Unternehmen diese adressieren können. Doch Mentor ist nicht gleich Mentor, Obi-Wan Kenobi ein ganz anderer Archetyp für Luke Skywalker als Athena für Odysseus. 15 Mentortypen schauen wir uns anhand konkreter Beispiele genauer an. Dies dient jedoch vor allem als Inspiration für Unternehmen, auch darüber hinaus ihre ganz persönliche Rolle und somit auch ihre Tonalität und Hilfsmittel zu definieren, auf deren Grundlage sie mit ihrer Zielgruppe bzw. ihren Helden und Heldinnen kommunizieren wollen.

Die Heldenreise oder Mentortypen sind jedoch nicht die einzigen Modelle oder Schablonen, mit denen Sie ganz konkrete Storytelling-Hilfsmittel haben. In Kapitel 6 geht es um sieben grundlegende Plots, in die sich die meisten Geschichten kategorisieren lassen. Diese wiederum können Sie nutzen, um aktiv Ihre Storys in Form zu bringen, sowohl in der Rolle als Mentorin als auch, wenn Sie selbst der Held sind, womit dieser Teil in Kapitel 7 abschließt.

Teil II – Wie werden Geschichten erzählt?

Nachdem Sie Held, Ziel, Konflikte und Verbündete, Anfang, Mitte und Ende definiert haben, stellt sich für Unternehmen vor allem die Frage, wie genau sie ihre Geschichten an ihr Publikum bringen. Hiermit beschäftigt sich der zweite große Block dieses Buches, in dem es um den »Telling«-Teil des Storytelling geht.

In Kapitel 8 schauen wir uns an, welche Charaktere Sie einsetzen können, damit das Publikum die Marke immer wiedererkennt. Fiktionale oder echte Charaktere, welche Vorbilder gibt es und was ist am beliebtesten?

Aufmerksamkeit bekommen, halten und belohnen – Hook, Hold, Payoff – das sind die schwierigsten Herausforderungen im Lebenszyklus einer Geschichte, um die es in Kapitel 9 geht. Erst in diesem Dreiklang kann sie ihre volle Wirkung entfalten. Von »Zurück in die Zukunft« bis hin zu Tolstoi lernen Sie, wie auch Unternehmen aus Mustern ausbrechen, Cliffhanger erzeugen und Informations- oder Unterhaltungswert bieten können.

Kapitel 10 beleuchtet die Komplexität des transmedialen Storytelling und gibt Ihnen einen Kompass, um den für Sie richtigen Weg zu finden. Mit dem Einzug der sozialen Medien und mobiler Technologien hat sich die Art und Weise, wie Unternehmen Geschichten erzählen können, radikal geändert. Nutzer konsumieren nicht nur, sie produzieren und verändern auch Inhalte. Sie führen Konversationen untereinander und auch mit Unternehmen. Die Herausforderung besteht vor allem darin, sich in der Vielzahl an verfügbaren Plattformen und Kanälen zu orientieren, um sowohl die eigene Geschichte entsprechend präsentieren als auch die Interaktion und das Engagement des Publikums entsprechend mitgestalten zu können.

In Kapitel 11 geht es darum, wie uns Bilder emotional auf eine Heldenreise mitnehmen und Teil einer Geschichte werden können. Immerhin generieren visuell untermalte Storys mehr Aufmerksamkeit, werden schneller verstanden sowie besser behalten und erzielen eine höhere Erfolgsquote bei gewünschter Partizipation. Ob Foto oder Video, mit oder ohne Ton, lang oder kurz, visuelles Storytelling ist ein unerlässliches Stilmittel im Repertoire von Geschichtenerzählern in Unternehmen.

Eine weitere Herausforderung ist das Spannungsfeld von Big Data und Storytelling. Aus einem Übermaß an Informationen gilt es, die Essenz herauszuziehen und diese so zu präsentieren, dass sie Verständnis, Emotion und Handeln bewirkt. Mit Daten-Geschichten, mit denen wir uns in Kapitel 12 beschäftigen, können Unternehmen das Wissen, auf dem sie sitzen, so erzählen, dass ihr Publikum aus der Welt des Unbekannten in die Welt neuer Erkenntnisse geführt wird.

Teil III – Welche weiteren Anlässe für Storytelling gibt es?

Storytelling ist nicht nur ein Thema für Lifestyle-Produkte, wie Energy-Drinks oder Smartphones. Viele bekannte und erfolgreiche Kampagnen von Mainstream-Unternehmen lassen jedoch diesen Eindruck vermuten. Dabei bieten Geschichten gerade für technische oder Nischen-Themen enormes Potenzial, das meist auch einfacher umzusetzen ist als angenommen. Daneben ist Storytelling nicht nur ein Tool für die Kommunikation nach außen, sondern auch für Personalentscheider und Unternehmer generell von großer Bedeutung.

In Kapitel 13 sehen Sie, wie selbst vermeintlich trockene B2B-Themen, wie Containerschiff-Reedereien, Spezialtiefbaugeräte oder Logistikunternehmen, mithilfe von Geschichten so verpackt werden, dass sogar Menschen, die sich sonst gar nicht damit beschäftigen würden, davon angezogen werden. Sie werden sehen, dass alles, was Sie zuvor in diesem Buch gelesen haben, mit wenigen Schritten auch auf komplexe Themen anwendbar ist.

Beim Employer Branding – auf der Schwelle von der externen zur internen Kommunikation – dreht sich in Kapitel 14 alles darum, wie Unternehmen Storytelling einsetzen können, um Talente zu gewinnen. Alles, was Sie zuvor über die Bedürfnisse Ihres Publikums, Ihre Rolle als Mentor oder Mentorin, den eigentlichen Helden und Heldinnen – nämlich in diesem Falle Ihre Mitarbeitenden – und transmediales Storytelling erfahren haben, können Sie in diesem Kapitel auf eine Ihrer größten Herausforderungen projizieren, den *War of Talents*.

Wie Storytelling eingesetzt werden kann, um Ihre bestehenden Mitarbeitenden möglichst lange zu halten, zu motivieren und zu führen, beleuchtet Kapitel 15. Leadership-Geschichten helfen, die Vision, Werte und Kultur auf eine Art und Weise zu vermitteln, die nicht über Gesetze und Handbücher geregelt und trotzdem – oder sogar noch viel effektiver – verinnerlicht und weitergetragen wird.

Teil IV – Wie finden Unternehmen Geschichten?

Wenn Sie nach all den Inspirationen, Fragekatalogen und Beispielen noch die ein oder andere Lücke sehen, Ihre Unternehmensgeschichte(n) zu komplettieren, gibt Ihnen Teil IV abschließende Hilfestellungen.

Machen Sie sich in Kapitel 16 mithilfe von Storylistening auf die Suche nach Geschichten, indem Sie anderen die richtigen Fragen stellen und konkrete Kreativtechniken anwenden.

Begleitende Fragen, die sich durch alle Kapitel zur eigenen Übung ziehen, werden zudem noch einmal in Kapitel 17 übersichtlich zusammengefasst.

Microsoft Stories

Ich hatte das Vergnügen, mich ausführlich mit dem Gründungsredakteur von »Microsoft Stories«, Steve Wiens, unterhalten zu können. Seine Einblicke fassen perfekt zusammen, worum es auf den kommenden 250 Seiten gehen wird: was eine Geschichte ausmacht, was Helden interessant macht, wer überhaupt der Held oder die Heldin ist, wie Geschichten wirken, wie sie aufbereitet und verbreitet werden können, wie auch technisch komplizierte Themen emotional gestaltet werden können und warum Storytelling von Kunden und von Mitarbeitenden kaum zu trennen ist.

Im Kampf um den Titel des wertvollsten Unternehmens der Welt bieten sich Apple, die Google-Muttergesellschaft Alphabet, Amazon und Microsoft ein knappes Kopf-an-Kopf-Rennen. Microsoft stand lange Zeit nicht auf dem Siegerpodest. Dabei hatte man dort selbst einmal den Thron inne. Doch der hippere Apple-Brand und der Aufstieg des Internets zum wichtigsten Medium unserer Zeit, dessen zentrale Anlaufstelle die größte Suchmaschine der Welt ist, haben dem Softwarehersteller aus Seattle einen herben Dämpfer gegeben. Nun erobert der frühere Außenseiter die Herzen, das Vertrauen und die Begeisterung der Öffentlichkeit zurück. Wie, dazu gebe ich das Wort nun an Steve Wiens:

Einleitung

Abb. 1: Steve Wiens, Gründungsredakteur von »Microsoft Stories«

»Mein Weg als Storyteller begann in der Welt des Zeitungsjournalismus. Nach meinem Großvater und meinem Vater bin ich bereits in der dritten Generation meiner Familie Reporter. Jedoch stellte ich schon früh in meiner Karriere fest, dass eine Explosion im digitalen Storytelling stattfinden wird. Für die Zeitungen war das damals jedoch noch mehr Schrecken als Chance, was mich sehr frustrierte. So wechselte ich bald die Seiten und arbeitete im digitalen Marketing. Die Kombination dieser beiden Welten hat mir die Augen geöffnet, welche Möglichkeiten Marken heutzutage haben, Menschen mithilfe von Geschichten statt Verkaufsargumenten für ein Produkt zu begeistern.

›Microsoft Stories‹ wurde in einer Phase ins Leben gerufen, in der Microsoft mit einer ziemlich schwierigen Medienlandschaft konfrontiert war. Wir brachten gerade Windows 8 auf den Markt und hatten die Herausforderung, den Menschen das Unternehmen nahezubringen, wie wir es intern sahen: nicht als alteingesessenes Konzern-Urgestein, sondern als zukunftsorientierte Firma mit spannenden Ambitionen. Wir hatten so viele interessante Geschichten über Innovationen zu erzählen, doch sind diese bei der Presse nicht auf Gehör gestoßen. Deshalb starteten wir – erst einmal auf kleiner Flamme – einen Test mit ›Microsoft Stories‹.

Unsere allererste Geschichte, ›88 Acres‹ handelte von einem Mitarbeiter namens Darrell Smith, Director of Facilities & Energy. Seine Aufgabe war es, mithilfe millionenschwerer Anbauten, die den Energieverbrauch messen, alle Gebäude auf dem Microsoft Campus sanieren zu lassen, um diese energiesparender zu machen. Darrell hatte jedoch einen anderen Plan. In seiner Freizeit entwickelte er eine Software, die all diese Funktionen übernehmen konnte, ohne dass wir diese Umbauten benötigten. Das hat Microsoft Millionen von Dollar eingespart. Wir haben davon erfahren und wussten sofort, dass das eine großartige Geschichte ist, von einem bescheidenen, geradlinigen Helden, der etwas Unglaubliches geleistet hat, indem er nicht den einfachen Weg gegangen ist.

Nachdem wir die Geschichte online veröffentlicht hatten, explodierten die Website-Zugriffe und Darrells Mailbox war gefüllt mit Anrufen von potenziellen Kunden. Von da an bekamen wir das Go, ›Microsoft Stories‹ fortzusetzen. Mittlerweile sind wir ein festes Team von vier Leuten, ich, mein Manager Michael Wann, der gleichzeitig auch für die Presseseite ›Microsoft News Site‹ zuständig ist, und zwei feste Autoren. Dazu teilen wir uns noch technische und Social-Media-Ressourcen mit anderen Abteilungen. Für Fotos, Designs und Videos arbeiten wir mit langfristigen Partnern zusammen.

Unsere tägliche Arbeit sieht eigentlich sehr ähnlich aus wie in einer Zeitungsredaktion, nur dass wir den Luxus haben, unsere Geschichten unter weniger Zeitdruck erstellen zu können. Wir haben News-Meetings und auch unsere redaktionellen Prozesse erinnern mich stark an meine Anfänge als Journalist. Wie Zeitungsreporter gehen wir über den Campus, immer auf der Suche nach Menschen und Momenten, die Microsoft, seine Vision und Werte definieren. Dabei kommt es in unserer immer noch recht überschaubaren Redaktion nicht auf die Anzahl der Geschichten an, die wir veröffentlichen, sondern auf die Qualität. Auf der anderen Seite sind jedoch auch viele kreative Überlegungen involviert, die ich eher mit der Werbung verbinde. So brainstormen wir zum Beispiel häufig, welches visuelle Potenzial eine Geschichte hat und wie wir dies entsprechend aufbereiten können. Für bestimmte Geschichten sprechen wir auch viel mit Designern, um die beste Aufmachung zu finden.

Wenn es darum geht, die Geschichten nach außen zu tragen, profitieren wir natürlich von den vielen Kanälen, die Microsoft bereits aufgebaut hat, von Facebook über Twitter bis hin zu YouTube. Jedoch achten wir sehr genau darauf, dass die Inhalte zum Publikum passen. Eine Geschichte über die Xbox oder über Windows wird vor allem an die jeweiligen, spezialisierten Kanäle und deren Zielgruppen gerichtet. Statt aggressiv die größtmögliche Reichweite aufzubauen, wollen wir bescheiden bleiben und über die Qualität der Inhalte das Publikum anziehen.

Mittlerweile verfolgen Journalisten, aber auch Social Influencer, YouTube-Stars, Games-Blogs, Designer, Job-Kandidaten und viele mehr unsere Geschichten von allein. Unser Ziel ist es daher, mit individuell zugeschnittenen Artikeln jeder dieser Zielgruppen Highlights zu bieten. Dabei achten wir jedoch darauf, dass jede Geschichte so aufgebaut ist, dass sie sowohl für die breite Öffentlichkeit verständlich ist als auch durch zusätzliche Inhalte für Tech-Interessierte spannend bleibt, die tiefer in die Materie eintauchen wollen.

Ob Content oder Employer Marketing, der wichtigste Ausgangspunkt ist eine gute Geschichte, die für das Publikum wirklich wertvoll ist. Es bringt nichts, eine alte Case Study etwas hübscher zu verpacken und das als Story zu verkaufen. Die besten Geschichten drehen sich um Menschen, um Helden, mit denen man sich identifizieren kann, die interessant und echt sind. Der Erfolgsfaktor von Darrells Geschichte war nicht die technologische Innovation, die er entwickelte, sondern er selbst. Menschen verfolgen gerne, wie bescheidene, ambitionierte Helden wie er ihr Ziel erreichen, wie sich ein Charakter und die Welt um ihn herum durch sein eigenes Zutun verändern. Das war schon eine meiner ersten Lektionen bei der Zeitung und das gilt für General-Interest- genauso wie für Business-to-Business-Themen, für eine Content-Marketing-Kampagne genauso wie eine PowerPoint-Präsentation im wöchentlichen Teammeeting. Zudem sollte man nicht unterschätzen, Geschichten auch visuell zu erzählen. Auch bei kleinem Budget sollte man immer die Macht der Bilder nutzen.

Wir beobachten natürlich, wie viele Leute unsere Artikel lesen, wie lange sie auf unserer Seite bleiben oder ob sie dadurch sogar tiefer in die Online-Welt von Microsoft einsteigen. Der wichtigste Erfolgsfaktor für uns ist jedoch die Wahrnehmung unserer Marke und wie wir unser Publikum dazu bringen können, Microsoft mit anderen Augen zu betrachten. Für direkten Abverkauf gibt es andere Mittel.

Seitdem wir ›Microsoft Stories‹ ins Leben gerufen haben, können wir einen erheblichen Anstieg an positiven Konversationen und Erwähnungen, die in den sozialen Medien über Microsoft und unsere Geschichten veröffentlicht werden, verbuchen. Auch die Wahrnehmung der früher so erbarmungslosen Presse hat sich wesentlich verbessert, und ich bin stolz darauf, dass ›Microsoft Stories‹ seinen Teil dazu beigetragen hat.

Unsere Geschichten sind auch eine wichtige Inspirationsquelle für andere interne Kommunikationsabteilungen. So werden einige unserer Mitarbeiter-Storys auch auf Karrieremessen und an Universitäten auf unseren Ständen und in unseren Broschüren verwendet. Ein Produkt, das mir besonders viel Freude gemacht hat, war ein hochwertiges Coffee Table Book, das wir aus den besten Geschichten des ersten Jahres zusammenstellten und das als Aushängeschild in den Empfangsbereichen von Microsoft auslag.

Auch intern hat sich Storytelling bei Microsoft fest verankert. Wir richten regelmäßig das Rampenlicht auf individuelle Mitarbeitende und ihre außergewöhnlichen Projekte, wodurch sie sich natürlich auch sehr wertgeschätzt fühlen. Da ›Microsoft Stories‹ auch viel von unseren eigenen Mitarbeitenden genutzt wird, können wir mit aller Bescheidenheit auch einen wichtigen Teil dazu beitragen, dass sie durch unsere Geschichten die Werte und Vision von Microsoft ständig vor Augen haben. Dass sie diese Orientierung nie verlieren, trägt einen bedeutenden Teil zur Motivation und Zusammenarbeit bei.« (Interview aus dem Englischen übersetzt)

Mittlerweile konnte Microsoft den Spitzenreiter-Platz unter den wertvollsten Marken der Welt wieder für sich behaupten.

> **Beispiele**
>
> Microsoft Stories: https://news.microsoft.com/
>
> »88 Acres«: https://www.microsoft.com/en-us/stories/88acres/

Gendergerechte Sprache in diesem Buch

Vorab noch ein kurzer Hinweis zu den verwendeten Personenbezeichnungen: Gendergerechte Sprache, so sehr sie manchmal auch den Lesefluss beeinträchtigen kann, ist ein wichtiges Element des Brand Storytelling, bei dem es immer auch um »Empowerment« des Publikums geht und mehr und mehr um Themen der sozialen Haltung und Gerechtigkeit. Mein Credo lautet, Gendervielfalt über die Sprache zu repräsentieren, ohne dabei dogmatisch zu sein. Daher finden Sie mit Blick auf Ausgewogenheit von Kapitel zu Kapitel männliche und weibliche Bezeichnungen im Wechsel.

Kapitel 1

Wirkung von Geschichten

Die Unternehmenswelt war noch nie so dominiert von Daten und Zahlen wie heute. Technologie, Tracking und Targeting ermöglichen es in der Kommunikation nach außen wie nach innen, personalisierte Botschaften zum perfekten Zeitpunkt auf das richtige Endgerät an den passenden Empfänger zu senden. Marketingentscheidungen werden bis zum kleinsten Detail durchrationalisiert. Auf der anderen Seite wird die Kommunikation zwischen Unternehmen und Stakeholdern – Mitarbeitenden wie Kundinnen – trotz, oder auch aufgrund, aller Daten und Analysen immer menschlicher. Zumindest fordert dies das Publikum.

Die größte Herausforderung für Unternehmen heutzutage ist es, sich in dem Meer an Botschaften und Informationen wie ein Leuchtturm abzuheben und ihrem Publikum immer Orientierung zu geben. Gut erzählte Unternehmensgeschichten haben diese Wirkung und sind daher wichtiger denn je, denn Markentreue und Aufmerksamkeit nehmen in der heutigen Generation rapide ab. Werbebotschaften verlieren an Bedeutung, da sie einerseits kaum aufgenommen werden. Andererseits werden sie – wenn wahrgenommen – dann auch kritischer hinterfragt oder gar gegen das Unternehmen verwendet, weil es keine authentische Botschaft ist und das Publikum dies durch die Transparenz der sozialen Medien auch weiß. Von »Bashtags« über »Shitstorms« – die Macht der Konsumenten kennt heutzutage viele Wege, aus der Unternehmensbotschaft eine Persiflage zu machen.

Was können Geschichten in dieser Welt für Marken nun bewirken? Sie ziehen unsere Aufmerksamkeit an, statt Botschaften aufzudrücken. Sie halten uns länger in ihrem Bann, statt uns nur für einen Moment abzulenken. Sie erkennen universelle Bedürfnisse an und schaffen dadurch eingeschworene Gemeinden, statt das Ego eines Einzelnen zu adressieren. Und zu guter Letzt bewirken sie im besten Fall Handeln durch Inspiration statt Lethargie durch Informationsüberflutung.

Bevor wir uns in die Welt des Storytelling begeben, machen wir zuerst eine kurze Expedition durch das menschliche Gehirn. Denn die Frage, ob und wie Geschichten wirken, ist keine Frage des Bauchgefühls, sondern wissenschaftlich nachweisbar. Indem wir verstehen, dass unser Gehirn auf Geschichten gepolt ist, dass wir sie brauchen, um unsere Welt und unser Leben zu begreifen, zu erinnern und zu planen, werden wir auch den Sinn von Storytelling in einer von Nullen und Einsen dominierten Zukunft sehen. Indem wir erkennen, wie sich Geschichten auf Erinnerungen, Handlungen und Einstellungen auswirken, können wir mit Brand Storytelling Einfluss darauf nehmen.

Magnetische Anziehungskraft für unsere Aufmerksamkeit

Fokus ist die mittlerweile größte Herausforderung für das menschliche Gehirn. Neben einem Strom von über 10.000 Werbebotschaften, denen wir täglich ausgesetzt sind, fabrizieren wir zusätzlich über 2.000 Tagträume pro Tag und lassen unsere Gedanken die Hälfte unserer wachen Zeit schweifen. Wenn wir eine gute Geschichte hören, sinkt die Zahl der Tagträume auf null und wir können uns trotz Tausender Ablenkungen fokussieren. Dieser beinahe hypnotische Zustand verdeutlicht eines: Tatsächlich lieben wir als Menschen nicht nur Geschichten, wir **brauchen** sie sogar.

Aufs Einfachste heruntergebrochen, ist eine Geschichte das Bindeglied zwischen Ursache und Wirkung. Und genau so speichert unser Gehirn auch alle Informationen ab, mit denen es konfrontiert wird beziehungsweise die es ins Bewusstsein schaffen. Diese Mikro-Storys formen eine Landkarte vernetzter Pfade miteinander, die unser Handeln, unsere Erfahrungen und Entscheidungen strukturieren und unsere Gedanken, Ideen und Konversationen von A nach B bringen. Wir brauchen Geschichten sogar so sehr für das Einordnen unserer Erlebnisse, dass sich unser Gehirn zum Teil Geschichten ausdenkt, ohne dass wir es merken.

In den 1970er Jahren hat der US-Amerikaner Michael Gazzaniga[1], einer der führenden Neurowissenschaftler unserer Zeit, eine erstaunliche Entdeckung gemacht, als er mit »Split-Brain-Patienten« arbeitete. Bei diesen Patienten musste die Verbindung zwischen der linken und rechten Gehirnhälfte getrennt werden. Obwohl sie weiterhin normal leben können, gibt die Trennung der Gehirnhälften Aufschluss darüber, wie Informationen interpretiert werden. So weiß die rechte Hand zum Teil buchstäblich nicht, was die linke Hand tut, um genauer zu sein: warum sie es tut. Trotzdem versucht die linke Gehirnhälfte, Erklärungen zu finden und unter Umständen auch zu erfinden.

Das Gehirn kann mithilfe früherer Erfahrungen fehlende Informationen beim Sehen ergänzen. Das Gleiche tut es auch mit den Zusammenhängen von Botschaften. Unser Gehirn verlangt danach, allem eine Bedeutung zu geben, und geht dabei sogar so weit, Dinge automatisch über Geschichten miteinander in Verbindung zu bringen.

---

1 Gazzaniga, Michael S. – Who's in Charge?: Free Will and the Science of the Brain (2012)

Kapitel 1
Wirkung von Geschichten

Abb. 1.1: Formen werden automatisch vom Gehirn vervollständigt und interpretiert.

Kendall Haven[2] illustriert dies an folgendem Beispiel:

- Er ging in den Laden.
- Fred starb.
- Sharon bekam Hunger und weinte.

Jeder wird diese drei Sätze unterschiedlich aufnehmen. Sehr wahrscheinlich ist es jedoch, dass wir einige dieser Informationen in den einen oder anderen Zusammenhang setzen: Weinte Sharon vielleicht, weil Fred starb? Ist Fred im Laden gestorben? Wollte er dort Sharon etwas zum Essen holen? Für unser Gehirn ist es fast unmöglich, diese Sätze **nicht** in eine Geschichte und somit eine Logik zu bringen.

Dass Menschen Geschichten in Dingen sehen, wo es keine gibt, belegt eine weitere Studie aus dem Jahr 1944 am Smith College in den USA. Dort bekamen 34 Studierende einen Kurzfilm zu sehen, in dem sich zwei Dreiecke und ein Kreis über den Bildschirm bewegten und auch ein Rechteck zu sehen ist. Im Anschluss wurden sie befragt, was sie gesehen haben. 33 von ihnen interpretierten die geometrischen Figuren von sich aus als personifizierte Figuren einer Geschichte. Bei der Befragung fielen Worte wie, der Kreis sei »besorgt«, das »kleine Dreieck« sei ein »unschuldiges, junges Ding«, während das große Dreieck »wütend und frustriert« sei. Lediglich ein Student sah nichts anderes als Dreiecke, ein Rechteck und einen Kreis.

---

2   Haven, Kendall – Story Proof: The Science Behind the Startling Power of Story (2007)

Kapitel 1
Wirkung von Geschichten

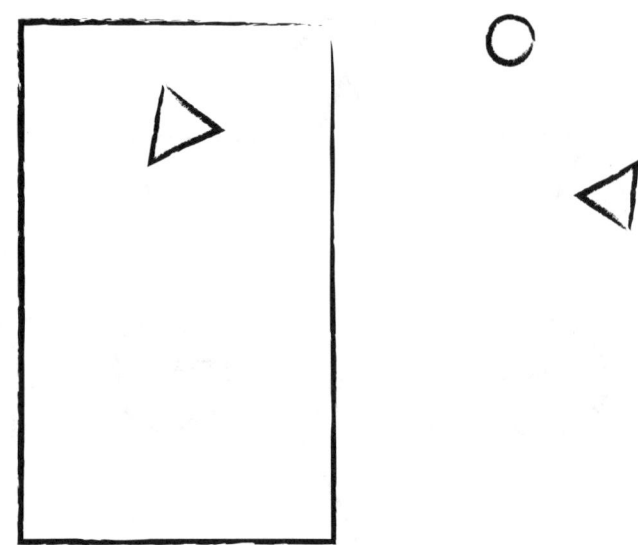

Abb. 1.2: Bildschirm der Animation zur Studie vom Smith College aus dem Jahr 1944

Unsere Suche nach Sinn, Erklärungen und Erfahrungen durch Geschichten ist laut Neuroökonom Paul J. Zak vergleichbar mit dem »Autounfall-Effekt«. Man kann einfach nicht wegsehen. Das liegt nicht nur an den schockierenden Bildern. Beim Autofahren handelt es sich um eine Aktivität, die uns allen sehr geläufig ist. Allein durch das Betrachten des Unfalls und der Frage, wie dieser wohl zustande gekommen ist, wie es den Insassen geht, wie sich die Rettungsleute verhalten, versuchen wir wieder neue Zusammenhänge für unser eigenes Handeln in einer ähnlichen Situation zu lernen. Die Erkenntnis, dass wir unsere Erinnerungen und Erfahrungen als narrative Logik abspeichern, wird mittlerweile sogar in der Entwicklung von Robotern und künstlicher Intelligenz eingesetzt.[3]

Nicht nur die Suche nach Erklärungen und Erfahrungen lässt unser Gehirn automatisch auf Geschichten anspringen. Im Gegensatz zu aufgelisteten Fakten wecken Storys buchstäblich größere Teile unseres Gehirns, was es uns wiederum ermöglicht, diese viel besser – um genau zu sein: um das 22-Fache – in Erinnerung zu behalten als nackte Fakten. Bei einer PowerPoint-Präsentation mit aneinander gelisteten Stichpunkten wird das Sprachzentrum aktiviert, das uns ermöglicht, Wörter zu verstehen. Aber mehr auch nicht. Bei einer Geschichte werden auch die Teile des Gehirns aktiviert, die für das Erleben des Erzählten tatsächlich gebraucht werden. Wenn von salziger Meeresluft die Rede ist, wird der Teil des Gehirns, der für Geschmack beziehungsweise Geruch zuständig ist, aktiviert. Sogar wenn über körperliche Bewegung erzählt wird, läuft sich der für Bewegung verantwortliche Teil des Gehirns, der motorische Kortex, warm.

---

3 Schank, Roger C. – Tell Me a Story: Narrative and Intelligence (1995)

Kapitel 1
Wirkung von Geschichten

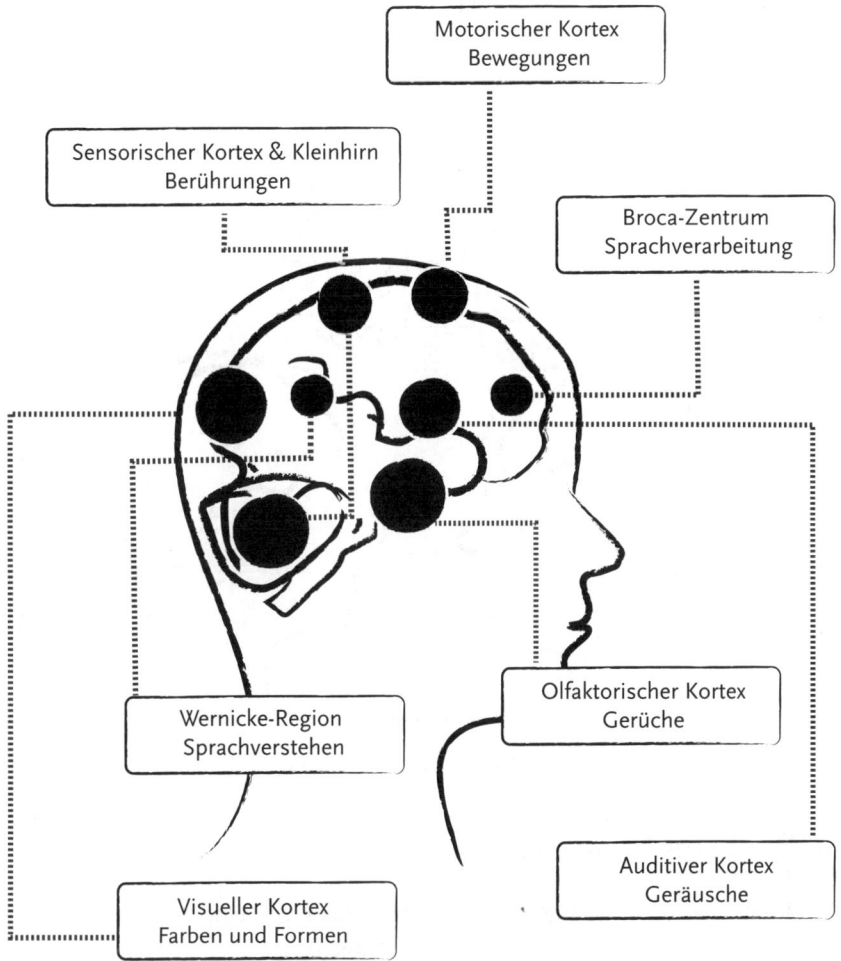

Abb. 1.3: Gehirnregionen verschiedener Sinne

Dank Storytelling verbündet sich das Gehirn mit dem Erzählten, als ob es die beschriebenen Situationen wirklich erleben würde. Ausgelöst wird dies durch sogenannte Spiegelneuronen, die ausgesendet werden, wenn man einer Person bei einer bestimmten Handlung zusieht. Die eigene Hand bewegt sich zwar nicht, aber das Gehirn spielt gedanklich mit, wenn man jemanden sieht, der am Klavier sitzt. Dieser Prozess der »neuronalen Kopplung«[4] setzt auch ein, wenn man nur eine Handlung erzählt bekommt, oder auch, wenn man sie selbst erzählt. Fürs Brand Storytelling hat das eine noch viel spannendere Implikation. Da sowohl bei der Erzählerin als auch beim Publikum die gleichen Spiegelneuronen ausgelöst

---

4   Hasson Brings Real Life Into the Lab to Examine Cognitive Processing http://www.princeton.edu/main/news/archive/S32/27/76E76/index.xml?section=science (2011)

werden, heißt das im Umkehrschluss, dass durch Geschichten Sender wie auch Empfänger in ihren Köpfen »gleichgeschaltet« werden. Es ist also kein Zufall, dass Hunderte Zuschauende im Kino meist genau zur gleichen Zeit das Gleiche empfinden. Unsere Gehirne synchronisieren sich.

Abb. 1.4: Neuronale Kopplung

Akku für unser Interesse

Geschichten sind ein wichtiger Auslöser für unser Gehirn, hellhörig zu werden. Doch ist unsere Aufmerksamkeit auf einen bestimmten Punkt gelenkt, besteht trotzdem jederzeit die Gefahr, auch diesen wieder aus den Augen zu verlieren, abgelenkt zu werden oder schlichtweg das Interesse zu verlieren. Was bewegt uns dann dazu, uns über 90 Minuten für einen Film in einen dunklen Raum zu setzen, stundenlang zu lesen, ein dreiminütiges Online-Video anzuschauen, das von einem Unternehmen produziert wurde, oder einen 15-minütigen Vortrag über 3D-gedruckte Organe bis zum Ende zu verfolgen?

Storytelling-Formate unterscheiden sich von trockenen Business-Präsentationen in einem weiteren wichtigen Punkt: Spannung. Was den typischen Spannungsbogen einer Geschichte betrifft, gibt es einige, sehr ähnliche Modelle. Paul J. Zak bezieht sich auf Gustav Freytags pyramidenförmigen Aufbau eines Dramas und untersuchte, welche Hormone in welchen Teilen einer Geschichte mit welchem Effekt ausgeschüttet werden. Er kam zu dem Ergebnis, dass unser Gehirn vermehrt das Stresshormon Cortisol ausschüttet, während die Handlung von der Exposition bis zum Höhepunkt ansteigt und Konflikte und Krisen die Entwicklung bestimmen. Der biologische Sinn dahinter ist unser reiner Überlebensmodus, da Cortisol dafür sorgt, dass wir in belastenden Situationen Ruhe bewahren und uns vor allem besser konzentrieren.

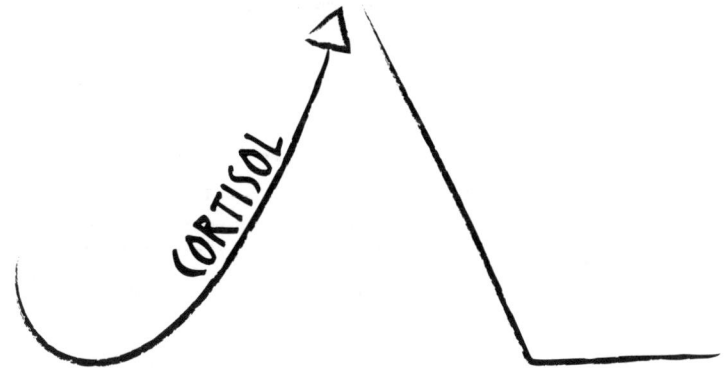

Abb. 1.5: Cortisol-Ausschüttung bei steigender Handlung

Doch wenn uns spannende Geschichten vermeintlich unter Stress setzen, was bewegt uns dazu, diese überhaupt aufzunehmen? Der Grund liegt im letzten Teil einer Geschichte beziehungsweise im letzten Teil ihres typischen Aufbaus, der Resolution, auch Auflösung oder »Dénouement« genannt, bei dem sich der Knoten sprichwörtlich löst. Diese »Ent-Spannung« löst die Ausschüttung des Glückshormons Dopamin im limbischen System, unserem Belohnungszentrum im Gehirn, aus. Mit dem Happy End werden wir buchstäblich glücklich und optimistisch.

Storytelling ermöglicht es also, die Aufmerksamkeit über einen langen Zeitraum hinweg zu halten. Über spannungsreiche Charaktere und Handlungsbögen gelingt dies, wie bei Serien, sogar zum Teil über viele Jahre hinweg. Für die Bindung an und das Interesse für ein Unternehmen ist dies eine ungemein wichtige Funktion in Zeiten kurzer Aufmerksamkeitsspannen und sinkender Markentreue.

Spiegel für unsere Bedürfnisse

In früheren Zeiten klassischen Marketings ging es darum, Bedürfnisse zu **wecken**, häufig verbunden mit dem Wecken von kleineren und größeren Ängsten. Waren die Kaffeetassen nur halb ausgetrunken, stand das Ansehen bei den Gästen auf dem Spiel. Nur mit der richtigen Kaffeesorte konnte dieses Problem gelöst werden.

Das Ziel und gleichzeitig wichtiger Bestandteil von Storytelling ist es, Bedürfnisse zu **erkennen** und zu verstehen. Diese Fähigkeit, sich in die Gefühle, Wünsche und Erlebnisse der Zielgruppe einzufühlen, heißt Empathie und gehört heutzutage zu den wichtigsten Sozialkompetenzen von Unternehmen und Kommunikatoren Mithilfe von Geschichten ist es möglich, eine emotionale Bindung zwischen dem

Publikum, der Erzählerin und dem Erzählten herzustellen. Erst wenn das Vertrauen darüber aufgebaut ist, werden Unternehmensbotschaften vom Publikum als glaubwürdig eingestuft.

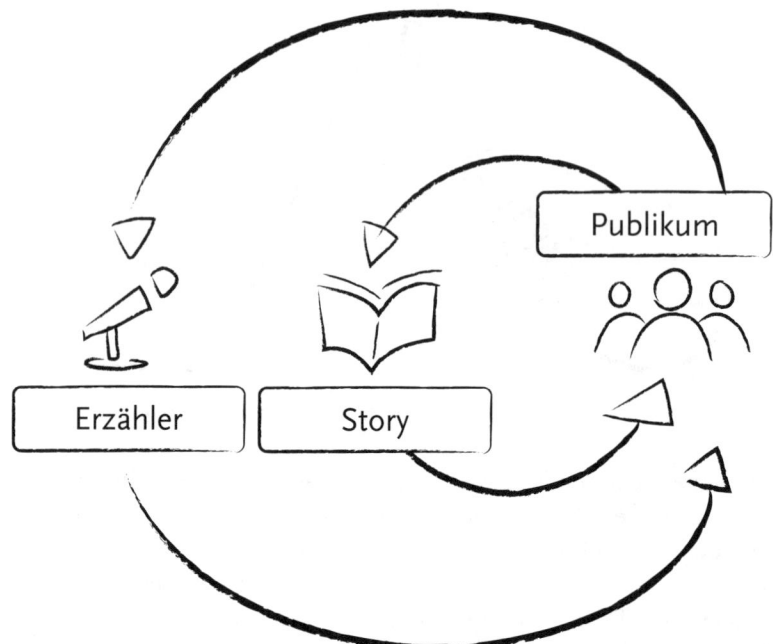

Abb. 1.6: Verständnis zwischen Erzähler, Story und Publikum

Das Publikum versteht die Bedürfnisse des Helden

Neben Cortisol und Dopamin gibt es noch eine Zutat für den Hormon-Cocktail, den Geschichten in uns bewirken. Es heißt Oxytocin und ist der Verursacher unserer Vorliebe für Bilder von süßen Kätzchen oder Babys. Denn emotionale Informationen bewirken mithilfe dieser Chemikalie, dass wir Empathie, Verbundenheit, Großzügigkeit, Mitgefühl und Vertrauen empfinden, eben die Bedürfnisse und Gefühle unseres Gegenübers nachfühlen können. Ob mit Katzen oder ohne, Empathie ist eine der wichtigsten Voraussetzungen dafür, ob und wie eine Geschichte aufgenommen wird. Erst wenn wir nachvollziehen können, was einen Helden antreibt, was sein Ziel, seine Hürden, seine guten wie schlechten Eigenschaften sind, dann sind wir daran interessiert, mitzufiebern und der Geschichte weiter zu folgen. Aufgrund seines starken Einflusses auf unsere Empathie nennt Paul J. Zak Oxytocin das »Moral-Molekül«[5]. Mit zunehmender Spannung versetzen wir uns immer mehr in die Lage des Helden, sodass selbst unsere Hände anfangen zu schwitzen oder unser Herz schneller schlägt, wenn es brenzlig wird.

---

5   Zak, Paul J. – The Moral Molecule: The Source of Love and Prosperity (2012)

Das Publikum versteht die Erzählerin

Die Spiegelneuronen, die Sie bereits kennengelernt haben, schalten unsere Reflexe und unbewussten Hirnaktivitäten gleich. Je stärker und länger eine Geschichte diese Kopplung auslöst und aufrechterhält, desto mehr Emotion und Empathie bewirkt sie beim Publikum nicht nur im Hinblick auf die Geschichte, sondern auch auf die Erzählerin. Wie Sie später noch genauer erfahren werden, ist dies im Content Marketing meist gar nicht das Unternehmen selbst. In der internen Kommunikation jedoch, insbesondere bei direkten Anlässen, wie Reden, Vorträgen oder Mitarbeitergesprächen, ist der Erfolg besonders davon abhängig, ob das Publikum eine Verbindung mit der Rednerin oder dem Gesprächspartner aufbauen kann. Hierbei ist es nicht entscheidend, dass man sich mit der Erzählerin identifiziert. Wichtig ist allein die Tatsache, dass wir ihre Motive nachvollziehen können und mitfühlen. Das heißt, eine CEO kann es durch gutes Storytelling schaffen, 500 Werksarbeitende mit einer Rede in Zeiten einer Krise zu motivieren, wenn sie es schafft, dass ihr Publikum ihre Beweggründe nachvollziehen kann. Indem die eigenen inneren wie äußeren Herausforderungen und Motive dargelegt werden, ist die Wahrscheinlichkeit größer, dass die Zuhörenden Empathie für die Erzählerin entwickeln.

Im Vergleich zu allen anderen Lebewesen haben Menschen nicht nur die meisten sozialen Beziehungen untereinander. Wir sind auch die Einzigen, die persönliche Beziehungen auf Basis von Geschichten aufbauen. Fremde werden zu Freunden, wenn sie gegenseitig verstehen, wo sie herkommen, was sie machen, was sie erreichen wollen und welche Hürden ihnen dabei gegebenenfalls im Wege stehen.

Das Publikum erkennt sich selbst in der Geschichte

Wie Sie bereits erfahren haben, bringen Spiegelneuronen und neuronale Kopplung das Erzählte mit den Gehirnaktivitäten des Zuhörers und der Erzählerin in Einklang. Jedoch sollte uns diese Tatsache nicht in die Irre führen, dass jeder im Publikum genau das Gleiche sieht, hört oder liest. Obwohl mit hoher Wahrscheinlichkeit die gleichen Grundemotionen und Sinne angesprochen werden, verknüpft jeder Einzelne die Details einer Geschichte mit seinen oder ihren persönlichen Erfahrungen, Werten und Einstellungen. Je mehr Bilder im Kopf entstehen, desto mehr vernetzen sich diese mit unserem eigenen Leben.

»Im Sommer 2005 trat ich meinen ersten Angestelltenjob an. Ich gesellte mich an diesem schwülen Morgen zu etlichen Pendlern in die überfüllte U-Bahn. Die kalte Brise der Klimaanlage im Büro war Erfrischung und Schrecken gleichzeitig.« Diese kurz ausgedachte Einleitung kann bei vielen ähnliche, jedoch auch sehr persönliche Assoziationen wecken, die in die Geschichte mit eingebunden werden: der erste Tag im neuen Job; die stickige U-Bahn-Fahrt, wenn man nicht schwitzend ankommen sollte; der Moment, in dem man in einen zu kalt klimatisierten Raum kommt; der Sommer 2005. Gut dosiert, das heißt mit genug Raum für ein vielfältiges Publikum, sorgen solche Details dafür, dass der Zuhörer sie zu **seiner** Geschichte macht und sich selbst darin wiedererkennt.

Die Erzählerin versteht das Publikum

Die größte Herausforderung für Unternehmen besteht vor allem darin, mithilfe von Storytelling dem Publikum einen Spiegel vorzuhalten, in dem sie sich selbst erkennen. Doch woher sollen sie wissen, was genau sie widerspiegeln sollen? Hier kommt die Wirkung von Geschichten in anderer Richtung zutage. Denn zuzuhören, worüber Menschen bereits sprechen, welche Geschichten sie beschäftigen, also **Storylistening,** ist für Marken und Führungspersönlichkeiten genauso wichtig wie die Fähigkeit, selbst gute Geschichten zu erzählen.

Traditionelle Versuche, Zielgruppen greifbarer zu machen, zum Beispiel Lifestyle-Typologien und Buyer Personas, sind ebenfalls nur kalte Fakten. Auch Unternehmensentscheider benötigen Geschichten, um sich an mehr Details zu erinnern, sich mehr mit ihrer Zielgruppe zu synchronisieren und sie mit all ihren Motiven, Bedürfnissen, Werten und Einstellungen am Ende auch besser zu verstehen. Der Einsatz und die Wirkung von Storylistening ist die Grundvoraussetzung für erfolgreiches Storytelling.

Sprungbrett für echtes Handeln

Was bewirken nun all diese Neurochemikalien und Hormone, wie Cortisol (für Konzentration bei Stress und Spannung), Oxytocin (für Empathie bei emotionalen Reizen) und Dopamin (Glücksgefühl nach der Auflösung einer Geschichte), hinsichtlich unseres täglichen Handelns?

Paul J. Zak untersuchte vor allem die Wirkung von Cortisol und Oxytocin. Er zeigte Studienteilnehmern eine traurige Kurzgeschichte von einem Vater und seinem krebskranken Sohn und gab ihnen danach die Option, einen Teil ihres Honorars zu spenden. Diejenigen, bei denen nach der Geschichte am meisten Cortisol und Oxytocin festgestellt wurde, spendeten am meisten. Tatsächlich konnte er anhand der Menge an produziertem Oxytocin vorhersagen, wie viel Geld die Probanden jeweils weggeben würden.

»Unsere Ergebnisse zeigen, warum Hundewelpen und Babys in Werbung für Toilettenpapier vorkommen. Die Forschung zeigt, dass Werbetreibende Bilder einsetzen, die dafür sorgen, dass unser Gehirn Oxytocin ausschüttet, mit dem Ziel, Vertrauen in ein Produkt oder eine Marke aufzubauen und letztendlich den Umsatz anzukurbeln«, so Paul J. Zak.[6]

---

6 The Psychology of Storytelling and Empathy, Animated http://www.spring.org.uk/2014/01/the-psychology-of-storytelling-and-empathy-animated.php (2014)

Jedoch spielt auch das Stresshormon Cortisol eine entscheidende Rolle. Ein 100-sekündiges Video, das den Vater mit seinem krebskranken Jungen durch den Zoo gehen zeigte, bewirkte ... nichts. Denn es passierte nichts. Für erfolgreiche Geschichten sind daher der Spannungsbogen, Konflikte und Krisen genauso wichtig wie die empathische Beziehung zu den Charakteren.

Welche Wirkung Geschichten auf unser Handeln haben, bringt uns vor allem zu der Frage, warum wir als Menschen überhaupt Geschichten erzählen. Die wichtigste Funktion seit den frühesten Zeiten der Höhlenmalerei bis hin zum 21. Jahrhundert liegt darin, Erfahrungen auszutauschen, die uns auf das echte Leben vorbereiten. Geschichten sind wie ein Katalog an Handlungsmöglichkeiten, für Situationen, die wir selbst noch nicht erlebt haben, oder auch ein »Flugsimulator für unser Gehirn«. In ihrem Buch »Made to Stick«[7] verweisen die Autoren Chip und Dan Heath als nur ein Beispiel auf Feuerwehrleute. Nach jedem Einsatz teilen sie ihre Erfahrungen meist auf eine narrative Art und Weise, nicht als Aufzählung von Fakten und Daten. Nach jahrelangem Austausch haben sie eine Vielzahl an kritischen Situationen mental durchlebt, denen sie selbst einmal begegnen könnten, und haben dafür nun ein entsprechendes Repertoire an Reaktionen im Kopf. Das mentale Einstudieren von Situationen hilft uns, diese im echten Leben besser zu meistern. Chip und Dan Heath fassen die Wirkung von Geschichten auf unser Handeln auf zwei Ebenen passend zusammen: Sie bieten Simulation (Wissen darüber, wie es zu handeln gilt) und Inspiration (Motivation zu handeln). Letzteres bringt uns zum Dopamin zurück. Wenn wir eine gute Geschichte hören, bleiben wir nicht passiv, sondern sitzen in den Startlöchern für aktives Handeln.

Attention – Interest – Desire – Action

Wenn es um die Wirkung von Werbebotschaften geht, steht das klassische AIDA-Modell bereits seit einiger Zeit auf dem Prüfstand. Tatsächlich lässt sich Storytelling jedoch einsetzen, um die vier Phasen Aufmerksamkeit (Attention), Interesse (Interest), Bedürfnis (Desire) und Handeln (Action) neu zu besetzen. Während sich diese vier Konzepte im klassischen Marketing des 20. Jahrhunderts im Orbit eines Produkts befanden, dreht es sich heute um die Inhalte. Das AIDA-Modell mag aufgrund seiner Simplifizierung nicht jedermanns Liebling sein. Um die Wirkung und Wichtigkeit des Storytelling in der Unternehmenskommunikation darzustellen, hält es jedoch einige einfache, gelernte Konzepte zur Orientierung parat.

---

7 Heath, Chip and Dan – Made to Stick: Why Some Ideas Survive and Others Die (2010)

Significant Objects

Storytelling wirkt. Wer eher Umsatzzahlen statt Hormonen und Gehirnaktivitäten glaubt, für den gibt es noch ein abschließendes Beispiel, um den letzten Zweifel beiseitezuräumen.

Mit ihrem Experiment »Significant Objects« haben Rob Walker und Joshua Glenn eindrucksvoll und einfach bewiesen, welchen Einfluss Storytelling auf den Umsatz von noch so banalen Produkten haben kann. Auf eBay haben sie Gegenstände versteigert, die sie zuvor in Ramschläden und auf Flohmärkten kauften, darunter einen Eimer, ein Jo-Jo oder eine Fliese mit der Zahl Vier darauf. Der durchschnittliche Einkaufspreis der ersten 100 Produkte lag bei 1,29 US-Dollar. Im Schnitt wurden sie für 36,12 US-Dollar versteigert. Woher kam die Preissteigerung von über 2.700 Prozent? Über Geschichten. Die beiden Initiatoren haben professionelle Autoren engagiert, die für jeden Gegenstand eine fiktive narrative Beschreibung verfassten. Die Differenz zwischen dem Verkaufs- und Einkaufspreis stellt aus Sicht der Autoren den objektiven Wert der Geschichte dar.

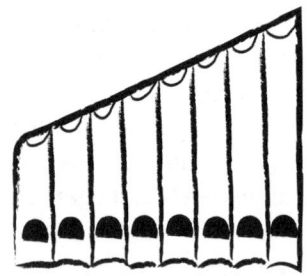

Abb. 1.7: »Significant Objects«: Panflöte

Eine Panflöte aus Plastik zum Beispiel hat einen Ursprungswert von einem US-Dollar. Die folgende dazugehörige Geschichte der Autorin Deb Olin Unferth hat den Auktionspreis auf 63,50 US-Dollar erhöht:

> »Ich war einst Botschafter in einem kleinen afrikanischen Land. Für uns Diplomaten ist das der Traum: Botschafter sein, wenigstens einmal, wenigstens für eine kleine Weile. Viele von uns bekommen ein kleines östliches oder afrikanisches Land für ein, zwei Jahre. Und wir machen das mit großer Freude, denn dann ist unser Lebensziel erreicht. Jedoch ist es dann meist doch nicht so besonders. Bald ist die Zeit um und wir ziehen weiter. Wir sind wieder Diplomaten und unsere glorreiche Zeit wird auf einen Satz reduziert, den wir im Vorbeigehen auf einer Party erzählen können: ›Oh, ich war dort einmal Botschafter, 18 Monate lang.‹ Oder bei einem Meeting: ›Nun, als ich Botschafter war, wenn ich mich recht entsinne, hatte Hexerei noch eine große Macht im Norden. Ich kannte einen Mann, der glaubte, seine Tochter hätte sich in einen Baum

verwandelt.‹ Oder wenn ich mich mit einer Freundin meiner Frau unterhalte: ›Diese Flöte? Oh ja, als ich Botschafter war, ritt der Prinz dieses Landes zwei Tage auf seinem Kamel, um sie mir zu überreichen. Ich habe keine Ahnung, wo er sie herhatte. Sie lieben Plastik, weißt du. Was sage ich? Plastik war eine richtige Revolution.‹«

We kehr for you

Abb. 1.8: BVG-Kampagne »We kehr for you«

Die BSR – Berliner Stadtreinigung hatte Ende der Neunzigerjahre ein gewaltiges Imageproblem. Die Landesregierung überlegte, die BSR zu privatisieren. René Heymann, Geschäftsführer der kreativen Markenberatung HEYMANN BRANDT DE GELMINI und hauptverantwortlich für die Kultkampagne »We kehr for you« der BSR, die bis heute noch die Plakatwände, Müllwagen und Mülleimer Berlins schmückt, schildert die damalige Herausforderung wie folgt:

Die BSR wollte die Berliner Bevölkerung mit einer Kampagne ›belehren‹, den Dreck nicht auf den Boden zu werfen, denn die BSR reinigt in einer regelmäßigen Frequenz die Straßen, wischt aber nicht jedem Einzelnen hinterher. So kommt es, dass durch die Unachtsamkeit der Menschen die Gehwege Berlins dreckig wirkten. Bei näherer Betrachtung wurde jedoch deutlich, dass der Kern des Problems die Einstellung der Bürger war:

> »Wenn du dein Taschentuch arglos auf die Straße schmeißt, dann fühlst du dich schuldiger, wenn dich ein Freund darauf hinweist, als wenn dich ein Fremder ermahnt. Bei Letzterem ist die Reaktion eines typischen Berliners eher: ›Haste nix anderes zu tun?‹ Anhand dieses kleinen Vergleichs wird das Problem sehr deutlich: Wenn wir den Berlinern sagen würden, ›Macht doch bitte den Dreck in die Tonne‹, können wir noch so kreativ sein, das interessiert eigentlich keinen. Wenn das ein Freund sagt, dann aber schon.

Beispiel

Für den Pitch für die externe Kommunikation der BSR haben wir uns mit den Menschen in den Höfen unterhalten, sind morgens um sechs Uhr rausgefahren, bevor die Müllabfuhr und die Straßenreinigung losgingen, und haben uns mit den Mitarbeitern ausgetauscht. Der damalige Vorstand war der Meinung, dass die Mitarbeiter ihren Job nicht richtig machen, weil die Straßen ja dreckig seien. Das Problem ist aber eigentlich, dass die BSR den Dreck nicht macht, sondern ihn wegräumt. Die Bürger sorgen für den Dreck. Bei der Umfrage, die wir damals mit einem Marktforschungsinstitut gestartet hatten, fragten wir: ›Wer ist für das öffentliche Straßenbild in Sachen Sauberkeit verantwortlich? Hausverwaltung/Eigentümer, die Bevölkerung, das Land Berlin oder die BSR?‹ 80 Prozent der Befragten gaben der BSR die Verantwortung. Das ist eine Umkehrung der Wirklichkeit, aber die Haltung war damals tatsächlich so, dass man sagte: ›Wir können doch den Dreck auf die Straße werfen, das ist deren Job, und außerdem bezahlen wir sie mit unseren Steuergeldern.‹

Deswegen waren wir fest davon überzeugt, dass eine Kommunikation im Sinne ›Wir sind die Guten‹ nicht reicht. Mit unserer Strategie haben wir uns dann eines sozialen Tricks bedient: Wenn ich einem Freund aus der Patsche helfe oder für ihn etwas in Ordnung bringe, was er eigentlich verursacht hat, dann fühlt dieser sich meist nicht nur dankbar, sondern hat häufig auch das Bedürfnis, dies wiedergutzumachen. Statt ›Mach mal bitte den Dreck in die Tonne‹ war die Botschaft also ›Wir bringen das in Ordnung‹, immer in Verbindung mit einer humoristischen Seite, die aber ein Leistungsversprechen innehat. ›Saturday Night Feger‹ ist ein Versprechen: ›Wenn andere Leute Party machen, machen wir die Straße sauber.‹ Die Strategie war: Wir machen die BSR zum Freund der Berliner.

Das hat so gut funktioniert, dass die Leute tatsächlich innerhalb von elf Wochen im Laufe der Kampagne ein komplett anderes Meinungsbild hatten. Während vorher fast 60 Prozent der Meinung waren, die BSR mache ihren Job nicht richtig, stellte sich nun nach der Kampagne das genaue Gegenteil heraus: Knapp 60 Prozent waren der Meinung, die Straßen sind sauberer. In Wirklichkeit waren die Straßen weder sauberer noch dreckiger, nur die Einstellung hat sich geändert, weil die Leute plötzlich positives Feedback hatten und außerdem überall auch orange gesehen haben.

Das hat auch viel mit Neuromarketing zu tun. Bilder und Geschichten lösen Dopamin-Ausschüttung und selektive Wahrnehmung aus. Die positive Wahrnehmung auf die BSR wurde dann auch dadurch gesteuert, dass die Wagen, die auch in Orange sind, mit den positiven Botschaften der Kampagne verknüpft wurden und die Leute außerdem sehr aufmerksam neue Motive und Wortspiele der Kampagne wahrgenommen haben.«

Wenn Kinder über die Evolution lernen sollen, dann am besten mit Geschichten

Ende 2020 erlangte Professor Laurence Hurst mit seinen Mitforschenden am Milner Center for Evolution der University of Bath eine weitere, überraschende Erkenntnis über die Wirkung von Geschichten. Entgegen der geläufigen Annahme, dass Kinder vor allem am besten lernen, wenn sie sich selbst interaktiv mit den Inhalten beschäftigen, musste er feststellen, dass – zumindest, wenn es um das Thema Evolution in der Grundschule geht – vorgelesene Geschichten noch besser zum Verständnis des Stoffes beitragen.

Bei 2.500 Grundschülern und -schülerinnen untersuchte er mit seinem Team verschiedene Lehransätze im Evolutionsunterricht und verglich dabei vor allem zwei Methoden: den Schüler-zentrierten Ansatz, bei dem die Lernenden an einer Aktivität teilnehmen, und den Lehrer-zentrierten Ansatz, bei dem die Lehrkraft eine Geschichte zum Thema vorliest. Bei letzterer Methode wurde zusätzlich unterschieden, ob Beispiele der Evolution, die sich auf den Menschen beziehen (Vergleich unserer Armknochen mit denen von Tieren), oder von abstrakteren Beispielen, die emotional schwieriger zu erfassen sind (Vergleich der Muster von Trilobiten), bessere Ergebnisse in Bezug auf das Verständnis der Kinder für die Evolution erbrachte.

Das Ergebnis dieser randomisierten kontrollierten Studie zeigt: Grundsätzlich sorgten alle Methoden dafür, dass die Kinder mehr über die Evolution lernten und erinnerten. Aber am besten schnitt der Geschichten-basierte Ansatz in Kombination mit abstrakten Beispielen ab. In der Fachzeitschrift Science of Learning, wo die Studie publiziert wurde, kommentierte Professor Laurence Hurst:

> »Wir waren von den Ergebnissen wirklich überrascht. Wir hatten erwartet, dass sich die Schüler eher mit einer Aktivität beschäftigen würden als mit dem Hören einer Geschichte und dass sich die Kinder stärker mit den menschlichen Beispielen der Evolution identifizieren würden als mit dem etwas abstrakten Beispiel der Trilobiten, aber das Gegenteil war der Fall. [...] Dies ist die erste große randomisierte, kontrollierte Studie, die die Wirksamkeit verschiedener Lehrmethoden bewertet und dabei ähnliche wissenschaftliche Methoden anwendet, wie sie in Studien zur Wechselwirkung von Medikamenten verwendet werden, um zu testen, ob eine neue Behandlung wirkt.«[8]

---

8   Buchan, L., Hejmadi, M., Abrahams, L. et al. A RCT for assessment of active human-centred learning finds teacher-centric non-human teaching of evolution optimal. npj Sci. Learn. 5, 19 (2020). https://doi.org/10.1038/s41539-020-00078-0

Kapitel 1
Wirkung von Geschichten

> **Beispiele**
>
> Studie am Smith College über die Interpretationen des Kurzfilms mit geometrischen Figuren: http://www.jstor.org/stable/1416950
>
> Kurzgeschichte des Vaters und seines krebskranken Sohns für die Studie von Paul J. Zak: https://www.youtube.com/watch?v=DHeqQAKHh3M
>
> Significant Objects: http://significantobjects.com/
>
> Vom Straßenfeger zur Kultfigur:
> http://www.hbdg.de/kampagnenelement/wir-bringen-das-in-ordnung/

Teil I

Was ist eine Geschichte?

In diesem Teil:

- **Kapitel 2**
  Was ist eine Geschichte? 37

- **Kapitel 3**
  Vision – Ziel der Heldenreise 67

- **Kapitel 4**
  Konflikte – Hindernisse der Helden und
  Heldinnen 75

- **Kapitel 5**
  Unternehmen als Mentor und Mentorin 89

- **Kapitel 6**
  Kundinnen und Mitarbeitende als Heldinnen:
  Sieben Plots 115

- **Kapitel 7**
  Unternehmen als Held und Heldin – Sieben Plots . 129

Kapitel 2

Was ist eine Geschichte?

Bevor wir mit der Suche nach und dem Erzählen von Brand Storys beginnen, schauen wir uns erst einmal genauer an, wonach wir eigentlich suchen, was eine Geschichte ausmacht. Was unterscheidet die Verlesung der Geschäftszahlen auf der Jahreshauptversammlung von der Stanford-Rede des verstorbenen Apple-Gründers Steve Jobs? Warum werden die »Real Beauty«-Kampagnen von Dove als Vorzeige-Beispiel für Storytelling herangezogen, jedoch nicht der Claim »Weil ich es mir wert bin« von L'Oréal? Warum können wir auch einmal auf eine Folge der »tagesschau« verzichten, aber können nicht aufhören, wenn wir eine Staffel unserer Lieblings-Drama-Serie angefangen haben? Welche Zutaten sorgen dafür, dass es nach Geschichte und nicht nach der Aneinanderreihung von Fakten schmeckt? Tatsächlich sind es weniger die Zutaten, sondern eher die Zubereitung und die Form. Auch die Rede von Steve Jobs besteht zum großen Teil aus Fakten. Nichts von der Dove-Kampagne hat etwas mit Fiktion zu tun.

Ein Drama in fünf Akten

»Ein Ganzes ist, was Anfang, Mitte und Ende hat.« Vom Amphitheater bis zur ZDF-Mediathek – Was Aristoteles bereits im Jahre 335 v. Chr. in seinem Werk »Poetik« festhielt, stellt immer noch das Fundament jeder Geschichte dar. Es mag banal klingen, aber viele »Geschichten« funktionieren nicht, weil einer dieser Teile fehlt.

Darauf wollten sich jedoch Literaturwissenschaftler und Dramaturginnen nicht ausruhen und suchten – häufig aufbauend auf Aristoteles – weiter nach der universellen Story-Formel. Knapp 2.200 Jahre später, im Jahr 1863, veröffentlichte Gustav Freytag sein Buch »Die Technik des Dramas«. Dort beschrieb er nach Analyse vieler klassischer Dramen von der Antike bis Shakespeare sein Pyramidenmodell.

Kapitel 2
Was ist eine Geschichte?

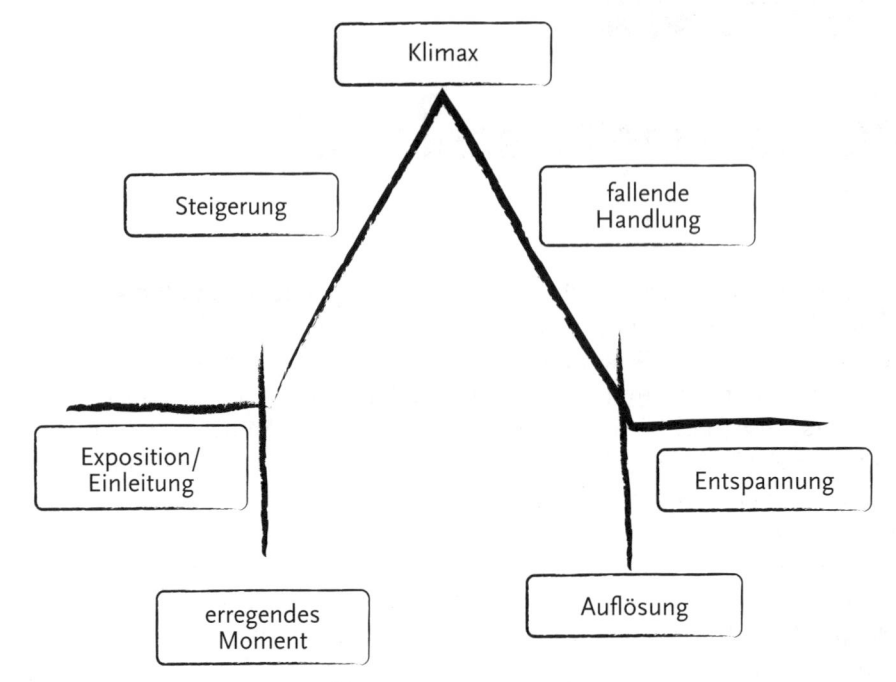

Abb. 2.1: Freytags Pyramide

Exposition/Einleitung

Die Exposition stellt Ort, Zeit und die wichtigsten Charaktere vor und kündigt den Konflikt beziehungsweise die Ziele der Protagonisten an. Das Publikum bekommt ein Gefühl für die Stimmung sowie die Beziehungen der Charaktere untereinander. Ein sogenanntes erregendes Moment erzeugt den Konflikt und bringt die Handlung ins Rollen.

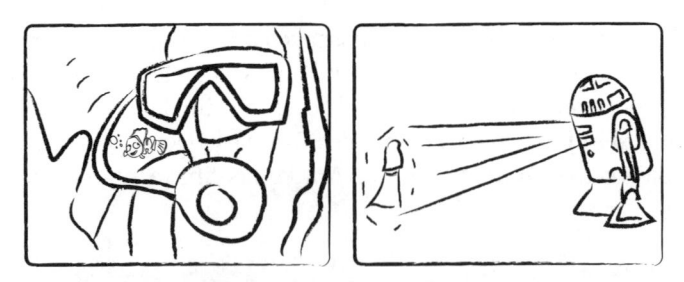

Abb. 2.2: »Finding Nemo« und »Star Wars«: Einleitung

Finding Nemo

Wir lernen Nemo und seinen Vater Marlin sowie Dory kennen und erfahren, warum Marlin so übervorsichtig bei der Erziehung von Nemo ist (Nemos Mutter und alle anderen Fischeier wurden von Barrakudas gefressen). Das erregende Moment tritt ein, als Nemo von Tauchern gefangen wird.

Star Wars – Episode IV

Allein die hereinfliegende Schrift führt uns in die »weit, weit entfernte Galaxie« und die Historie zwischen den Rebellen und dem Imperium. Der neue Konflikt startet mit der Nachricht von Prinzessin Leia, die über R2D2 an Obi-Wan und Luke gelangt.

Komplikation/Steigerung

Im zweiten Akt verschärft sich der Konflikt und somit die Spannung. Es treten Hürden und Widerstände auf, die die Ziele der Charaktere bedrohen. Auf Nebenschauplätzen werden weitere Konflikte zwischen anderen Charakteren erkennbar.

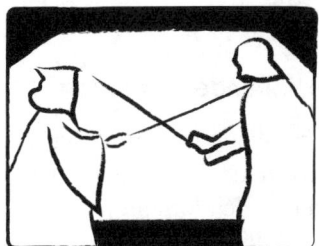

Abb. 2.3: »Finding Nemo« und »Star Wars«: Steigerung

Finding Nemo

Marvin und Dory machen sich auf die Suche nach Nemo.

Star Wars – Episode IV

Luke Skywalker erlernt von Obi-Wan »die Macht«. Die beiden machen sich zusammen mit Han Solo und Chewbacca auf den Weg nach Alderaan, um Prinzessin Leia zu retten, werden dort aber von einem Traktorstrahl des Todessterns gefangen. Obi-Wan wird von Darth Vader bei einem Kampf getötet.

Klimax/Höhepunkt

Der dritte Akt, die Klimax, stellt den Wendepunkt dar. Für den Protagonisten kann dies bedeuten: Alles wird besser, oder schlechter, je nachdem ob wir uns beim klassischen Drama in einer Komödie oder Tragödie befinden.

Kapitel 2
Was ist eine Geschichte?

Abb. 2.4: »Finding Nemo« und »Star Wars«: Klimax

Finding Nemo

Nemo gelingt die Flucht aus dem Aquarium.

Star Wars – Episode IV

Luke und Leia entkommen dem Todesstern. Luke und die Rebellen zerstören den Todesstern.

Retardation/fallende Handlung

Der Konflikt zwischen Held und Gegner beginnt, sich zu lösen. Entweder wird der Held nun gewinnen oder verlieren. Dieser vierte Akt hält jedoch noch das ein oder andere retardierende Moment parat, durch das sich der Konflikt noch mehr in die Länge zieht und das Ende ungewisser wird.

Abb. 2.5: »Finding Nemo« und »Star Wars«: fallende Handlung

Finding Nemo

Nemo macht sich auf den Weg nach Hause. Währenddessen gibt Marlin die Suche auf und streitet sich deswegen mit Dory. Dory, die die Suche nicht aufgibt, begegnet zufällig Nemo, erkennt ihn aber zuerst nicht. Dann jedoch machen sich beide auf die Suche nach Marlin, wobei Dory in einem Fischernetz gefangen wird. Bei dem Versuch, sie zu retten, scheint es so, dass Nemo dabei umgekommen ist.

Star Wars – Episode IV
Die Rebellen kehren zur Hauptstation zurück und Luke schließt sich ihnen an. Darth Vader entkommt.

Katastrophe/Auflösung/Dénouement

Das Drama endet mit diesem fünften Akt, indem der Protagonist sein Ziel erreicht (Komödie) oder verfehlt (Tragödie). Die Konflikte sind nun aufgelöst, alle kehren zu einem normalen Leben zurück. Es tritt Entspannung ein und die letzten ungelösten Knoten im Plot werden aufgeklärt.

Abb. 2.6: »Finding Nemo« und »Star Wars«: Dénouement

Finding Nemo
Nemo, Marvin und Dory versöhnen sich und kehren zurück nach Hause.

Star Wars – Episode IV
Da Star Wars von Anfang an als Trilogie konzeptioniert wurde, kann man an dieser Stelle argumentieren, dass der eigentliche Moment der Entspannung erst in Episode VI eintritt, wenn alle, selbst die Geister von Obi-Wan, Yoda und Anakin Skywalker/Darth Vader feiern, dass das Imperium besiegt wurde.

Von Shakespeare bis »Star Wars« bildet dieses Modell mit seinen fünf Akten immer und immer wieder das Fundament erfolgreicher Geschichten. Von Pyramidenmodell zu sprechen ist jedoch etwas irreführend, da die zeitliche Abfolge der Ereignisse darauf hinausläuft, die Klimax möglichst lange hinauszuzögern und mehrere Spannungsmomente aufzubauen, ähnlich wie in der Grafik in Abbildung 2.7.

Kapitel 2
Was ist eine Geschichte?

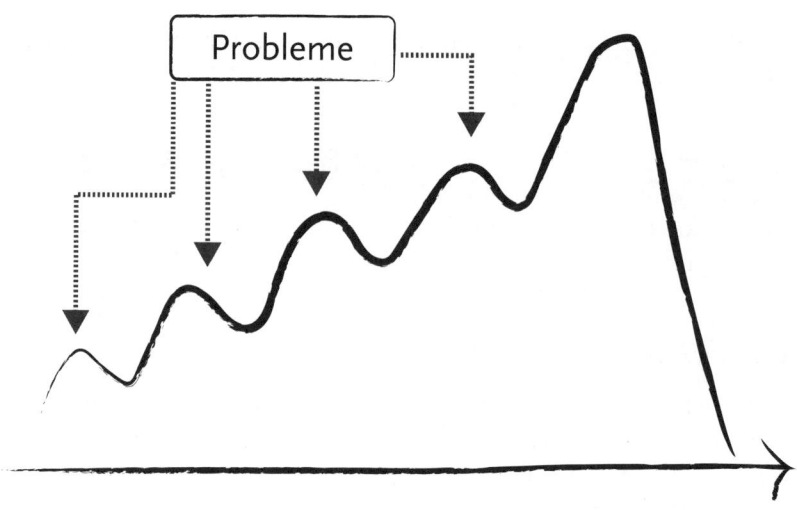

Abb. 2.7: Mehrere Spannungsmomente in einer Geschichte

Doch lässt sich das gleiche Prinzip auf Markenbotschaften, zum Beispiel in einem 30-sekündigen Videoclip herunterbrechen? Keith Quesenberry, Marketing-Professor an der Johns Hopkins University, hat sich der Königsdisziplin im Bereich der Bewegtbildwerbung angenommen und 108 Super-Bowl-Halbzeit-Spots analysiert.[1] Um seine Erkenntnisse unter Beweis zu stellen, gab er bereits im Herbst 2014 eine Prognose ab, welcher Spot der erfolgreichste während des Super-Bowl-2015-Events im folgenden Januar sein würde, und lag richtig.

Er und sein Kollege Michael Coolsen untersuchten die über 100 Spots nach Faktoren wie Sex-Appeal, Humor, Emotionen, prominenten Testimonials, niedlichen Tieren und dramaturgischem Aufbau. Diese Faktoren wurden daraufhin mit den Ratings der Werbeclips verglichen. Die Geheimzutat der erfolgreichsten Kampagnen waren weder süße Tiere noch sexy Celebrities, zumindest konnte keine feste Relation zu guten oder schlechten Spots gefunden werden. Was jedoch ausschlaggebend war, ist die Anzahl der Akte, die selbst in den 30 Sekunden zu erkennen waren. Je mehr Bestandteile der Freytag-Pyramide ein Werbeclip enthielt, desto beliebter war dieser beim Publikum. Das heißt, je vollständiger die Geschichte von der Exposition bis zur Entspannung war, desto mehr lohnte sich die Investition von über vier Millionen US-Dollar in einen der begehrtesten Werbeplätze des Jahres.

Beispiel

Der Gewinner der Werberankings und -umfragen für den Super Bowl 2015 war ein Spot von Budweiser über die Freundschaft zwischen einem Hundewelpen und einem Pferd. »Lost Dog« (mit dem Hashtag #BestBuds) beginnt auf einem Bau-

---

1 Quesenberry, Keith. A – What Makes a Super Bowl Ad Super for Word-of-Mouth Buzz? Five-Act Dramatic Form Impacts Super Bowl Ad Ratings, The Journal of Marketing Theory and Practice (2014)

ernhof und der Vorstellung der Charaktere: ein Hundewelpe und ein Pferd, die auch ohne Worte offensichtlich gute Freunde sind, sowie der Besitzer dieser beiden Tiere (**Exposition**).

Abb. 2.8: »Lost Dog« von Budweiser

Neugierig springt der Welpe in einen Transporter und wird dabei aus Versehen eingeschlossen und mitgenommen (**erregendes Moment**). Nun beginnt die **Steigerung**: Der Hund kann aus dem Laster entkommen und muss nun durch die Stadt, den Regen, die Felder und die Nacht laufen, um zu seinem Haus zurückzukommen. In der Zwischenzeit macht sich auch das Herrchen auf die Suche.

Kurz vorm Ziel, er sieht schon sein Haus, wird der Hund von einem Wolf bedroht (**Klimax**). Sein Freund, das Pferd, eilt ihm jedoch zu Hilfe und kann den Wolf verscheuchen.

In der **fallenden Handlung** hin zur **Auflösung/Entspannung** werden Herrchen, Hund und Pferd wieder vereint.

Die fünf Akte, mit denen bereits Shakespeare zum Publikumsliebling wurde, halten sich bis heute und sind eng mit unseren körperlichen Reaktionen verbunden. Das erregende Moment, die steigende Handlung und die Klimax erzeugen Spannung (Cortisol). Und mit der fallenden Handlung und der Auflösung erfahren wir Entspannung (Dopamin).

»Beim Super Bowl werden aus 30-sekündigen Werbespots Mini-Movies«, so Quesenberry.[2] Geschichten und Sympathie sind gerade in Zeiten von Social Media wichtige Faktoren, die Lebensspanne einer Kampagne länger aufrechtzuerhalten. So konnte »Lost Dog« im Anschluss an die kurze Aufmerksamkeit während des TV-Events auf YouTube über 30 Millionen Views generieren, für die Budweiser keine weiteren vier Millionen US-Dollar investieren musste.

Die Heldenreise nach Joseph Campbell

Das Drama in fünf Akten erklärt, wie sich der Spannungsbogen einer typischen Geschichte entfaltet und das Publikum entsprechend in seinen Bann zieht. Es erklärt jedoch nicht – zumindest nicht explizit –, für wen das Publikum eigentlich mitfiebert, wem seine Sympathie beziehungsweise Empathie gilt und warum. Für das Brand Storytelling sind diese Fragen umso bedeutender. Es gilt, die Bedürfnisse der Zielgruppe mit der Geschichte widerzuspiegeln, sodass sie sich mit den Unternehmenswerten und -botschaften identifiziert. Empathie ist das wichtigste Ziel, in alle Richtungen.

Wer steht im Mittelpunkt unserer Empathie? Joseph Campbell untersuchte viele große Mythen und Geschichten der Menschheit und fand einen roten Faden, der sich immer am Helden der Erzählung und seiner Reise orientiert. Die Heldenreise – oder auch Monomythos genannt – ist eines der einflussreichsten Modelle, das die Motive hinter einer Geschichte und seinem Helden erklärt. »Star Wars«-Erfinder George Lucas hat sich zum Beispiel bewusst an diese Struktur gehalten und somit eine der größten Sagengeschichten der Gegenwart ins Leben gerufen.

---

2   Monarth, Harrison – The Irresistible Power of Storytelling as a Strategic Business Tool: https://hbr.org/2014/03/the-irresistible-power-of-storytelling-as-a-strategic-business-tool (2014)

Die Heldenreise spielt sich in 17 – zum größten Teil chronologischen – Etappen ab.³

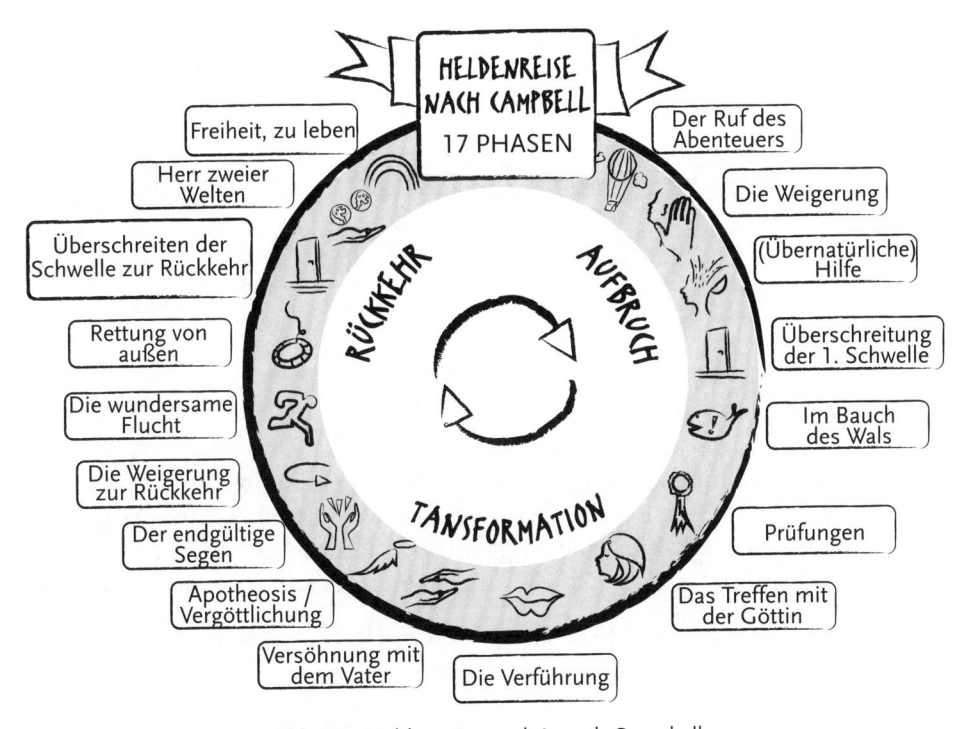

Abb. 2.9: Heldenreise nach Joseph Campbell

Aufbruch

Im ersten Teil der Geschichte, der sich mit der Exposition aus dem Pyramidenmodell überschneidet, geht es darum, dass der Held seine gewohnte Welt verlassen muss. Hier erfährt das Publikum, was dieses bisher normale Leben des Protagonisten ausmacht, was die Motive für den Aufbruch sind und welche Ängste damit verbunden sind.

1. Der Ruf des Abenteuers

Je bodenständiger der Held und seine Welt zu Beginn der Geschichte sind, desto mehr kann sich auch das Publikum mit ihm identifizieren. Die großen Abenteuer passieren jedoch selten im trauten Heim. Daher muss der Held aus seiner Normalität herausgerissen werden, indem er einen Ruf von außen erhält. Beispiele für diesen Ruf können eine Bitte, eine Bedrohung, ein Problem, eine neue Entdeckung

---

3 Campbell's »Hero's Journey« Monomyth, Changing Minds: http://changingminds.org/disciplines/storytelling/plots/hero_journey/hero_journey.htm

oder Ähnliches sein. Meist steht eine Belohnung in Aussicht, die die Motivation des Helden befeuert. Dabei kann es sich um das Herz einer großen Liebe handeln wie auch Ruhm und Gerechtigkeit oder ein sicheres Zuhause durch das Bekämpfen böser Mächte. Ob Mittelerde, ferne Galaxien oder die Matrix: Das Abenteuer findet meist in einer fremden Welt statt, die mit vielen Gefahren aufwartet. Das ist auch der Grund, warum der Held meist zögert, seiner Berufung zu folgen.

Odysseus

Odysseus lebt mit seiner Frau Penelope und seinem neugeborenen Sohn Telemachos in Ithaka. Nachdem die Trojaner Griechenland angreifen, muss Odysseus als Kriegsführer nach Troja aufbrechen.

Star Wars – Episode 4

Luke lebt mit seinem Onkel und seiner Tante auf einer Farm auf dem Planeten Tatooine und hilft ihnen dort bei der Arbeit. Eigentlich träumt er jedoch davon, Pilot zu werden und ferne Planeten zu bereisen. Von einem seiner zwei gerade gekauften Droiden erhält er eine Nachricht von Prinzessin Leia, die an einen Obi-Wan gerichtet ist. Dies ist der einleitende Ruf an den Helden, die Prinzessin und die Galaxie zu retten.

2. Die Weigerung

Die erste Reaktion des Helden ist häufig, dem Ruf nicht zu folgen. Gründe dafür können Angst sein, aber auch das Gefühl, dass sie zu Hause mehr gebraucht werden. In manchen Fällen sehen sie die Dimension des Problems auch einfach nicht. Für das Publikum ist dies das erste Spannungsmoment. Neben Frustration darüber, dass nicht schnell genug gehandelt wird, hilft es uns jedoch auch, uns mit dem Helden zu identifizieren, da dieses Zögern in Hinblick auf die Gefahren nur allzu menschlich ist.

Durch eigene Reflexion, äußere Umstände oder Überzeugungskraft eines Mentors oder einer Mentorin erkennt der Held jedoch, dass es seine Aufgabe ist, das Abenteuer anzutreten. Es ist diese erste, feste Entscheidung, die aus dem normalen Protagonisten eigentlich erst einen Helden macht, den das Publikum auch als solchen anerkennt.

Odysseus

Da er gerade einen Sohn bekommen hat, kämpft er mit seinen väterlichen Instinkten, zu bleiben.

> **Star Wars Episode IV**
>
> Luke fühlt sich seinem Onkel und der Farm verpflichtet und kehrt daher nach Hause zurück. Dort wurde jedoch bereits seine Familie vom Imperium getötet.

3. (Übernatürliche) Hilfe

Der Held bekommt nun Hilfe in Form von Ausstattung, Wissen und – gegebenenfalls magischen – Gegenständen, die ihn für die kommenden Gefahren wappnen. Manchmal findet er diese allein, in den meisten Fällen jedoch werden sie ihm von einer weisen Mentorin vermittelt. Häufig besteht die Rolle der Mentorin auch darin, dem Helden Selbstvertrauen sowie eine erste Wegbeschreibung für die Reise mitzugeben. Ebenso gesellen sich Weggefährten zum Helden, die ihn bei dem Abenteuer unterstützen. Sowohl die Hilfe der Mentorin als auch die Hilfe seiner Gefährten werden allein allerdings nicht ausreichend sein, das Abenteuer ohne Risiko zu bestehen.

> **Odysseus**
>
> Die Göttin Athena gibt Odysseus während seiner Reise Schutz und Weisung.

> **Star Wars – Episode IV**
>
> Obi-Wan gibt Luke sein Lichtschwert, klärt ihn über »die Macht« auf und unterrichtet ihn darin. Im Laufe seiner Reise bekommt Luke ebenfalls Unterstützung von Han Solo, Chewbacca und Leia.

4. Überschreiten der ersten Schwelle

Wenn der Held seiner Entscheidung Taten folgen lässt und die Reise antritt, gibt es nun kein Zurück mehr. Er lässt zum ersten Mal seine alte bekannte Welt hinter sich und tritt in eine neue unbekannte Welt ein, die ihre ganz eigenen Regeln und Gefahren hat. Für die Emanzipation des Protagonisten zum Helden ist dies der entscheidende Schritt, das Schicksal in die eigene Hand zu nehmen und sich somit auch selbst zu verändern. Um alle Zweifel über diesen Schritt auszuräumen, gibt es häufig noch einen Wärter bzw. Probleme vorm Überschreiten dieser Schwelle.

> **Odysseus**
>
> Odysseus macht sich nach dem langen Krieg auf, die Segel zu setzen und heimzureisen.

> **Star Wars – Episode IV**
>
> Luke und Obi-Wan begeben sich zum Weltraumhafen Mos Eisley. Hier lernt er seinen Kompagnon Han Solo und dessen treuen Gefährten Chewbacca kennen. In einer Bar wird er attackiert, Obi-Wan und Han helfen ihm jedoch aus der Situation. Der endgültige Schritt in die neue Welt beginnt mit der Reise von Tatooine nach Alderaan im Millenium Falcon von Han Solo.

5. Im Bauch des Wals

Abgeleitet von der biblischen Geschichte von Jona und dem Wal begibt sich der Held in die Höhle des Löwen. Die Überwindung dieser mystischen, gefährlichen Welt wird mit neuen Erkenntnissen belohnt.

> **Odysseus**
>
> Die Götter bestrafen die Griechen für ihre Hochmütigkeit mit einem schweren Sturm, der sie vom Kurs abbringt. Sie sind nun dem Meer und somit dem erzürnten Meeresgott Poseidon ausgeliefert.

> **Star Wars – Episode IV**
>
> Der Millennium Falcon wird von einem Traktorstahl in den Todesstern »geschluckt«.

Transformation

Der Held beginnt, sich durch das Abenteuer zu verändern. Er erlangt seinen Heldenstatus durch eine Serie an Prüfungen, Kämpfen und Herausforderungen. Sein wahrer Charakter, der sich bisher unter der sicheren Decke seiner gewohnten Welt verbarg, kommt nun zum Vorschein.

6. Prüfungen

Damit sowohl der Held wächst als auch das Publikum auf der langen Reise unterhalten wird, steht eine Reihe von Prüfungen an. Eine ist schwieriger als die andere, um die Spannung zu steigern. Nach einigen Hindernissen erhält der Held neue Hilfsmittel oder Weggefährten. Zwei der geläufigsten Kämpfe sind der Brüderkampf und der Drachenkampf. Beim Gefecht gegen einen »Bruder« handelt es sich um einen alten Bekannten, mit dem der Held eine familiäre oder freundschaftliche Verbindung hat. Diese Art von Kampf symbolisiert meist auch einen Kampf des Helden gegen sich selbst beziehungsweise eine dunklere Seite seines Charakters. Der Kampf gegen den Drachen wiederum symbolisiert das Unbekannte und das übermächtige Fremde.

> **Odysseus**
>
> Die gesamte Odyssee ist eine Aneinanderreihung von Prüfungen, z.B. die Überlistung des Riesen Polyphem, der Sirenen, die Überwindung der Seeungeheuer Skylla und Charybdis und viele weitere.

> **Star Wars – Episode IV**
>
> Auf dem Todesstern erfahren Luke und seine Gefährten, dass Prinzessin Leia dort festgehalten wird. Sie überwinden allerhand Hürden, um sie zu retten. In einer Form von Brüder-Duell kämpf Obi-Wan gegen Darth Vater und opfert sein Leben für Luke.

7. Das Treffen mit der Göttin

Der Held trifft auf eine weibliche Figur, die ihn und seine Eigenschaften vervollständigt und ergänzt, die ihm Halt und Orientierung gibt. Dies kann eine Liebesbeziehung sein, aber auch eine familiäre Verbindung, wie eine Schwester oder seine Mutter. Es kann tatsächlich ein mystisches Wesen sein oder auch eine ganz normale Frau, mit der sich der Held verbunden fühlt. Wenn es sich um einen weiblichen Helden handelt, trifft diese auf eine männliche Gottesfigur.

> **Odysseus**
>
> Das Treffen mit der Göttin ist Odysseus' eigentliches Ziel, da er nach Hause zu Penelope zurückkehren möchte. Auf seinem Weg trifft er jedoch auf einige Frauen, die eine ähnliche Rolle für ihn einnehmen, zum Beispiel die Zauberin Kirke, auf deren Insel er sogar ein Jahr lebt und die ihm ebenfalls Schutz und Rat für seine weitere Reise gibt.

> **Star Wars – Episode IV, V und VI**
>
> Luke ist seit der ersten Hologram-Nachricht von Leia fasziniert. Ihre geheimnisvolle Art und ihre Führungsrolle komplementieren seinen naiv-neugierigen, eher impulsiven Charakter. Wenn offenbart wird, dass Leia seine Schwester ist, wird die Verbindung zwischen den beiden noch stärker manifestiert.

8. Die Verführung

Neben der Göttin trifft der Held meist noch ein anderes weibliches Wesen, die Verführerin. Sie verkörpert laut Campbell die Verlockung meist materieller oder körperlicher Dinge und kurzweiligen Vergnügens, die den Helden von seiner Mission ablenken und ihn dieser als unwürdig erweisen würde. Ein wichtiger Test für seinen Charakter und seine Integrität ist es daher, diesen Verführungen zu widerstehen oder zu entkommen. Die Verführung kann eigenwillig handeln oder auch mutwillig vom Gegner gesandt worden sein. Auch die Göttin kann für einen Teil gleichzeitig die Verführung darstellen, dann meist jedoch mit der wohltätigen Intention, den Helden durch diese Prüfung in seinem Willen zu stärken.

Odysseus

Neben Kalypso, auf deren Insel Odysseus sieben Jahre festgehalten wird, ist Kirke und das friedliche Leben, das Odysseus auf ihrer Insel führt, die größte Verführung auf seiner Reise. Erst auf Drängen seiner Schiffsbesatzung überwindet er sich, die weitere Heimreise anzutreten.

Star Wars – Episode IV und V

Sowohl Luke als auch Han Solo werden zu Beginn von der unschuldigen Anziehungskraft von Leia abgelenkt. Auch die dunkle Seite der Macht stellt für Luke in einigen Momenten eine kurzfristige Verführung dar.

9. Versöhnung mit dem Vater

Die Vaterfigur spielt für den Helden eine ambivalente Rolle. Auf der einen Seite hat der Held das Ziel, Anerkennung zu bekommen. Auf der anderen Seite kämpft er um oder gegen dessen Status. Die Vaterrolle kann auch von einer Person eingenommen werden, die viel Autorität und Macht hat. Kann diese Macht eingenommen werden, durch Besiegen oder Versöhnung, wird der Held beinahe allmächtig und nimmt selbst die Rolle der höchsten Instanz ein. Die Versöhnung kann auch stattfinden, indem der Held seine eigenen Fehler oder Schwächen erkennt und mit seinen Gefährten teilt.

Odysseus

Während seiner Gefangenschaft auf Kalypsos Insel reflektiert Odysseus seine früheren Taten und erkennt seine Fehler. Erst nach dieser Einsicht willigen die Götter – bis auf Poseidon – ein, ihm zu helfen. Später sucht er in der Unterwelt den Propheten Teiresias auf. Dort trifft er auch auf den Geist seiner Mutter, die an gebrochenem Herzen gestorben ist, da sie ihren Sohn vermisst hat, und einen seiner umgekommenen Gefährten. Auch hier findet eine Versöhnung statt, indem er mit diesen Geistern Frieden schließt und Teiresias trifft, der als Prophet mehr Macht über Odysseus' Schicksal hat.

> **Star Wars – Episode V**
>
> In Star Wars V – »Das Imperium schlägt zurück« stellt sich Luke selbst Darth Vader in einem Duell und erfährt, dass dieser sein Vater ist.

10. Apotheosis/Vergöttlichung

Nachdem der Held alle Prüfungen überwunden, allen Verlockungen standgehalten und sich seiner Vaterfigur als ebenbürtig erwiesen hat, ist seine Transformation hin zu einem »höheren« Wesen abgeschlossen. Es ist die Geburtsstunde des perfekten, erleuchteten Helden, der die neue Welt in seiner Ganzheitlichkeit nun versteht und sich dieser würdevoll stellen kann. Mit diesem Wissen und mit voller Aufopferung beschreitet er die finale Stufe des Abenteuers. Diese Transformation geht häufig auch mit einer optischen Veränderung des Helden einher.

> **Odysseus**
>
> Durch die Rückkehr von der Unterwelt und mithilfe Teiresias' Ratschlägen erlangt Odysseus einen gottesähnlichen Status.

> **Star Wars – Episode V**
>
> Luke ist eher bereit, sein Leben zu opfern als der dunklen Seite der Macht beizutreten. Im Duell gegen Darth Vader verliert er eine Hand, die mit einer Prothese ersetzt wird. Mit dieser körperlichen Veränderung wird er physisch seinem Vater ähnlicher.

11. Der endgültige Segen

Die Klimax der Geschichte ist erreicht. Die Spannung erreicht ihren Höhepunkt. Der Ruf des Abenteuers wird letztendlich erfüllt. Der Endgegner wird besiegt beziehungsweise die finale Herausforderung gemeistert.

> **Odysseus**
>
> Das einzige Ziel von Odysseus ist es, seine Heimat Ithaka zu erreichen. Nach der Ankunft in Ithaka stellt er jedoch fest, dass seine Macht bedroht ist. So tötet er letztendlich alle Verräter, die in seiner Abwesenheit um seine Frau Penelope gebuhlt haben, um seinen Platz einzunehmen.

> **Star Wars – Episode IV**
>
> Luke lernt, der Macht zu vertrauen, und kann mit dieser Hilfe den Todesstern genau an der richtigen Stelle treffen, um ihn zu zerstören.

Die Rückkehr

Der Held kehrt als veränderter Mensch triumphierend in seine alte Welt zurück. Jedoch ist auch dieser Weg mit Hindernissen gesät.

12. Die Weigerung zur Rückkehr

Die einst Furcht einflößende neue Welt hat sich für den Helden verändert. Er fühlt sich dort nun wohl und hat seine Rolle gefunden. Lieber sucht er nach all den Abenteuern nach neuen Herausforderungen, anstatt in sein eintöniges Leben in der alten Welt zurückzukehren.

> **Odysseus**
>
> Odysseus weigert sich nach seiner Ankunft in Ithaka, seine Identität preiszugeben, und tarnt sich daher als alter Mann. Erst nachdem die Verräter bezwungen wurden, gibt er Penelope seine Identität preis.

> **Star Wars – Episode IV**
>
> Nachdem Prinzessin Leia gerettet wurde, weigert sich Luke, den Todesstern zu verlassen, da er noch Obi-Wan rächen möchte. Nachdem der Todesstern zerstört wurde, bleibt er bei den Rebellen, statt nach Tattooine zurückzukehren.

13. Die wundersame Flucht

Nachdem er die Gegner besiegt hat, muss der Held häufig schnell entkommen, zum Beispiel weil noch weitere Gegner hinter ihm her sein könnten, er etwas oder jemanden gerettet hat, dem nun andere hinterherjagen, oder weil es ein Zeitlimit gibt, bis zu dem er den »Schatz« an seinen vorherbestimmten Ort bringen muss. Die finale Verfolgungsjagd sorgt noch einmal für Spannung nach dem Höhepunkt der Ereignisse mit dem Ausblick auf Erlösung.

> **Odysseus**
>
> Poseidon erblickt Odysseus und entfacht einen Sturm, der sein Schiff kentern lässt. Er landet auf der Insel der Phaiaken, die ihn für die Heimreise mit einem verzauberten Schiff ausstatten.

> **Star Wars – Episode IV**
>
> TIE-Jäger verfolgen Luke erfolglos, während er den Todesstern treffen möchte.

14. Rettung von außen

In letzter Sekunde bekommt der Held fremde Hilfe. Der Retter kann jemand sein, dessen Wege sich bereits mit dem Helden gekreuzt haben, oder gar ein ganz Unbekannter. Dieser Moment bewirkt beim Publikum, dass es den Helden trotz seiner Transformation immer noch als einen von sich, als fehlbaren Menschen anerkennt, und somit die Empathie und Bindung zum Helden erhalten bleibt.

> **Odysseus**
>
> Ohne die Hilfe der Phaiaken hätte Odysseus Ithaka nicht erreicht.

> **Star Wars – Episode IV und VI**
>
> Obwohl er die Rebellen bereits verlassen hat, kehrt Han Solo in letzter Sekunde zurück und rettet Luke, der von Darth Vader und den TIE-Jägern verfolgt wird. In Star Wars, Episode VI – »Die Rückkehr der Jedi-Ritter« bekommt Luke Hilfe von Darth Vader, der den Imperator tötet.

15. Überschreiten der Schwelle zur Rückkehr

Zu guter Letzt schafft es der Held, in seine alte Welt zurückzukehren. Meist wird diese Schwelle durch ein letztes Hindernis dargestellt, wie zum Beispiel ein letzter Kampf mit einem Feind, der bereits als verschollen galt. Während die erste Schwelle ein Symbol für den Tod vom alten Leben ist, stellt die Rückkehr eine Art Wiedergeburt dar. Für das Publikum bedeutet dies nun der Abschluss aller Abenteuer und Spannung.

> **Odysseus**
>
> Niemand erkennt Odysseus in Ithaka, bis auf einen Diener, der eine Wunde erkennt. Er überwindet die letzte Hürde, indem er die Verräter tötet und sich seiner Frau zu erkennen gibt, die lange dachte, dass er bereits tot sei.

> **Star Wars – Episode IV**
>
> Der Millennium Falcon zerstört die letzten Verfolger.

16. Herr zweier Welten

Nach seiner Reise ist der Held nun in zwei Welten zu Hause, kann frei zwischen ihnen reisen und beherrscht diese, ohne weitere Prüfungen fürchten zu müssen. Zugleich ist er durch das Überwinden seiner eigenen Ängste nun auch Meister seines inneren Charakters wie auch der äußeren Welt.

Odysseus

Odysseus übernimmt wieder die Herrschaft über Ithaka, seine Heimat, und hat ebenso die mystische Welt auf seiner Heimreise besiegt.

Star Wars – Episode IV

Luke wird zu einem Jedi-Ritter. Die Rebellen feiern den Sieg.

17. Freiheit zu leben

Nachdem er seine inneren und äußeren Dämonen besiegt hat, beginnt der Held, ein Leben in absoluter Freiheit zu führen, z.B. als Herrscher oder Lehrer, der seine Weisheit weitergibt. Er kann sich niederlassen und ein friedliches Leben mit seiner Familie führen oder neue Abenteuer suchen. Er ist frei von allen Ängsten und Hoffnungen, die ihn vom Leben im Hier und Jetzt abhalten könnten.

Odysseus

Odysseus kehrt zu seinem friedlichen Leben mit seiner Frau zurück, jedoch mit einem tieferen Verständnis für Würde und Erfüllung.

Star Wars – Episode VI

Die Rebellen siegen endgültig über das Imperium. Luke wird eins mit der Macht und kann diese nun auch andere lehren.

Voglers Heldenreise – Brand Storys in zwölf Phasen

Ob »Star Wars«, »Shreck« oder »The Matrix« – die Heldenreise findet sich in den meisten großen Storytelling-Formaten unserer Zeit wieder. Zugegebenermaßen spielen Magie, Götter und Verlockungen jedoch selten eine Rolle in Unternehmensgeschichten. Und auch wenn Hollywood & Co. immer mehr erkennen, dass Helden großer Mythen auch Frauen sein können, ist Campbells Heldenreise überwiegend auf einen männlichen Helden ausgerichtet, was an der ein oder anderen

Stelle von der Wahl der Motive und Metaphern nicht mehr zeitgemäß ist. Um Brand Storys einfacher auf die Spur zu kommen, lässt sich die abgekürzte und modernisierte Variante der Heldengeschichte, wie sie vom Drehbuchautor und Story Consultant Christopher Vogler 1992 erstellt wurde, zurate ziehen, die folgende zwölf Etappen umfasst:[4]

1. Die gewohnte Welt
2. Der Ruf
3. Die Weigerung
4. Der Mentor oder die Mentorin
5. Überschreiten der ersten Schwelle
6. Prüfungen, Verbündete, Feinde
7. Vordringen zur tiefsten Höhle
8. Die entscheidende Prüfung
9. Die Belohnung
10. Rückweg
11. Auferstehung
12. Rückkehr mit Elixier

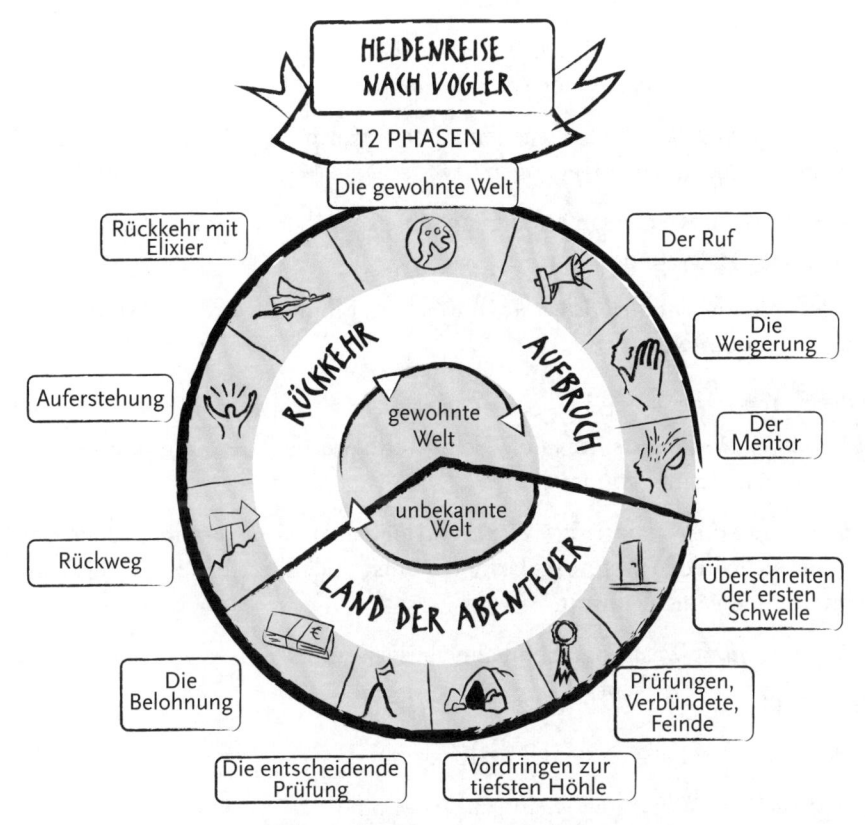

Abb. 2.10: Heldenreise nach Vogler

---

4 Vogler, Christopher – The Writer's Journey: Mythic Structure for Writers (2007)

Die zwölf Phasen der Heldenreise nach Campbell/Vogler können vom Großen bis zum Kleinen eingesetzt werden. Mit drei Beispielen schon lässt sich erkennen, wie damit eine Marketing-Strategie, eine Rede und eine Video-Kampagne der Heldenreise folgen und somit zu einflussreichen Geschichten werden.

Abhängig davon, wofür es eingesetzt wird, orientiert sich diese Struktur natürlich an ganz unterschiedlichen Fragen, die sich jedoch auf folgenden größten gemeinsamen Nenner herunterbrechen lassen:

Do it yourself

Erster Akt

1. Die gewohnte Welt: Wie sieht die Ausgangslage aus? Was ist die Wohlfühlzone? Was ist bisher als gegeben angesehen?

2. Der Ruf: Was ändert sich unerwartet? Welche Herausforderung tritt auf einmal ein? Was ist der Auslöser einer Veränderung?

3. Die Weigerung: Welche Schwächen gibt es? Warum wurde diese Herausforderung bisher noch nicht angegangen bzw. gemeistert?

4. Die Mentorin: Welche Unterstützung gibt es? Woher bekommt man neue Einsichten und Motivation?

5. Überschreiten der ersten Schwelle: In welchem Moment wurde die Herausforderung angenommen?

Zweiter Akt

6. Prüfungen, Verbündete, Feinde: Welche Wettbewerber oder Konflikte stehen im Weg? Welche Partner können helfen?

7. und 8. Vordringen zur tiefsten Höhle und die entscheidende Prüfung/Klimax: Was ereignet sich auf den Weg, kurz bevor der entscheidende, nicht mehr rückgängig zu machende Wandel eintritt?

9. Die Belohnung: Was genau beinhaltet dieser Wandel?

Dritter Akt

10. Rückweg: Was hat sich seitdem verbessert?

11. Auferstehung: Was ist der wichtigste Triumph?

12. Rückkehr mit Elixier: Was kann durch diese Reise gelernt werden?

Steve Jobs' Stanford-Rede

Abb. 2.11: Steve Jobs' Stanford-Rede

Der Apple-Gründer begann seine berühmte Rede aus dem Jahr 2005 vor Stanford-Absolventen mit folgender Ankündigung: »Ich möchte Ihnen heute drei Geschichten aus meinem Leben erzählen. Nichts Besonderes, einfach drei Geschichten.« Die folgende zweite der drei Geschichten handelt von Liebe und Verlust.

Erster Akt

1. Die gewohnte Welt

   »Ich hatte Glück – ich habe schon früh herausgefunden, was ich gern machen wollte. Ich war zwanzig, als Woz [Anm.: Steve Wozniak] und ich in der Garage meiner Eltern mit Apple anfingen. Wir haben hart gearbeitet, und nach zehn Jahren war Apple von zwei Leuten in einer Garage auf ein Zwei-Milliarden-Dollar-Unternehmen mit über 4.000 Mitarbeitenden angewachsen. Im Jahr zuvor hatten wir unser bestes Produkt vorgestellt, den Macintosh, und ich war gerade dreißig geworden.«

2. Der Ruf

   »Und dann wurde ich entlassen. Wie kann man aus seiner eigenen Firma fliegen? Nun ja, mit wachsendem Erfolg bei Apple stellten wir jemanden ein, der mir sehr geeignet erschien, das Unternehmen gemeinsam mit mir zu führen, und im ersten Jahr funktionierte es auch recht gut. Doch allmählich gingen unsere Vorstellungen auseinander, und schließlich kam es zum Streit. In der Situation stellte sich unser Verwaltungsrat auf seine Seite. Mit dreißig war ich also entlassen. Und zwar sehr öffentlich entlassen. Der Inhalt meines ganzen Arbeitslebens war auf einmal weg. Es war niederschmetternd.«

3. Die Weigerung

»Eine ganze Weile wusste ich wirklich nicht, wie es weitergehen sollte. Ich sagte mir, dass ich die ältere Unternehmergeneration enttäuscht hatte, dass ich den Stab hatte fallen lassen, der mir gerade übergeben worden war. Ich setzte mich mit David Packard und Bob Noyce zusammen, wollte mich entschuldigen. Ich war gescheitert, öffentlich gescheitert und überlegte sogar, wegzugehen.«

4. Die Mentorin (in diesem Fall Selbstreflexion)

»Aber irgendwie stellte ich fest, dass mir meine Arbeit noch immer am Herzen lag. Die Entwicklung bei Apple hatte daran überhaupt nichts geändert. Man hatte mich rausgeworfen, aber ich brannte noch immer.«

5. Überschreiten der ersten Schwelle

»Und so beschloss ich, neu anzufangen.«

Zweiter Akt

6. Prüfungen, Verbündete, Feinde

»Damals war mir das nicht klar, aber es zeigte sich, dass diese Entlassung das Beste war, was mir je passieren konnte. Statt der Bürde des Erfolgs erlebte ich wieder die Leichtigkeit des Anfängers, der unsicher sein darf. Es gab mir die Freiheit, eine der schöpferischsten Phasen meines Lebens zu beginnen.«

7. Vordringen zur tiefsten Höhle

In diesem Fall handelt es sich bei den Prüfungen um die positiven Etappen des Wiederanfangs und wie diese zu immer mehr Erfolg führten.

8. Die entscheidende Prüfung/Klimax

»In den nächsten fünf Jahren gründete ich Next, ich gründete Pixar und verliebte mich in eine wunderbare Frau, die dann meine Ehefrau wurde. Pixar produzierte den ersten computeranimierten Spielfilm, ›Toy Story‹, und ist heute das weltweit erfolgreichste Zeichentrickfilmstudio.«

9. Die Belohnung

»Dann, in einer erstaunlichen Wendung, wurde Next von Apple gekauft.«

Kapitel 2
Was ist eine Geschichte?

Dritter Akt

10. Rückweg

»Ich kehrte zu Apple zurück, und die Technologie, die wir bei Next entwickelt hatten, ist der Kern der gegenwärtigen Apple-Renaissance. Und Laurene und ich haben eine wunderbare Familie.«

11. Auferstehung

Der Teil, der hier ausgelassen wurde, weil er allen bekannt ist: Steve Jobs wird wieder CEO von Apple.

12. Rückkehr mit Elixier

»All das wäre gewiss nicht passiert, wenn Apple mich damals nicht gefeuert hätte. Es war eine bittere Arznei, aber vermutlich brauchte sie der Patient. Manchmal knallt einem das Leben etwas an den Kopf. Dann darf man nicht das Vertrauen verlieren. Weitergemacht habe ich wohl nur deswegen, weil es mir Spaß gemacht hat. Man muss herausfinden, was einem wichtig ist. Das gilt für die Arbeit wie für Liebesbeziehungen. Die Arbeit wird einen Großteil Ihres Lebens einnehmen, aber wirklich erfüllt ist man nur, wenn man weiß, dass es etwas wirklich Großes ist. Und das geht nur, wenn man seine Arbeit liebt. Wenn Sie noch nichts gefunden haben, suchen Sie weiter. Arrangieren Sie sich nicht. Wie bei allen Herzensangelegenheiten weiß man, dass es das Richtige ist, wenn man es gefunden hat. Und wie bei jeder wichtigen Beziehung wird es mit den Jahren immer besser. Suchen Sie also so lange, bis Sie das Richtige gefunden haben. Arrangieren Sie sich nicht.«

Insbesondere für mündlich erzählte Geschichten lassen sich diese Schritte auch vereinfacht auf die Formel des Animationsunternehmens Pixar herunterbrechen, die in Abbildung 2.12 gezeigt wird.

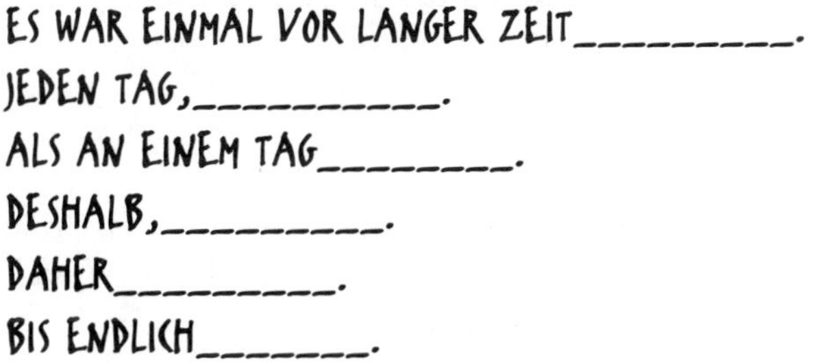

```
ES WAR EINMAL VOR LANGER ZEIT_____.
JEDEN TAG,_____.
ALS AN EINEM TAG_____.
DESHALB,_____.
DAHER_____.
BIS ENDLICH_____.
```

Abb. 2.12: Story-Schritte nach Pixar

Beispiel

Budweisers Super-Bowl-Spot »Lost Dog«

Da Sie den Spot bereits kennengelernt haben, schauen wir ihn uns noch einmal genauer aus der Sicht des Helden, in diesem Fall des Hundes, an.

Erster Akt

1. Die gewohnte Welt

   Hund, Pferd und Mann leben zusammen auf einem Bauernhof.

2. Der Ruf

   Unfreiwillig gerät der Hund in ein Abenteuer, da er in einen Lastwagen eingesperrt wird.

3. Die Weigerung

   In diesem Fall sind die Instinkte des Hundes, nach Hause zu kommen, so stark, dass es keine Weigerung gibt.

4. Die Mentorin

   Da es keine Weigerung gibt, bedarf es auch keiner Mentorin, die den Hund motiviert, den Rückweg anzutreten.

5. Überschreiten der ersten Schwelle

   Der Hund entkommt durch eine offene Tür aus dem Lastwagen.

Zweiter Akt

6. Prüfungen, Verbündete, Feinde

   Der Hund muss durch viel befahrene Straßen rennen. Auch das Herrchen macht sich bereits auf die Suche.

7. Vordringen zur tiefsten Höhle

   Es regnet stark und der Hund muss sich einsam unterstellen. Erst am Abend gelangt er auf den Hügel, von dem aus er schon den Bauernhof sehen kann.

8. Die entscheidende Prüfung/Klimax

   Hund und Pferd sehen sich bereits aus der Ferne. Der Hund bemerkt jedoch nicht, dass hinter ihm ein Wolf auftaucht. Das Pferd kommt zu Hilfe geeilt und verscheucht den Wolf.

9. Die Belohnung

   Im Sinne des Mottos der Kampagne (#BestBuds) ist die Belohnung in diesem Fall das Wissen, dass auf seine Freunde Verlass ist, und die Freude darüber, wieder bei ihnen zu sein.

Dritter Akt

10. Rückweg

   Im Morgengrauen sieht das Herrchen, wie der Hund und die Pferde in Richtung Haus angerannt kommen.

11. Auferstehung

   Der vom Abenteuer ganz dreckig und nass gewordene Hund wird vom Herrchen gewaschen und gestreichelt.

12. Rückkehr mit Elixier

   Hund, Pferd und Mann sind wieder auf dem Bauernhof vereint.

   Budweiser taucht symbolisch auf als »Elixier« für die Freundschaft zwischen den Dreien, die mit diesem Abenteuer kurz bedroht wurde.

Die Storytelling-Strategie von Dove

Mit seiner Initiative für wahre Schönheit hat Dove eine ganze Story-Strategie entwickelt, auf deren Basis das Kosmetikunternehmen immer wieder neuen Content kreiert, der in aller Munde ist. Dabei zieht sich die gleiche »Moral der Geschichte« durch alle Erzählformate, egal ob Bilder für Werbe-Kampagnen, Videos oder in der täglichen Kommunikation mit den Kunden über die Social-Media-Kanäle.

Eine dieser Geschichten ist das von Adweek im Jahr 2013 als beste Werbekampagne ausgezeichnete Video »Real Beauty Sketches«. In der dreiminütigen Dokumentation zeichnet ein Spezialist für Fahndungsbilder Skizzen von Frauen allein anhand von Beschreibungen. Dabei beschreiben sich die gezeichneten Frauen einmal selbst, und zum Vergleich werden sie von Fremden beschrieben, die sie erst kurz zuvor für ein paar Minuten getroffen haben. Schlussendlich müssen die Frauen teils sehr gerührt feststellen, dass sie sich selbst viel kritischer sehen und die Skizzen auf Basis anderer wesentlich freundlicher und schöner waren.

Abb. 2.13: »Real Beauty Sketches« von Dove

Kapitel 2
Was ist eine Geschichte?

Beispiel

Folgende Passagen von der deutschen Website von Dove über die Vision des Unternehmens geben einen Einblick in die Storytelling-Strategie. Dabei wird deutlich, dass Dove selbst nicht als Held auftritt, sondern als Mentor. Um zu illustrieren, wie sich zum Beispiel die »Real Beauty Sketches«-Kampagne in diese Strategie einfügt und was die Heldenreise hier ausmacht, kombinieren wir die Vision des Unternehmens mit dem Plot des Videos.

Erster Akt

1. Die gewohnte Welt

> Dove-Website: »Eine Umfrage von Dove zur Zufriedenheit mit dem eigenen Aussehen mit über 6.400 Frauen aus der ganzen Welt hat ergeben, dass nur 2 Prozent der deutschen Frauen sich selbst als schön bezeichnen. Und diese Komplexe bezüglich des Aussehens entstehen bereits im jungen Alter.«

> Heldenreise der Zielgruppe: Die Heldinnen – Mädchen und Frauen – leben in einer Welt mit hohen Schönheitsansprüchen.

> Heldenreise im Video: Frauen beschreiben sich mit gewohnt kritischem Blick.

2. Der Ruf

> Dove-Website: »Wir bei Dove möchten, dass Schönheit eine Quelle des Selbstvertrauens und nicht der Angst ist.«

> Heldenreise der Zielgruppe: Konfrontation mit fehlendem Selbstvertrauen und positive Beispiele sollen Frauen einen Anstoß geben, ihr Selbstbild zu ändern.

> Heldenreise im Video: »Beschreiben Sie Ihre Haare.« Der Zeichner bittet ein paar Frauen, sich selbst zu beschreiben. Der Zeichner und die Frauen können sich gegenseitig nicht sehen.

3. Die Weigerung

> Dove-Website und Heldenreise der Zielgruppe: »64 Prozent der deutschen Mädchen hören auf, Dinge zu tun, die sie lieben, weil sie sich unwohl mit ihrem Äußeren fühlen – sie vermeiden es, Schwimmen zu gehen, Sport zu treiben, zum Arzt zu gehen, die Schule zu besuchen oder sogar ihre Meinung zu äußern.«

> Heldenreise im Video: Die Frauen realisieren anhand der Fragen, dass sie gezeichnet werden, beschreiben sich jedoch weiterhin relativ selbstkritisch. »Je älter ich werde, desto mehr Sommersprossen bekomme ich.«

4. Die Mentorin

> Dove-Website: »Wir bei Dove sind davon überzeugt, dass Frauen und Mädchen aller Altersgruppen Schönheit als etwas empfinden sollten, das Selbstvertrauen schenkt, und nicht verunsichert. Wenn Frauen und Mädchen nicht voll am Leben teilhaben wollen, dann schadet dies der Gesellschaft als Ganzes.«
>
> Heldenreise der Zielgruppe: Mit jedem Stück der Geschichte, mit jedem Content-Teil, der publiziert wird, möchte Dove die Zielgruppe in eine neue Welt führen, in der Schönheit eine Quelle von Selbstbewusstsein und nicht von Angst ist.
>
> Heldenreise im Video: Auch wenn es bis auf den Abspann unsichtbar ist, fungiert Dove mit dem Setup des Experiments als Mentorin. Man könnte argumentieren, dass der Zeichner der Mentor ist, jedoch ist seine Rolle bewusst neutral, um die Bilder nicht zu beeinflussen.

5. Überschreiten der ersten Schwelle

> Dove-Website: »Aus diesem Grund ist es unsere Mission, junge Frauen dabei zu unterstützen, ein positives Körpergefühl zu entwickeln. So können wir ihnen dabei helfen, ihr Selbstwertgefühl zu stärken und ihr volles Potenzial auszuschöpfen.«
>
> Heldenreise der Zielgruppe: Allein das Anschauen eines Videos kann die Schwelle zu der neuen Welt darstellen.
>
> Heldenreise im Video: »Sie hatte schöne Augen.« Das Publikum bekommt nun durch die Fremd-Beschreibungen der Personen eine erste Idee davon, dass die kritische Selbstbeschreibung nicht die ganze Wahrheit ist.

Zweiter Akt

6. Prüfungen, Verbündete, Feinde

> Dove-Website: Partnerorganisationen, Experten, glückliche Kundinnen
>
> Heldenreise der Zielgruppe: Die Zielgruppe bekommt mit den Geschichten von Dove und den natürlichen Testimonials Verbündete, in denen sie sich selbst wiedererkennt.
>
> Heldenreise im Video: Durch die wohlgesonnenen Beschreibungen lernen wir andere Menschen kennen, die viel Schönes in den Frauen sehen.

7. Vordringen zur tiefsten Höhle

> Heldenreise der Zielgruppe: Immer wieder neue Geschichten – mal mehr, mal weniger intensiv – auf allen möglichen Kanälen inspirieren die Zielgruppe.

Beispiel

8. Die entscheidende Prüfung/Klimax

   Dove-Website: Die Dove-»Initiative für wahre Schönheit«

   Heldenreise der Zielgruppe: Frauen und Mädchen beginnen, sich selbst zu fragen, was sie an sich schön finden oder warum sie zu selbstkritisch sind.

   Heldenreise im Video: Die Frauen bekommen die zwei unterschiedlichen Skizzen im direkten Vergleich zu sehen.

9. Die Belohnung

   Dove-Website: Die Erkenntnis darüber, dass Schönheit eine Quelle des Selbstvertrauens und nicht der Angst ist (siehe Ruf).

   Heldenreise der Zielgruppe: Frauen und Mädchen bekommen ein besseres Selbstwertgefühl und finden sich selbst schöner als vorher.

   Heldenreise im Video: »Denken Sie, Sie sind eigentlich schöner, als Sie es selbst behaupten?« »Ja.« Sichtlich gerührt erkennen die Frauen, dass sie viel zu kritisch mit sich selbst sind.

Dritter Akt

10. Rückweg

    Dove-Website: Kategorien »Produkte« und »Tipps, Themen und Artikel«

    Heldenreise der Zielgruppe: Aufgrund der neuen Erkenntnis vertrauen Mädchen und Frauen der Marke Dove.

11. Auferstehung

    Dove-Website: »Gefällt mir«-Button bzw. Verlängerung in Social-Media-Kanälen. Die Botschaften von Dove werden weitergetragen.

    Heldenreise der Zielgruppe: Die Zielgruppe kommt mit neuem Wissen in die »alte« Welt zurück und kann dadurch bestehende Schönheitsideale und traditionelle Botschaften der Kosmetikindustrie hinterfragen und auch aktiv ankreiden.

    Heldenreise im Video: Die Heldinnen erkennen die Tragweite dieser neuen Erkenntnisse und kommunizieren sie selbst an das Publikum. »Ich sollte dankbarer über meine natürliche Schönheit sein. Es beeinflusst doch auch so viele Entscheidungen: die Freunde, die wir uns aussuchen, die Jobs, für die wir uns bewerben, wie wir unsere Kinder behandeln, es beeinflusst alles. Es könnte kaum entscheidender für unser persönliches Glück sein.«

12. Rückkehr mit Elixier

> Dove-Website: Ein Dialog auf Augenhöhe und mit den gleichen Werten wird mit den Kundinnen online (Instagram, YouTube etc.) weitergeführt.
>
> Heldenreise der Zielgruppe: Die Zielgruppe führt dank der neuen Erkenntnis ein besseres Leben und erzählt die Geschichte beziehungsweise die Botschaft von Dove weiter an Frauen und Mädchen, die noch zu kritisch mit sich selbst sind.
>
> Heldenreise im Video: Der Claim »You are more beautiful than you think« (Du bist schöner, als du denkst.) und Logo sowie Website von Dove werden eingeblendet.

Big Data führt eine universelle Storytelling-Struktur ans Tageslicht

Was Joseph Campbell in mühevoller Arbeit über mehrere Jahre hinweg händisch analysiert hatte, kann heutzutage ein Algorithmus in wenigen Stunden über ein Vielfaches hinaus übernehmen. Das dachte sich auch James Pennebaker, Direktor des nach ihm benannten Language Labs an der University of Texas in Austin. Zusammen mit seiner Kollegin Kate Blackburn und UT-Austin-Alumnus Ryan Boyd setzte er computergestützte Sprachanalyse-Tools ein, um rund 40.000 traditionelle Erzählungen (z.B. Romane und Filmskripte) und etwa 20.000 nicht-traditionelle Erzählungen (z.B. Wissenschaftsberichte, TED-Talks und Urteile des Supreme Courts) hinsichtlich einer Blaupause für narrative Strukturen zu untersuchen.

Die für die Textanalyse verwendeten Algorithmen fokussierten sich vor allem auf die Erfassung und Zählung von Pronomen, Artikeln, kurzen Funktionswörtern und verschiedenen anderen strukturellen und psychologischen Kategorien der Sprache. Die Ergebnisse zeigten eine konsistente narrative Kurve, die dem Handlungsbogen der meisten traditionellen Erzählungen zugrunde liegt. Dieser besteht aus drei Phasen:

1. »Staging« (Präsentation): Geschichten beginnen in der Regel mit einer Fülle von Präpositionen und Artikeln wie »ein« und »der« (z.B. »Das Haus lag neben dem See, unterhalb einer Klippe«). Diese helfen, den Schauplatz abzustecken und grundlegende Informationen zu vermitteln, die das Publikum benötigt, um im weiteren Verlauf der Geschichte wichtige Konzepte und Beziehungen zu verstehen.
2. »Plot Progression« (Fortschreiten der Handlung): Nach und nach wird mehr interaktionale Sprache eingeführt. Dazu gehören Hilfsverben, Adverbien und Pronomen (z.B. wird »das Haus« jetzt als »ihr Haus« oder »es« bezeichnet).

3. »Cognitive Tension« (Kognitive Spannung): Wenn sich die Erzählung auf einen Höhepunkt zubewegt, werden mehr Wörter verwendet, die die kognitive Verarbeitung kommunizieren (z.B. »denken«, »glauben«, »verstehen« und »verursachen«). Diese Wörter spiegeln den Denkprozess des Protagonisten wider, während er ein Dilemma oder einen Konflikt innerhalb des Erzählbogens löst.

»Es wurde festgestellt, dass es bei Zehntausenden von Geschichten zwar eine allgemeine Erzählstruktur gibt, aber eine große Variabilität zwischen den einzelnen Erzählungen besteht, was darauf hindeutet, dass ein starkes kreatives Element die Abweichung einer Erzählung von der Norm beeinflusst«, erklären die Autoren in der Fachzeitschrift Sciences Advances, wo die Erkenntnisse im August 2020 zum ersten Mal vorgestellt wurden.[5]

Beispiele

»Lost Dog«-Spot von Budweiser:
https://www.youtube.com/watch?v=TPKgC8KPBMg

»Real Beauty Sketches« von Dove:
https://www.youtube.com/watch?v=XpaOjMXyJGk

Stanford-Rede von Steve Jobs:
https://www.youtube.com/watch?v=D1R-jKKp3NA

---

[5] Ryan L. Boyd, Kate G. Blackburn, James W. Pennebaker. »The Narrative Arc: Revealing Core Narrative Structures Through Text Analysis.« Science Advances (2020): https://www.science.org/doi/10.1126/sciadv.aba2196

Kapitel 3

Vision – Ziel der Heldenreise

Ein Großteil aller Geschichten, die uns positiv inspirieren und sogar unsere Einstellungen und Handlungen beeinflussen können, hat ein Happy End. Da Brand Storytelling genau dieses Ziel hat, Kunden und Mitarbeitende zu motivieren, zu inspirieren und schlussendlich auch ihr Handeln zu beeinflussen, sollten sich Organisationen von vornherein darüber im Klaren sein, wohin ihre Geschichten führen sollen.

Warum?

Zu wenig Kapital, die falschen Unternehmer und Mitarbeitende, schlechte Marktbedingungen – wenn ein Produkt oder eine Firma scheitert, wird meist eine Kombination dieser drei Faktoren als Grund angegeben. Zu Beginn des 20. Jahrhunderts brauchte Samuel Pierpont Langley sich davon jedoch nicht abschrecken zu lassen. Für sein Ziel, das erste Motor-Flugzeug zu entwickeln, bekam er 50.000 US-Dollar vom amerikanischen Kriegsministerium. Außerdem arbeitete er in Harvard und hatte dadurch Kontakt zu den schlauesten Köpfen seiner Zeit und somit Zugang zu unvergleichbarem Wissen. Auch die Marktbedingungen waren ideal. Jeder wartete auf diese Entwicklung, die Zeitungen folgten ihm auf Schritt und Tritt. Dennoch werden Sie wohl noch nie von ihm gehört haben.

Stattdessen hoben die Brüder Orville und Wilbur Wright am 17. Dezember 1903 mit dem ersten Motor-Flugzeug ab und gingen damit in die Geschichte ein. Dabei waren sie von außen betrachtet eigentlich zum Scheitern verurteilt. Sie finanzierten ihre Idee allein mit den Erlösen aus einem Fahrradgeschäft. Weder sie selbst noch ihre Teammitglieder hatten eine College-Ausbildung. Und niemand von der New York Times folgte ihnen. Warum gelang ihnen trotzdem der Durchbruch?

Während Langley vor allem das Ergebnis vor Augen hatte, um reich und berühmt zu werden, hatten die Wright-Brüder eine Vision davon, wie die Flugmaschine die Welt verändern sollte. Und genau diese Vision sorgte dafür, dass andere Menschen ebenfalls Blut und Wasser dafür schwitzten, um diese wahr zu machen, während die Mitarbeitenden von Langley nicht mit dem Herzen dabei waren.

Diese und viele weitere Beispiele analysierte der 1973 geborene Journalist und Autor Simon Sinek, um herauszufinden, warum manche Menschen und Unternehmen selbst mit vergleichbaren Produkten oder unter widrigsten Umständen die Massen bewegen und erfolgreicher sind als andere. Sein Fazit, so simpel wie signifikant, wurde zu einem der meistgesehenen TED-Vorträge: »Wir folgen denen, die führen, nicht weil wir es müssen, sondern weil wir es wollen. Wir folgen denen, die führen, nicht um ihretwillen, sondern um unseretwillen. Und es sind diejenigen, die mit dem ›Warum‹ beginnen, die die Fähigkeit haben, andere zu inspirieren.«

In seinem Vortrag und dem Buch »Start with Why – How Great Leaders Inspire Everyone to Take Action«[1] erklärt Sinek, wie erfolgreiche Unternehmen und Führungspersönlichkeiten den »Goldenen Kreis« des Warum, Wie und Was in der internen und externen Kommunikation einsetzen.

Abb. 3.1: Goldener Kreis

Die meisten Organisationen wissen, was sie tun. Einige wissen, wie sie es tun, also wie sie sich von anderen abheben. Aber nur sehr wenige wissen, warum sie es tun. Während Gewinn ein Ergebnis ist, geht es bei der Frage nach dem Warum um den Zweck und die Glaubensgrundsätze einer Organisation. Während die meisten Menschen von außen nach innen mit dem Was beginnen, denken, handeln und kommunizieren erfolgreiche Führungspersönlichkeiten von innen nach außen, angefangen beim Warum.

»Wir machen großartige Computer. Sie sind schön designt und nutzerfreundlich«, wäre die Botschaft von Apple, wenn es – wie die meisten Unternehmen – das Was und Wie in den Vordergrund rücken würde. Die tatsächliche Kommunikation bei Apple lautet jedoch: »Bei allem, was wir tun, glauben wir daran, den Status quo infrage zu stellen. Wir glauben daran, anders zu denken. Wir stellen den Status quo infrage, indem wir schön designte Produkte machen, die einfach zu bedienen sind. Wir machen einfach großartige Computer.«

---

1   Sinek, Simon – Start With Why: How Great Leaders Inspire Everyone to Take Action (2011)

Warum Apple-Fans ihrer Intuition folgen und die vergleichsweise teureren Produkte kaufen, lässt sich auch biologisch erklären. Genau wie der Goldene Kreis ist auch unser Gehirn aufgebaut. Im äußeren Bereich befindet sich der Neokortex, der für unsere rationalen und analytischen Fähigkeiten zuständig ist. Die mittleren beiden Teile des Gehirns bilden das limbische System, das unter anderem für Gefühle wie Vertrauen und unser Verhalten verantwortlich ist.

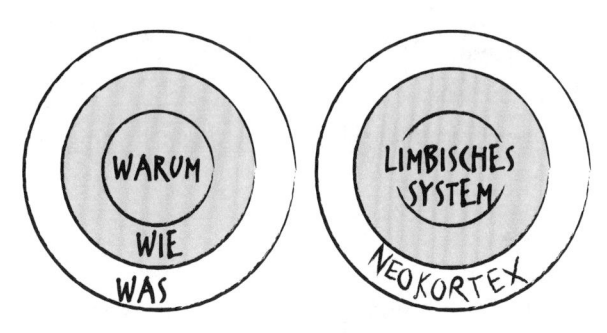

Abb. 3.2: Warum-Wie-Was-Analogie zum Gehirn

Weitere Beispiele für Unternehmen, die ihr »Warum«, also ihre Vision, klar vor Augen haben und somit Millionen von Gleichgesinnten für sich begeistern, sind unter anderem:

- TED: »Ideas Worth Spreading«
  (Ideen, die es wert sind, verbreitet zu werden)
- Coca-Cola: »Refresh the world. Make a difference«
  (Die Welt erfrischen. Einen Unterschied machen)
- Nike: »To bring inspiration and innovation to every athlete in the world«
  (Inspiration und Innovation zu jedem Athleten in der Welt bringen)
- Starbucks: »To inspire and nurture the human spirit – one person, one cup and one neighborhood at a time.«
  (Die menschliche Seele inspirieren und nähren – in jeder einzelnen Person, jeder einzelnen Tasse und jeder einzelnen Nachbarschaft)

Wie glaubwürdig und erfolgreich Storytelling für Unternehmen ist, hängt sehr stark davon ab, wie gut sie ihr »Warum« mit einer klaren Vision beantworten können. Erst dadurch erzielt jedes einzelne Stück Content und jede Botschaft, die nach außen und innen getragen wird, eine konsistente Orientierung für das Publikum, das sich damit identifiziert. Gleichzeitig helfen Storytelling-Mechanismen auch, diese Vision zu finden und zu formulieren.

Kapitel 3
Vision – Ziel der Heldenreise

> **Do it yourself**
> - Was war die Motivation für die Gründung Ihres Unternehmens?
> - Wenn Geld keine Rolle spielen würde, warum sollte Ihr Unternehmen existieren?
> - Welchen Beitrag möchte Ihre Marke für die Gesellschaft leisten?
> - Wie sieht die gewohnte Welt Ihrer Kunden und Mitarbeitende aus und was möchten Sie daran ändern?
> - Wie macht Ihr Unternehmen Menschen glücklicher?
> - Wie wird Ihr Unternehmen die Zukunft der Branche prägen?

Alte vs. neue Welt

Das Modell der Heldenreise hilft Organisationen, ihre Vision im Storytelling zu verorten. Die einfachste und zugleich wichtigste Denkhilfe dabei ist, dass dabei nicht das Unternehmen den Helden spielt, sondern, je nach Anlass, dessen Kunden oder Mitarbeitende. Die Transformation zu einem wahren Helden findet in einer neuen Welt voller Abenteuer statt. Durch das Überwinden diverser Hürden und Konflikte meistert und beherrscht er letztendlich auch diese neue Welt, erlangt neues Wissen und eine Belohnung, die meist genau das ist, was ihn zum Abenteuer motiviert hat.

Wer Kunden und Mitarbeitende mit Storytelling zum Anhänger seiner Unternehmensvision machen möchte, sodass sie das Warum erkennen und die Marke mit eigenem Engagement begleiten, der sollte vor allem zwei Fragen beantworten können:

- Wie sieht die gewohnte Welt des Helden aus?
- Wie soll seine neue Welt am Ende der Reise, wenn er diese beherrscht, aussehen?

Je größer der Kontrast zwischen diesen beiden Welten ist und je mehr Konflikte dazwischenstehen, umso disruptiver ist ein Unternehmen und desto mehr Potenzial haben dessen Geschichten, Dramatik zu erzeugen.

Beispiel: airbnb und das Gefühl von Zugehörigkeit

Im Zuge eines umfassenden Markenwandels im Juli 2014 hat airbnb, die weltweit führende Online-Plattform zur Vermittlung privater Ferienunterkünfte, in seinem Blogpost seine neue Identität und die Vision dahinter vorgestellt.

> »In einer Zeit, in der neue Technologien Menschen oftmals auf Distanz halten und Vertrauen aushöhlen,« (gewohnte Welt) »nutzt die airbnb-Gemeinschaft Technologie, um Menschen zusammenzubringen. Verbindungen sind Teil eines universellen menschlichen Bedürfnisses: dem

Verlangen, sich willkommen zu fühlen, respektiert und wertgeschätzt für das, was Du bist, egal, wo Du bist. Es ist das Bedürfnis, sich zu Hause zu fühlen.« (neue Welt)

Dass »das Gefühl, dazuzugehören, uns überallhin bringen kann«, zeigt die Plattform auf allen Wegen, die sie kommunizieren kann, angefangen von einem neuen Logo bis hin zu TV-Kampagnen. Wer diese Vision einer neuen Welt des Reisens teilt und airbnb kennt, ist in den meisten Fällen bereits dort angemeldet, profitiert von den Möglichkeiten der Plattform (Belohnung) und teilt seine Erfahrungen darüber. Genau diese Geschichten begeisterter Nutzer setzt airbnb wiederum ein, um andere Reisende in diese neue Welt einzuführen, sie (entgegen ihrer inneren Konflikte) zu überzeugen und als Helden zu gewinnen.

GoldieBlox und das Spiel für die weiblichen Ingenieure der Zukunft

Abb. 3.3: GoldieBlox-Werbespot

GoldieBlox entwickelt speziell für Mädchen Spielzeugbaukästen, die die technischen Interessen und Fähigkeiten fördern. Auf der Website erfährt man Folgendes über das Unternehmen:

»Sechs Jahre. In diesem Alter verlieren die meisten Mädchen das Interesse an Mathematik und Naturwissenschaften. Das ist tragisch, denn es ist nicht biologisch, sondern kulturell bedingt. Noch schlimmer ist, dass dies zu einem Zeitpunkt geschieht, an dem die Neugier und Kreativität von Mädchen zu blühen beginnt.« (gewohnte Welt)

Hier kommt GoldieBlox ins Spiel. Unser Ziel ist es, Mädchen schon in jungen Jahren zu erreichen und sie (und oft auch ihre Eltern) an Wissenschaft, Technologie, Ingenieurwesen und Mathematik heranzuführen.

> Beispiel

MINT kann oft einschüchternd wirken. Deshalb machen wir es zum Vergnügen. Wir stärken das Selbstvertrauen. Inspirieren die nächste Generation von Erfinderinnen. Und räumen mit lang gehegten Klischees auf.« (neue Welt)

Diese Vision einer neuen Welt, in der Mädchen und Frauen in vermeintlichen Männerdomänen ihre Rolle haben, fungiert wie ein Kompass für alle Geschichten auf allen Kanälen des Unternehmens. Im Blog werden weibliche Vorbilder oder andere Wege für Mädchen, sich für MINT-Fächer zu begeistern, vorgestellt. Zum Beispiel werden motivierende und inspirierende Zitate, Anleitungen und Vorbilder auf Instagram, YouTube und auf Pinterest-Boards rund um die Themen »HourofCode«, »Curiosity Camp« oder »FastForwardGirls« gepostet.

> Beispiel

Persil und die Bedeutung von Schmutz

Dass Reisen uns näher zusammenbringen kann und Mädchen sich genauso für STEM-Themen begeistern können wie Jungs, sind neue Welten, die bereits im aktuellen Zeitgeist angekommen sind. Nichtsdestotrotz bauen sie auf alten Annahmen auf. In genau diesem Aufbrechen von Annahmen steckt vor allem die Musik für mitreißende Visionen, von denen Marken auch ihre Kampagnen langfristig nähren können. Als letztes Beispiel sei hierfür Persil genannt, wo die neue Welt einen – zumindest auf den ersten Blick – überraschenden Bruch mit dem Produktnutzen eingeht:

»Dirt is Good: Dreck ist gut – vor allem, wenn er das Ergebnis dessen ist, dass Ihre Kinder rausgehen, um Spaß zu haben, zu erforschen, zu lernen und das Beste zu erleben, was die Welt um uns herum zu bieten hat.« (neue Welt)

Bereits seit über zwölf Jahren läuft diese Kampagne in Großbritannien. Dessen Kernaussage lautet: Sich dreckig zu machen, ist per se nichts Schlimmes und gehört nun mal zu einer normalen glücklichen Kindheit. Aber dabei bleibt es nicht. Seit einiger Zeit hebt die Waschmittelmarke die Kampagnenidee nochmals auf eine neue Ebene. Die jetzige Greta-Generation wolle eine wirkungsvolle Stimme sein und einen Beitrag zur Welt und Gesellschaft im Allgemeinen leisten. Und bei dieser wichtigen Aufgabe macht Kind sich eben auch manchmal schmutzig:

»Persil ist davon überzeugt, dass es sich positiv auf das Wohlbefinden junger Menschen, ihre Gemeinschaften und den Planeten auswirkt, wenn sie gemeinsam mit anderen etwas unternehmen. Alle jungen Menschen sollten sich unterstützt und befähigt fühlen, die Ärmel hochzukrempeln und sich für das einzusetzen, was ihnen wichtig ist, egal wie unangenehm es auch sein mag. Deshalb haben wir das Dirt Is Good Project ins Leben gerufen, das jungen Menschen Herausforderungen, Werkzeuge und Ideen an die Hand gibt, mit denen sie eine bessere Welt schaffen können.« (neue Welt)

Kapitel 3
Vision – Ziel der Heldenreise

Beispiele

»Start with Why« TED-Talk von Simon Sinek:
http://www.ted.com/talks/simon_sinek_how_great_leaders_inspire_action

Blogpost über die neue Vision von airbnb:
http://blog.airbnb.com/belong-anywhere-de/

Vision von GoldieBlox: http://www.goldieblox.com/pages/about

Dirt is Good – Erklärung von Persil:
https://www.persil.com/uk/dirt-is-good/real-play/
why-do-we-think-dirt-is-good.html

Kapitel 4

Konflikte – Hindernisse der Helden und Heldinnen

Je größer der Unterschied zwischen der gewohnten und der angestrebten, neuen Welt ist, desto mehr Spannung gibt es. Diese Spannung beruht vor allem auf den Konflikten, die auf dem Weg dahin liegen. Während traditionelle Formen des Marketings und der Mitarbeiterkommunikation darauf beruhen, eine möglichst heile Welt zu verkaufen, greift Storytelling Konflikte beim Schopfe. Denn es sind vor allem diese, die eine spannende Geschichte und glaubwürdige Helden und Heldinnen hervorbringen und somit das Publikum mitreißen. Je schwieriger es für die Helden und Heldinnen ist, ihre Ziele zu erreichen, auch oder erst recht, wenn einige Rückschläge auf dem Weg dahin erlitten werden, desto glaubwürdiger und inspirierender wird das Resultat wahrgenommen. Dabei gibt es verschiedene Arten von Konflikten, die wiederum entsprechend unterschiedliche Geschichten generieren können.[1]

Mensch gegen Mensch

Seit unserer Kindheit werden wir darauf gepolt, uns gegen andere durchzusetzen, die in den jeweiligen Kontexten zu unseren Rivalen werden, beim Sport, in der Schule, auf der Karriereleiter. Zwischenmenschliche Konflikte sind diejenigen Auseinandersetzungen und Hindernisse, denen wir uns im alltäglichen Leben am meisten bewusst sind. Es ist kein Zufall, dass Klatsch und Tratsch die am häufigsten verbreitete Form der Konversation ist. Viele Konflikte beruhen auf kleineren und größeren Gegensätzen, mit denen wir uns in Hinblick auf anderen Individuen, wie unseren Eltern, Kindern, Geschwistern, Partnern, Kolleginnen, Vorgesetzten, Geschäftsrivalen und vielen weiteren, auseinandersetzen müssen und die den weiteren Diskurs mit eben jenen bestimmen. Dabei sollte man sich sowohl im Storytelling wie auch im echten Leben nicht dazu verleiten lassen, diese Konflikte schwarz-weiß zu malen. In vielen Fällen ist die Absicht der Rivalen nicht, sich gegenseitig zu verdrängen. Meist haben sie nur unterschiedliche Ziele, die miteinander konkurrieren oder kollidieren.

---

1 Classic Story Conflicts, Changing Minds: `http://changingminds.org/disciplines/storytelling/plots/conflicts.htm`

Kapitel 4
Konflikte – Hindernisse der Helden und Heldinnen

In der Geschichte von »The Hunger Games« muss die Protagonistin Katniss ihre Konkurrentinnen bis zum Tode bekämpfen, um selbst zu überleben. Der Cowboy Woody und der Space-Ranger Buzz Lightyear kämpfen im Kinderzimmer von »Toy Story« darum, Andys Lieblings-Spielzeug zu sein. Luke Skywalker gegen Darth Vader, Superman gegen Lex Luthor, Peter Pan gegen Kapitän Hook – die Liste der Mensch-gegen-Mensch-Kämpfe im Storytelling ist gefüllt mit vielen epischen Kämpfen und Showdowns, die das Publikum im Bann halten.

Mensch-gegen-Mensch-Konflikte bieten für Unternehmen enormes Potenzial, ihre Werte und Ziele zu verdeutlichen, indem sie diese gegen einen gegensätzlichen Charakter antreten lassen. Sowohl, wenn das Unternehmen selbst, als auch, wenn das Publikum die Heldin ist, kann dieser Vergleich angewandt werden.

Beispiel

I'm a Mac, I'm a PC

Abb. 4.1: »I'm a Mac, I'm a PC«-Kampagne

Eine der wohl bekanntesten Kampagnen-Klassiker, die Mensch gegen Mensch hat antreten lassen, ist die »I'm a Mac, I'm a PC«-Serie von Apple. Von 2006 bis 2009 wurden insgesamt 66 Spots veröffentlicht, in denen der Mac in Form des lässigen und jungen Schauspielers Justin Long auf den PC in Form des etwas älteren John Hodgman im eingestaubten Beamtenlook getroffen ist. Die Charaktere stellten nicht nur die jeweiligen Brands dar, sondern implizierten auch, wie Apple seine

Kapitel 4
Konflikte – Hindernisse der Helden und Heldinnen

Zielgruppe sah beziehungsweise wie diese in einer neuen Welt sein und leben könnte. Kreativ und erfolgreich, dabei entspannt und ohne Anzug und mit einem Tool ausgestattet, mit dem sie alles machen können, was ihren digitalen Lifestyle ausmacht, ohne Technik-Probleme zu haben.

Was in der Serie besonders schön deutlich wird, ist, dass die Rivalen jedoch nicht eindeutig gut oder böse sind. Der Schlagabtausch zwischen den beiden ist fast schon freundschaftlich. Der Mac-Charakter gesteht auch ein, dass der PC zum Beispiel besser bei vermeintlich langweiligen Arbeits-Anwendungen wie Excel ist. Seine Stärken sieht der Mac bei den unterhaltsamen Dingen des Lebens, wie Filme, Fotos, Webseiten erstellen etc. Wenn der Mac-Charakter in einem Spot überraschenderweise im Anzug erscheint, weil er von einem Arbeitsmeeting kommt, nimmt man der Reaktion des PC-Charakters beinahe ab, dass der PC für solche Anlässe tatsächlich die bessere Wahl wäre. Die Gegner sind ebenbürtig, was für den Konflikt eine große Bereicherung ist.

Diese Form des Duells funktioniert jedoch nur, solange der Held vermeintlich schwächer als der Gegner ist. Ende 2006 waren die Verkaufszahlen von Microsoft noch ungefähr dreimal so hoch wie die von Apple. Ende 2009 lagen sie beinahe gleichauf.[2] Hätte Apple diesen Vergleich fortgesetzt, wäre es keine »Heldentat« mehr, gegen den damaligen Marktführer zu rebellieren, sondern ein Schikanieren des Schwächeren.

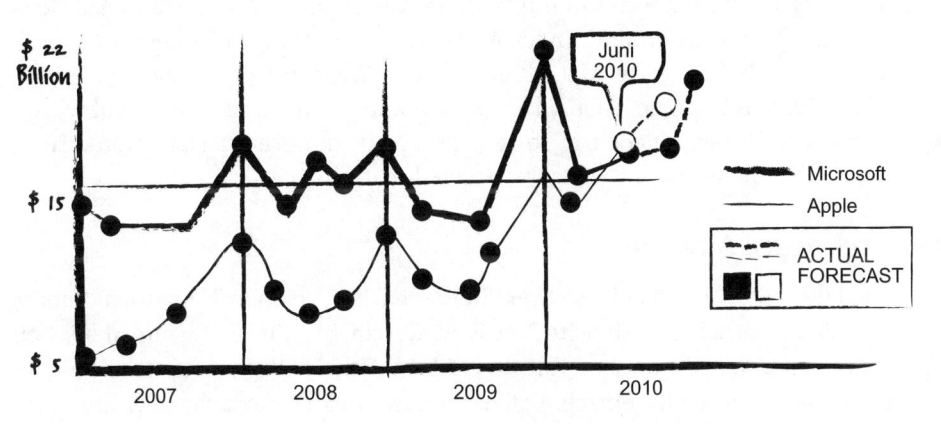

Abb. 4.2: Apple- und Microsoft-Umsatzzahlen am Wendepunkt

---

2   Goldman, David – Apple is Winning. Should Microsoft Care? http://money.cnn.com/2010/07/21/technology/apple_microsoft_earnings/ (2010)

Mensch gegen Gesellschaft

In vielen Fällen steht der Konflikt zwischen zwei Menschen stellvertretend für ganze Gruppen, Normen und Gesellschaften. Wie beim Kampf zwischen zwei Menschen handelt es sich meist um unterschiedliche Werte und Moralvorstellungen, die von Institutionen, Traditionen oder Gesetzen vertreten werden und die Heldinnen von ihrem Ziel abhalten. Dies heißt jedoch nicht, dass die Heldin kriminell wird und gegen die Gesetze verstößt. Der Konflikt Mensch gegen Gesellschaft meint meistens, dass die gesellschaftlichen Normen infrage gestellt werden.

Im Film »Mulan« muss sich die Heldin gegen die Gender-Normen der chinesischen Gesellschaft durchsetzen. Um ihren Vater davor zu bewahren, in den Krieg zu ziehen, verkleidet sie sich als Mann und nimmt seine Stelle ein. Später, nachdem herausgefunden wurde, dass sie eine Frau ist, kann sie bewirken, dass auch andere diese Normen infrage stellen, indem sie – als Frau – China gegen einen Angriff der Hunnen verteidigt.

Beispiel

Jeder kennt Nikes Werbespruch »Just Do It«. In ihrer 2020er Kampagne aber hieß es plötzlich »For Once, Don't Do It«. Mit weißer Schrift auf schwarzem Hintergrund werden in diesem extrem schlichten Video Appelle wie »Don't sit back and be silent« oder »Don't turn your back on racism« eingeblendet. Auslöser dafür waren der Tod des Afroamerikaners George Floyd bei einem brutalen Polizeieinsatz und die anschließenden teils gewalttätigen Massenproteste. Sowie ein Präsident, der nicht vermittelt, sondern mit militärischer Gegengewalt droht. Nikes Anti-Rassismus-Spot hält dagegen und findet Worte, die gleichzeitig aufrütteln und vereinen. Es ist nicht das erste Mal, dass sich der Sportartikelhersteller zu einem gesellschaftlich relevanten Thema klar positioniert. Und damit umso glaubwürdiger erscheint. Dieses Videos traf so sehr den Nerv, dass selbst Hauptkonkurrent adidas es über die eigenen Kanäle weitergeteilt hatte.

Mensch gegen Autorität

Das Bild des namenlosen chinesischen Studenten, der 1989 am Tiananmen Square einen Panzer zum Halten brachte, ist eine Geschichte für sich, vom Menschen gegen die Autorität, in diesem Fall das Militär. Polizei, Regierung, Familie oder Unternehmen können für einzelne Menschen Autoritäten darstellen, die unterdrücken oder einschränken. Gegen diese Grenzen muss sich die Heldin durchsetzen, wenn ihr Ziel Freiheit, Entfaltung, Veränderung oder ähnliche Werte sind.

Der rebellische Konflikt gegen Autoritäten ist zum Beispiel häufig Teil der Geschichte von Start-ups, die neue Lösungen auf den Markt bringen. So müssen airbnb, Uber & Co. sich gegen Hotelverbände, städtische Behörden oder Taxiverbände durchsetzen und deren eingefahrene Strukturen durchbrechen.

Der Quarterback Colin Kaepernick wurde seit 2016 vom US-Präsidenten Donald Trump und seinen konservativen Anhängern heftig kritisiert, als er begann, während der Nationalhymne vor NFL-Spielen zu knien. Man hat ihm angedichtet, dass er sich damit gegen US-Veteranen und die amerikanische Flagge richtete. Doch der friedliche Protest galt der gegen Schwarze gerichteten Polizeigewalt. Leider hatte es auch sportlich extreme Konsequenzen für Kaepernick. Kein NFL-Team war bereit, ihn unter Vertrag zu nehmen.

Nike aber nahm diesen vermeintlich gefallenen Helden als Hauptprotagonisten und Erzähler seines Spots »It's only crazy until you do it«. Das Video ehrt diejenigen, die bereit sind, »an etwas zu glauben, auch wenn das bedeutet, alles zu opfern«. In dem Spot werden zwar auch andere Sportler und Sportlerinnen dargestellt, die keine Autoritätsgegner haben, und auch wird es im Spot nie direkt erwähnt. Dennoch weiß das Publikum um die Relevanz und den Kontext dieses Gesichts der Kampagne.

Die Reaktionen auf die Nike-Werbung waren sehr emotional. Seine Gegner luden Bilder und Videos hoch, in denen sie die Sportschuhe verbrannten. Einige Staats-, Stadt- und Hochschulbeamte ergriffen sogar Maßnahmen, um die Marke verbieten zu lassen. All das hat aber weder Kaepernick noch Nike geschadet. Die Aktien des Unternehmens stiegen in den drei Wochen nach der Premiere der Kampagne um fünf Prozent.

Mensch gegen Kriminalität/Unrecht

Eine andere Variante des Konflikts gegen die Gesellschaft ist, gegen den kriminellen Teil derselbigen zu kämpfen. Von »Sherlock Holmes« bis »Tatort« ist dieser Konflikt, der unseren Wunsch nach Ordnung und Gerechtigkeit nachkommt, einer der Lieblinge für Fernsehen, Film und Literatur. Das Publikum liebt die Vorstellung, dass es jemanden da draußen gibt, der sie vor Gangstern und Terroristen schützt.

Bei Brand Storys muss es sich jedoch nicht gleich um Mord und Totschlag handeln. Im Kampf gegen Unrecht können Storytelling-Kampagnen zum Beispiel auch gegen Alkohol am Steuer appellieren. Oder sie drehen den Spieß um und erzählen Geschichten rund um Menschen, die durch kleine oder große Taten besonders helfen, wie zum Beispiel die Kampagne einer thailändischen Lebensversicherung.

In dem Spot »Unsung Hero« hilft ein Mann tagtäglich selbstlos anderen, gibt einem Hund ständig sein Essen ab, einem bettelnden Mädchen immer eine kleine Spende, hängt seiner alten Nachbarin frische Bananen an die Tür und vieles mehr. Alle fragen sich, warum er das tut, da ihm dafür weder Ruhm noch Reichtum winken. Was er zurückbekommt, sind Emotionen, Glück und Liebe.

»Believe in Good« lautet der Claim der Versicherung, die mit dieser inspirierenden Geschichte das Gute im Menschen gegen die Skepsis der Passanten stellt.

Abb. 4.3: »Unsung Hero«-Kampagne

Mensch gegen Maschine

Unsere Faszination für Technologie, Roboter und Maschinen und der unaufhaltsame wissenschaftliche Fortschritt in diesem Bereich nährt immer mehr Storytelling-Formate, in denen sich der Mensch gegen diese behaupten muss. Die meisten von uns können schon Bände über den täglichen Kampf mit dem eigenen Computer erzählen, der sich nicht mit dem Internet verbinden möchte oder abstürzt, bevor das wichtige Dokument abgespeichert wurde. Mit der Entwicklung von Maschinen und Robotern steigt auch die Angst, dass diese unsere Arbeitsplätze ersetzen oder sich mithilfe ihrer künstlichen Intelligenz irgendwann gegen uns wenden könnten.

Bereits Mary Shelleys Roman »Frankenstein« aus dem Jahre 1818 hatte den Konflikt mit dem künstlich geschaffenen Monster als zentrales Thema. Neben Filmen wie »The Matrix« oder »The Terminator« werden heutzutage zum Beispiel im Film »Her« zwischenmenschliche Konflikte mit Technologie geführt.

IKEAs Viral-Video »bookbook« zum Beispiel verteidigt auf ironische Art und Weise den Print-Katalog des Möbelimperiums, indem es diesen mit dem typischen Duktus und der Optik eines Macbooks bewirbt.

Ähnlich satirisch stampfte die isländische Tourismusbehörde 2021 innerhalb weniger Tage eine Parodie auf ein Technologie-Unternehmen aus dem Boden. Kurz nachdem Facebook-Chef Mark Zuckerberg seine Vision der Marke Meta und des Metaverses in einer digitalen Präsentation vorgestellt hatte, wurde bereits das Video namens »The Icelandverse« publiziert. In diesem stellt ein Schauspieler die ganz ohne Virtual-Reality-Brille genießbaren Vorzüge Islands in ähnlich steifer Zuckerberg-Manier vor.

Mensch gegen Natur

Eiseskälte, gleißende Hitze, dunkle Höhlen, stürmische See, steile Bergwände – bei diesen Kämpfen geht es selten um moralische Fragen, sondern um das pure Überleben. Der Held muss gegen die Naturgewalten antreten, und das Publikum fragt sich, ob und wie er es überstehen wird.

Einige der bekanntesten Beispiele aus der Literatur sind »Robinson Crusoe« oder »Moby Dick«. In Filmen wurden unsere Urängste zum Beispiel schon in »Der weiße Hai«, »Life of Pi – Schiffbruch mit Tiger«, »Der Marsianer – Rettet Mark Watney« oder »Gravity« auf die Probe gestellt.

Abb. 4.4: Stratosphärensprung von Red Bull

Je höher der Abgrund oder die Welle ist, desto faszinierender sind diese Geschichten. Bisher unübertroffen in dieser Kategorie ist Red Bull mit dem Stratosphärensprung vom Extremsportler Sven Baumgartner, mit dem Millionen Menschen per Live-Übertragung und auch darüber hinaus mitfieberten. Auch GoPro geht mit seinen Nutzergeschichten in die Höhle des Löwen, wenn es um atemberaubende Szenen geht, in denen Mensch und Natur sich gegenseitig herausfordern.

Der Kampf gegen die Natur ist oft ein sehr einsamer Konflikt, da sie meist nicht personifiziert ist, somit keine Werte oder Normen hat. Man kann nicht mit ihr verhandeln oder sich mit ihr versöhnen. Daher sind Konflikte mit der Natur häufig auch ein Katalysator für innere Konflikte, die die Heldin mit sich selbst austragen muss, wenn die eigentliche Gegnerin die eigenen Schwächen sind.

Mensch gegen sich selbst

Der innere Konflikt ist Teil jeder Heldenreise und schwingt somit auch bei äußeren Konflikten immer mit. Dieser wird offenbart, wenn die Protagonistin ein Ziel hat, das sie jedoch nur erreichen kann, wenn sie ihre eigenen Schwächen und Dämonen überwindet. Verstand kämpft gegen Gefühl, Gut gegen Böse, Hoffnung gegen Angst usw. Der Kampf spielt sich allein im Kopf und im Herzen der Heldin ab und kann auch nur von ihr selbst gelöst werden. Daran wird sie wachsen oder scheitern.

In einigen Geschichten wird der innere Konflikt zum wesentlichen Thema, wie zum Beispiel in »Dr. Jeckyl & Mr. Hyde«, »A Beautiful Mind« oder in Batman, der in Kontrast zu seinem Alter Ego Bruce Wayne steht. Mit »Inside out« hat Pixar dem inneren Konflikt sogar eine eigene Geschichte gewidmet.

Beim Brand Storytelling geht es vornehmlich darum, das eigene Publikum zum Helden oder zur Heldin zu küren, indem es eine Transformation erlebt, die seine alten Werte und Welten mit einer neuen Vision konfrontiert. Daher ist es nicht verwunderlich, dass sehr viele erfolgreiche Unternehmensgeschichten von Menschen handeln, die diesen inneren Kampf aufgenommen und gewonnen haben und somit auch das Publikum dazu motivieren, ihren Ängsten, Zweifeln oder Blockaden ins Auge zu sehen.

Niemand sieht eine Heldin in jemandem, der ohne Hürden und ohne Scheitern alles erreicht, was er erreichen wollte. Die Macht des Scheiterns und alle Emotionen, die damit verbunden sind, hat sich zum Beispiel auch Honda als Thema genommen, obwohl Automarken sicherlich nicht ein Versagen mit ihrer Marke verbinden wollen. Dass die Kampagne trotzdem den gewünschten positiven Einschlag hat, liegt daran, dass über das Scheitern als Zwischenschritt zum Erfolg erzählt wird, von Menschen, die genau das aufs Härteste erlebt haben. Mit »Failure – The Secret to Success« thematisiert Honda Eigenschaften wie Durchhaltevermögen, Disziplin, emotionale Stärke auf eine glaubwürdige Art und Weise.

Beispiel

Ein wackeliger Stuhl, eine asymmetrisch angebrachte Fliese, angetrocknete Farbreste oder auch eine quietschende Diele sorgen dafür, dass das Heimwerker-Herz für einen kleinen Moment aussetzt. Denn was mit derart viel Hingabe geplant, vorbereitet und umgesetzt wurde, kann doch am Ende nicht fehlerhaft sein? Hornbach zeigt in seinem einminütigen Spot aus dem Jahr 2021, wie die Bastelnden ihre Fauxpas bemerken und leicht verunsichert reagieren. Aber eben auch, wie schnell sie sich an die kleinen Missgeschicke gewöhnen, sie sogar liebgewinnen. Erst ist es ärgerlich, dann gewöhnungsbedürftig, später wird die Panne ins Herz geschlossen und schlussendlich eine schöne Story, die erzählt werden will. Aufgelöst wird der innere Konflikt mit dem passenden Kampagnen-Claim »Es kann nicht schlecht sein. Denn es ist von dir.«

Einen entscheidenden Fehler, den Unternehmen beim Storytelling begehen können, ist ein Mangel an Konflikten. Sie sind der Katalysator für die Transformation der Heldin und der Welt, in der sie sich befindet. Konflikte sind der Motor jeder Geschichte.

Do it yourself

- Welche Konflikte stehen Ihrem Unternehmen, Ihren Kundinnen und Mitarbeitenden bisher im Wege?
- Welche Gegner, Antagonistinnen oder Kontrast-Charaktere gibt es aus Sicht Ihres Unternehmens, Ihrer Kundinnen oder Mitarbeitenden?
- Welche äußeren Umstände halten die Heldinnen auf?
- Welche inneren Konflikte halten die Heldinnen auf?

Die Ruhe nach dem Sturm

Die Geschichte ist erst zu Ende und das Happy End erreicht, wenn der Konflikt gelöst wird. Die Spannung fällt, es wird kein weiteres Cortisol mehr ausgeschüttet und es stellt sich eine wohlige Entspannung beim Publikum ein. Der Konflikt mag einer der wichtigsten Faktoren einer guten Geschichte sein. Dennoch sollte nie vergessen werden, ihn aufzulösen, da ein offenes Ende beim Publikum eher Unbehagen auslöst und es ungewiss ist, ob die Heldin sowohl in der alten als auch der neuen Welt in Frieden leben wird. Eine Frage, die Unternehmen in ihrer Kommunikation nicht offenlassen sollten.

Spannung und Entspannung bzw. Auflösung sollten daher als unzertrennliches Paar betrachtet werden, egal, um welche Art von Konflikt es sich handelt. Zur Orientierung gibt es einige Muster[3], die im Storytelling immer wieder als Paar verwendet werden:

Angriff → Niederlage, Verteidigung, Rückzug oder Sieg

Verrat → Wiederherstellung oder Vergeltung

Gefangenschaft → Flucht oder Rettung

Verfolgungsjagd → Festhalten oder Entkommen

---

3 Tension-Resolution Pairs, Changing Minds: http://changingminds.org/disciplines/storytelling/articles/tension_pairs.htm

Eroberung → Aufstand

Korruption/Bestechung → Einlösung

Tod → Wiedergeburt

Verteidigung → Niederlage oder Sieg

Zerstörung → Wiederherstellung

Entdeckung → Verwertung oder Verlust

Antipathie → Sympathie

Unzulänglichkeit → Transformation

Unwissenheit → Erleuchtung

Erleuchtung → Streben

Verlust → Suche

Bedürfnis → Bereicherung, Entlastung oder Begehren

Offenbarung → Transformation

Suche → Entdeckung

Begehren → Finden

Schaden → Erlösung

Unterdrückung → Rebellion

Bedrohung → Abwenden, Erlösung oder Verteidigung

Vertrauen → Verrat

Unerfüllt → Erfüllt

Unrecht → Recht

All diese Konflikte und Auflösungen können wiederum entsprechend auf die Werte des Publikums bzw. der Zielgruppe übertragen werden, um spannende Geschichten zu generieren.

Do it yourself

- Worin besteht die Spannung/Bedrohung?
- Wie sieht die entsprechende Auflösung/der friedliche Zustand aus?

Nehmen wir wieder die Vision von airbnb »sich überall zu Hause fühlen zu können«, eine Welt, in der vor allem Zugehörigkeit als Wert ganz groß geschrieben wird. Beim Streben nach Zugehörigkeit kann die Heldin bzw. die Zielgruppe zum Beispiel in folgende Situation geraten:

Kapitel 4
Konflikte – Hindernisse der Helden und Heldinnen

Jörg war während des Kalten Krieges Grenzposten am westlichen Teil der Mauer in Berlin. Noch vor der Wende wanderte er nach Dänemark aus und hat die wiedervereinigte Stadt nie gesehen. Seitdem er Berlin verlassen hatte, war die Mauer daher weiterhin in seinem Kopf. Nun reist er zum ersten Mal seit dieser Zeit mit seiner Tochter Cathrine in das Berlin unserer Zeit. Die beiden mieten eine Wohnung am Prenzlauer Berg und lernen den Vermieter Kai kennen. Die beiden Männer kommen ins Reden und stellen fest, dass sie beide zu Ost-West-Zeiten den gleichen Job hatten, nur auf gegenüberliegenden Seiten der Mauer. Diese Begegnung änderte Jörgs Ansicht von Berlin und vor allem der Welt um sich, in der es die Feinde aus seinem Kopf gar nicht mehr gab.

Abb. 4.5: »Breaking down walls« von airbnb

Diese Geschichte einer Nutzerin hat airbnb in einem rührenden Video anlässlich des Mauerfall-Jubiläums mit dem Titel »Breaking down walls« aufbereitet. Die Konflikte, die darin hinsichtlich Zugehörigkeit auf- und wieder abgebaut werden, sind unter anderem:

Antipathie → Sympathie

Offenbarung → Transformation

Gefangenschaft (seiner Gedanken bzw. Weltanschauung) → Rettung (durch die Begegnung)

Wie diese Geschichte zeigt, geht es in Konflikten meist nicht darum, einen Bösewicht zu besiegen. Häufig geraten vor allem unterschiedliche Werte aneinander, die gegensätzlich, aber trotzdem beide positiv sein können. Für Marken ist es wichtig, eine konsistente Wertewelt aufzubauen, mit der sich ihre Mitarbeitenden und Kundinnen identifizieren können, die eine klare Antwort auf das Warum geben und die sich in allen Geschichten des Unternehmens wiederfinden.

In seinem Buch »Story Wars – Why Those Who Tell – and Live – the Best Stories Will Rule the Future«[4] nennt Jonah Sachs drei Wege, wie Unternehmen ihre Werte finden.

Brands, die mit bestimmten Werten ins Leben gerufen wurden, wie die Outdoor-Marke Patagonia. Das Unternehmen wurde von einem begeisterten Bergsteiger gegründet, der merkte, dass seine Leidenschaft den Felswänden erheblichen Schaden zufügen kann. Für ihn wurde schnell klar, dass es einen Unterschied zwischen Freizeit und Spaß in der Natur und ehrlich gemeinten Erhalt und Schutz der Natur gibt. So erfand er zum Beispiel einen Klemmkeil aus Aluminium, der spurlos wieder von der Felswand zu entfernen ist. Seine Werte sind Leidenschaft für Outdoor, Produktqualität und Naturschutz.

Brands, deren Produkte und Services bestimmte Werte verkörpern, wie Amnesty International. Die NGO kämpft nicht nur selbst gegen Verletzung von Menschenrechten, sondern gibt auch Millionen von Mitgliedern die Möglichkeit, sich selbst zum Beispiel mit Briefen und Mails an Institutionen einzubringen, die auf Missstände aufmerksam machen. Amnesty International und seine Mitglieder glauben an Gerechtigkeit und werden dadurch verbunden.

Brands, die ihre Werte finden und bestimmen müssen, wie Ben & Jerry's. Der Eishersteller hat seinen Erfolg hauptsächlich auf Werten aufgebaut, die vornehmlich wenig mit Eis zu tun haben. Da für den Gründer jedoch selbst der Wert Frieden viel bedeutete, hat er diesen in sein Unternehmen integriert. Er wollte, dass Militärausgaben lieber sozialen Zwecken zugutekommen, und drückte dies auf den Millionen Etiketten und Deckeln seines Produkts aus. Im Gegensatz zu manch vermeintlicher Pseudo-Charity-Aktion identifizierten sich die Kundinnen von Ben & Jerry's mit diesen Werten, weil sie aufgrund des persönlichen Ursprungs aus dem Leben des Gründers glaubwürdig waren.

Do it yourself

- Welche Werte haben Ihr Unternehmen bei der Gründung geprägt?
- Welche Werte werden von Ihren Produkten verkörpert?
- Welche Werte können Sie authentisch und aus eigener Motivation finden?
- Welche Werte stehen in Konflikt mit Gewohntem?
- Welche Werte stehen in Konflikt mit den Werten anderer Menschen, Institutionen oder Organisationen?

---

4 Sachs, Jonah – Winning the Story Wars: Why Those Who Tell (and Live) the Best Stories Will Rule the Future (2012)

Kapitel 4
Konflikte – Hindernisse der Helden und Heldinnen

Beispiele

»I'm a Mac, I'm a PC«-Serie von Apple:
https://www.youtube.com/watch?v=48jlm6QSU4k

»I'm a PC«-Kampagne von Microsoft:
https://www.youtube.com/watch?v=MSiSIzXKMXw

»Dance-off«-Kampagne von Microsoft und Lenovo:
https://vimeo.com/115515545

»For Once, Don't do it«-Video von Nike:
https://www.youtube.com/watch?v=drc02V2m7lw

»It's only crazy, until you do it«-Video von Nike:
https://www.youtube.com/watch?v=lomlpJREDzw

»Unsung Hero«-Kampagne einer thailändischen Versicherung:
https://www.youtube.com/watch?v=uaWA2GbcnJU

Ikea-Video »bookbook«: https://www.youtube.com/watch?v=MOXQo7nURs0

»The Icelandverse«: https://www.youtube.com/watch?v=enMwwQy_noI

Stratosphärensprung von Red Bull:
https://www.youtube.com/watch?v=dOoHArAzdug

»Failure – The Secret to Success«-Geschichten von Honda:
https://www.youtube.com/watch?v=iJAq6drKKzE

»Es kann nicht schlecht sein. Denn es ist von dir« von Hornbach:
https://www.youtube.com/watch?v=ZMiD4b9p4_k

»Breaking down walls«-Geschichte von airbnb:
http://blog.airbnb.com/breaking-down-walls/

Kapitel 5

Unternehmen als Mentor und Mentorin

Förderung statt Angst – Die Spitze der Bedürfnispyramide

»Often a bridesmaid, never a bride«, (Häufig eine Brautjungfer, nie eine Braut) hat sich als Redewendung im englischen Sprachgebrauch etabliert. Dieser Spruch entstammt jedoch einer Werbekampagne aus den 1920er Jahren. Listerine, das bis dahin als Desinfektionsmittel genutzt wurde, wollte sein Produkt ausweiten und ein Mundwasser auf den Markt bringen. Dafür führte es ein medizinisches Wort für Mundgeruch ein (Halitosis) und verbreitete mit der Protagonistin der Kampagne, einer verzweifelten Brautjungfer, die Angst, dass dies der Grund für ewige Einsamkeit sein könnte. Eine Angst, die noch damit bekräftigt wurde, dass man den Mundgeruch selbst nicht erkennen könne und weder Freunde noch Familie einen darauf hinweisen. Die magische Lösung: Listerine.

Abb. 5.1: Listerine-Anzeige aus den 1920er Jahren

Diese Anzeige, die aus heutiger Sicht ziemlich oberflächlich wirkt, ist laut der Fachzeitschrift »Ad Age« auf Platz 48 der erfolgreichsten Kampagnen des 20. Jahrhunderts. Laut Jonah Sachs, dem Autor von »Story Wars«, ist sie ein Paradebeispiel für die »dunkle Kunst des Marketings«, die im Gegensatz zum Storytelling steht. Ob

Kapitel 5
Unternehmen als Mentor und Mentorin

Listerine oder zum Beispiel die deutsche Calgonit-Werbung aus den 90ern, die behauptet, dass es nur dank sauberer Gläser mit dem Nachbarn klappt – die Formel ist immer die gleiche: Schaffe Angst und biete eine magische Lösung.

In den Hochzeiten der Mainstream-Medien in der zweiten Hälfte des 20. Jahrhunderts galt der Mythos, Konsum mache uns glücklich und sicher. Er manifestiere unseren Status in der Gesellschaft. Dieser Mythos befindet sich bereits im Umbruch, mit der Demokratisierung der sozialen Medien und einer neuen Macht der Verbraucher stehen andere Bedürfnisse im Vordergrund als vor einigen Jahrzehnten. Und auch als Angestellte sind wir heutzutage häufig mündig und anspruchsvoll statt ängstlich und folgsam. Doch welche Bedürfnisse prägen unsere heutige Gesellschaft und somit auch das Brand Storytelling? Was ist das Warum, nach dem emanzipierte Mitarbeitende und Kunden streben?

Auf der Suche nach den Bedürfnissen, die echte Helden ausmachen, hat sich Jonah Sachs auf die Maslow'sche Bedürfnispyramide besonnen. Abraham Harold Maslow selbst hatte eine ähnliche Sicht auf die Psychologie und die Psyche der Menschen wie erfolgreiche Storytelling Brands. Während seine Kollegen vornehmlich damit beschäftigt waren, psychisch kranke Menschen zu analysieren, zu heilen und darauf ihre Theorien zu basieren, beschäftigte sich Maslow mit mental gesunden Menschen, die reif sind und ein erfülltes Leben führen. Er kam zu der Erkenntnis, dass jeder Mensch nach Selbstverwirklichung strebt und die Erfüllung aller anderen Bedürfnisse, wie Schlafen, Sicherheit oder Liebe, nur den Weg dahin ebnen.

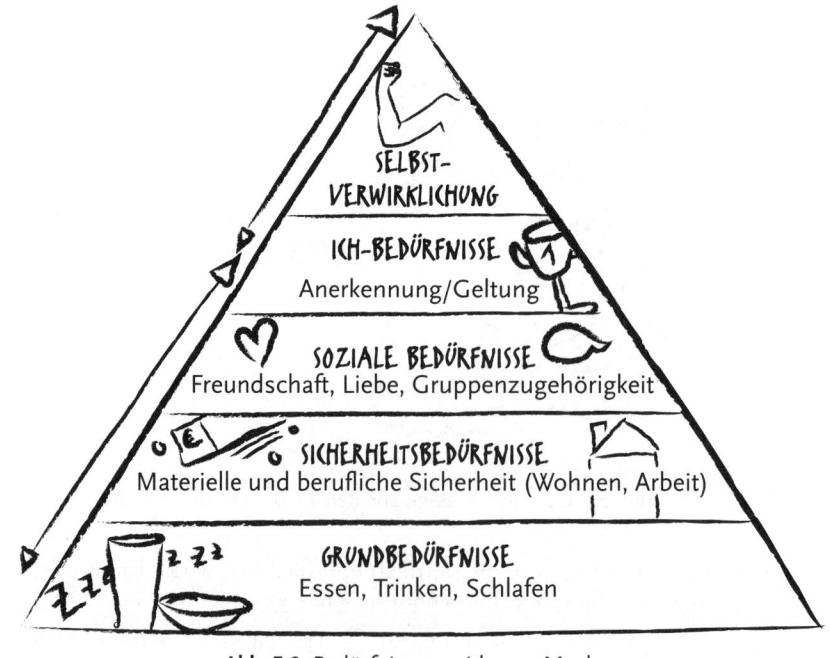

Abb. 5.2: Bedürfnispyramide von Maslow

Die Bedürfnispyramide von Maslow beginnt auf der untersten Ebene mit den körperlichen Grundbedürfnissen, wie Schlafen und Essen. Wenn diese nicht erfüllt sind, stirbt der Mensch. Wenn sie erfüllt sind, strebt er nach der nächsten Stufe, den Sicherheitsbedürfnissen, wie ein Dach über dem Kopf oder genug Geld auf dem Konto. Die nächsthöheren Ziele in dieser Hierarchie sind soziale Bedürfnisse, wie Liebe, Zuneigung und Freundschaft. Darauf folgen ICH-Bedürfnisse, wie Anerkennung und Geltung. Diese Gruppe an Bedürfnissen nennt Maslow Defizitbedürfnisse. Werden diese nicht erfüllt, drohen körperliche und psychische Krankheiten. An der Spitze der Pyramide stehen die Wachstumsbedürfnisse, die vor allem durch Selbstverwirklichung gekennzeichnet sind. Laut Sachs gehört zu den Marketing-relevanten Wachstumsbedürfnissen das Streben nach folgenden Werten:

- **Ganzheit:** Der Wunsch, über das Eigeninteresse hinauszugehen und sich mit anderen als Teil eines größeren Ganzen zu sehen
- **Perfektion:** Der Wunsch, eine Fähigkeit oder ein Talent zu meistern
- **Gerechtigkeit:** Der Wunsch, in einer Welt mit hohen moralischen Werten zu leben
- **Reichhaltigkeit:** Der Wunsch, das Leben in all seiner Komplexität und Vielfalt zu erleben, neue Erlebnisse zu suchen und Vorurteile abzubauen
- **Einfachheit:** Der Wunsch, die Essenz der Dinge zu verstehen
- **Schönheit:** Der Wunsch, ästhetisches Vergnügen zu erleben und zu kreieren
- **Wahrheit:** Der Wunsch, die Realität ohne Verzerrungen zu erleben und auszudrücken und Unwahrheit aufzudecken
- **Einzigartigkeit:** Der Wunsch, individuelle Talente, Kreativität und Nichtkonformität auszuleben
- **Verspieltheit:** Der Wunsch nach fröhlichen Erlebnissen

Do it yourself

- Welche Werte spielten bei der Gründung Ihres Unternehmens eine Rolle und waren ggf. eine Motivation für die Gründung?
- Welche Werte verkörpern Ihre Produkte und Leistungen?
- Welche Werte können Sie aus persönlichem Interesse glaubhaft vertreten?
- Welche der Wachstumsbedürfnisse von Jonah Sachs/Abraham Harold Maslow möchten Sie bei Ihren Kunden und Mitarbeitenden fördern?

Die Zauberformel der »dunklen Kunst des Marketings« lag vor allem darin, der Zielgruppe Unzulänglichkeiten in den Defizitbedürfnissen einzureden, ihnen Angst damit zu machen, nicht gemocht zu werden, keine Anerkennung zu bekommen oder gar Job oder Haus zu verlieren. Beim »Empowerment«, der Basis für Brand Storytelling, geht es dagegen darum, die Zielgruppe beim Erreichen ihrer Wachstumsbedürfnisse zu fördern und zu befähigen.

Über 90 Jahre später hat Listerine den dunklen Mantel des Angst-Marketings abgelegt und gibt seinen Kunden nun Geschichten, die ihre Wachstumsbedürfnisse widerspiegeln. Mit dem 2021-Claim »Feel the Whoa!« bewegt sich die Mundwasser-Marke aufs Terrain der Verspieltheit. Während die Produktvorteile nebenbei mitkommuniziert werden, fokussiert sich der dazugehörige Clip auf die typischen Gesichtsausdrücke, die man beim Spülen und Gurgeln des Produkts mit einem doch recht intensiven Geschmack so macht. Man könnte fast meinen, das Unternehmen hat sich hier mit einem Augenzwinkern sogar eines Produktnachteils angenommen.

Do it yourself

- Besteht die Gefahr, dass Sie bisher mit Angst und Anspielung auf Defizitbedürfnisse Ihr Publikum adressiert haben?
- Wie können Sie diese durch Wachstumsbedürfnisse ersetzen?

Wachstumsbedürfnisse, die von bereits erwähnten Unternehmen adressiert wurden, sind zum Beispiel:

Kampagne	Vision oder Claim	Bedürfnisse/Werte
airbnb	»Belong Anywhere«	Ganzheit, Reichhaltigkeit
Hornbach	»Es gibt immer was zu tun.«	Reichhaltigkeit, Verspieltheit
GoldieBlox	»Empower Girls. Change the World.«	Ganzheit, Gerechtigkeit
Persil	»Dirt is Good«	Reichhaltigkeit, Ganzheit
Dove	»Real Beauty«	Schönheit, Wahrheit
TED	»Ideas Worth Spreading«	Ganzheit, Reichhaltigkeit, Wahrheit
Coca-Cola	»Refresh the World. Make a Difference«	Verspieltheit, Ganzheit
Obama	»Change« und »Yes, We Can«	Ganzheit

Um Storytelling erfolgreich einzusetzen, müssen Unternehmen lernen, dass nicht sie selbst der Held sind, der den unzulänglichen und verängstigten Kunden oder Mitarbeitenden »rettet«. Stattdessen sollte sich die Zielgruppe in dem Helden wiederfinden, dessen Bedürfnisse nach Selbstverwirklichung das Unternehmen als Mentorin erkennt und fördert. Als Mentorin spielt man eine der wichtigsten Nebenrollen, da – gemeinsame Werte und Ziele vorausgesetzt – das Vertrauen des Helden und dessen Motivation von ihr abhängen.

Die vielen Gesichter des Mentors und der Mentorin

> »Jetzt erhub sich Mentor, ein alter Freund des tadellosen Odysseus, dem er, von Ithaka schiffend, des Hauses Sorge vertrauet, dass er, nämlich Odysseus' Sohn Telemachos, dem Greise gehorcht und alles in Ordnung hielte.« (Zitat aus dem 2. Gesang der Ilias von Homer)

Odysseus bat seinen Freund Mentor darum, während der Abwesenheit im Trojanischen Krieg auf seinen Sohn Telemachos zu achten. Mentor wurde zu einem Vaterersatz, der den jungen Telemachos beim Erwachsenwerden begleitete. Odysseus' Beschützerin Athene tarnte sich ebenfalls als besagter Mentor, um Telemachos unerkannt wichtige Hinweise zum Verbleib seines Vaters zu geben. Aus dieser Figur heraus entstand der heutige Gebrauch des Begriffs *Mentor* als Berater und Förderer.

Mentoren und Mentorinnen haben als eine der wichtigsten Urtypen literarischer Figuren in unterschiedlichster Form ihren festen Platz in alten und neuen Geschichten. Sie kennen ihre Rolle, wissen, wann sie eingreifen und wann sie sich zurückziehen sollten. Der Held muss das Abenteuer schließlich immer noch selbst bestehen. Meist haben Mentoren und Mentorinnen eine oder mehrere der folgenden Funktionen:

- Sie überzeugen oder motivieren den Helden, dem Ruf des Abenteuers zu folgen (Morpheus stellt Neo mit der roten und blauen Pille vor die Wahl).
- Sie vermitteln ihm Wissen, das für das Bestehen des Abenteuers wichtig ist (Mr. Miyagi bringt Karate Kid die Kampfkunst bei).
- Sie geben ihm einen hilfreichen Gegenstand mit auf die Reise (Luke Skywalker erhält das Lichtschwert).
- Sie retten den Helden in letzter Sekunde und/oder opfern sich für ihn, meist verbunden mit einer Art Wiederauferstehung (Prinzessin Elsa erkennt durch die Aufopferung ihrer Schwester Anna ihre wahren Kräfte und Gefühle, wodurch auch Anna wieder auftaut).

Diese Funktionen lassen sich auch auf das Brand Storytelling und auf die Rolle des Unternehmens als Mentorin übertragen:

- Dove konfrontiert die Heldinnen mit ihrem fehlendem Selbstvertrauen bzw. einem unrealistischen Schönheitsideal, um ihr Selbstbild zu ändern (Ruf zum Abenteuer).
- GoldieBlox gibt mit weiblichen Vorbildern aus den Naturwissenschaften Inspiration, räumt mit Vorurteilen auf und erklärt, wie Mädchen sich noch mehr mit ihrem Interesse für Technik einbringen können (Wissen).
- TED hat eine offene Online-Plattform, die von Experten und Expertinnen wie auch Nutzern mit Videos, Texten und Übersetzungen gespeist wird (Hilfsmittel).
- Coca-Cola gibt sein Logo auf, damit jeder seine eigenen Namen auf die Flasche drucken kann (Aufopferung).

Die Mentorin ist wie der Held oder der Bösewicht zwar ein wiedererkennbarer Archetyp. Nichtsdestotrotz hat sie wie viele Helden oder Bösewichte auch eine eigene Persönlichkeit, die von Geschichte zu Geschichte sehr unterschiedlich sein kann. Ob als aufgedrehter, redseliger Esel wie in »Shrek«, als weiser, alter Mann wie in »Karate Kid« oder als charmante, strenge Mary Poppins – Mentoren und Mentorinnen haben viele Facetten, die sehr eng an ihre Werte und die Bedürfnisse bzw. Herausforderungen des Helden gekoppelt sind. Für Unternehmen bedeutet dies, dass ihr eigener Charakter, trotz vermeintlicher Nebenrolle als Mentorin, umso sichtbarer und wiedererkennbarer wird, je mehr sie diesem ein individuelles Profil geben. Ein weiterer Vorteil ist, dass dieses Profil wiederum eine sehr gute Orientierung gibt, welche Geschichten, Inhalte und Tonalität überhaupt zum Unternehmen passen.

Als ersten Anhaltspunkt auf der Suche nach der passenden Mentorpersönlichkeit kann man sich ebenfalls wieder an bekannten Archetypen orientieren. Archetypen sind dabei jedoch nicht mit Stereotypen zu verwechseln, ganz im Gegenteil. Während Erstere Geschichten erst zu dem machen, was sie sind, und unsere Emotionen berühren, können Letztere diese auch komplett ruinieren und uns langweilen. Ein kurzer Exkurs in die Definitionen, um das zu verdeutlichen:

Archetypen

Archetyp kommt aus dem Altgriechischen *arché* »Anfang«, »Ursprung« und *typos*, »Schlag/Abdruck«, »Vorbild«, »Skizze«. Im übertragenen Sinne handelt es sich also um die Urformen der Erfahrungen, des Handelns und der Rollen, die die Menschheit kollektiv ausmachen. In der Tiefenpsychologie hat Carl Gustav Jung Archetypen eingeführt, die in Träumen, in verschiedenen Religionen, Märchen und astrologischen Vorstellungen immer wieder vorkommen.

Ob Geburt/Tod, Vater/Mutter oder Held/Widersacher – »Wir sind der Stoff, aus dem die Träume sind« (William Shakespeare – Der Sturm) und so auch unsere Geschichten. Aus diesem Stoff, mit dem sich jedes Publikum identifizieren kann, werden die individuellen Charaktere geformt. So gehören zum Beispiel sowohl Frodo aus »Der Herr der Ringe« und Harry Potter zu dem Archetyp des zögernden Helden, der erst zu seinem Abenteuer überredet werden muss. Gerade deswegen benötigen sie ein festes Fundament an Freunden, die sie auf dem Abenteuer begleiten. Beide sind mitfühlend und loyal. Dennoch sind sie einzigartige Charaktere mit individuellen Eigenschaften, Schwächen und äußerer Erscheinung. Obwohl sie aus einem Archetyp geformt wurden, sind sie kein Klischee, sondern tiefgründig und teilweise unvorhersehbar. Weitere Beispiele für ganz unterschiedlich ausgearbeitete Archetypen sind unter anderem der einsame Held (James Bond, Batman, Indiana Jones), das unschuldige Kind (Dorothy aus »Der Zauberer von Oz«, Alice im Wunderland) oder der Trickbetrüger (Joker in »Batman«, Till Eulenspiegel).

Stereotypen

Stereotyp stammt aus dem Griechischen *stereós* »fest«, »haltbar«, »räumlich« und *týpos* »Form«, »in dieser Art«, »-artig«. Wie die Namensbedeutung schon herleitet, handelt es sich um starre Muster. Soziologisch werden Stereotypen – ob bewusst oder unbewusst – meist eingesetzt, um Menschen voneinander abzugrenzen. Ein stereotyper Charakter im Storytelling reduziert sich auf wenige, vorhersehbare und immer wieder gleiche Eigenschaften. Diese Stereotypen verändern sich nicht, wenn man sie in eine andere Geschichte steckt. Beispiele dafür gibt es leider sehr viele: der dreitagebärtige Privatdetektiv in seinem verrauchten Büro mit dem Deckenventilator und heruntergezogenen Fensterrollläden, der Kioskbesitzer mit ausländischem Akzent, der italo-amerikanische Gangster, die etwas dümmliche Blondine. Während Archetypen die Urform als **Ausgangslage** für einen Charakter bilden, streben Stereotypen ein bestimmtes, wiederkehrendes Muster als **Ergebnis** an.

Brand-Mentor-Archetypen

In seinem Buch »Story Wars« sowie online erhältlichen Zusatzmaterialien listet Jonah Sachs 15 Mentortypen auf, die sich mit ihren Eigenschaften und Werten an unterschiedliche Wachstumsbedürfnisse und Werte ihrer jeweiligen Helden richten.

Der Pionier/die Pionierin

Abb. 5.3: Der Pionier

Der 60-Sekünder »Built Free« von Jeep ist eine Collage von Szenen von der frühen Kindheit bis hin zum Erwachsensein. Untermalt werden die nostalgisch angehauchten Bilder mit einem Soundtrack von Bob Dylan. Der Jeep Cherokee erscheint in allen Phasen ohne Kommentar als Teil dieser Reise. Die Phase der Kindheit und Jugend ist in warme Farben getaucht, alle Szenen spielen in der Natur:

> »You fell towards to satisfy your curiosity, because you wanted to see more, and do more. And there was something to be found in everything.«
>
> (Du hast dich in die Neugier gestürzt, weil du mehr sehen wolltest, mehr tun wolltest. Es gab überall etwas zu entdecken.)

Kapitel 5
Unternehmen als Mentor und Mentorin

Beispiel

Dann beginnen die ersten Szenen des Erwachsenenlebens. Sie erscheinen in kühlen Blautönen und sind von Büro-Atmosphäre geprägt.

»And little by little it changed. People told you things: where to go, what to do, what not to do. Little by little the world started to feel smaller.«

(Ganz allmählich änderte sich das. Man sagte dir, was du zu tun hast und was nicht. Nach und nach fing die Welt an, sich kleiner anzufühlen.)

Der Appell von Jeep ist, das Gefühl der Jugend wiederzufinden und nie aufzuhören, sich in die Welt zu stürzen, wieder mit warmen Farben und Außenaufnahmen:

»You're still here, and you're still you. The horizons haven't gone anywhere. And the tools you need are right here, so you can throw yourself at the world head first.«

(Du bist immer noch hier, du bist immer noch du. Der Horizont ist nicht verschwunden. Und die Mittel, die du brauchst, sind genau hier, also kannst du dich kopfüber in die Welt stürzen.)

Der Pionier liebt das Unbekannte und sucht nach neuen Lösungen und Routen. Mutige neue Ideen lassen sein Herz höherschlagen.

Der Rebell/die Rebellin

Abb. 5.4: Der Rebell

Beispiel

Wahrscheinlich liegt es in der Natur der Dinge, dass die ältere Generation die jeweilige Jugend nicht versteht und keinen tieferen Sinn in deren Handeln sieht. Und so sind auch die heutigen Digital Natives dem Vorwurf ausgesetzt, sich den ganzen Tag mit nichts weiter als Selfies, Chatten oder Liken auf ihren Smartphones zu beschäftigen, kein Interesse an der echten Welt und deren Probleme zu haben. Die Deutsche Telekom bricht jedoch eine Lanze für die Generation Z. Sie zeigte im Jahr 2020 mit ihrer Haltungskampagne #WhatWeDoNext, für welche wichtigen Themen sich junge Menschen ein- und welche sie mit digitalen Mitteln umsetzen. Herzstück und Aushängeschild der Aktion ist der zweiminütige Spot mit Billie Eilish, eine der wichtigsten Gesichter für die Gen Z. Ihre Botschaft: Digitalisierung ist nichts Negatives, sondern hat das Potenzial für die Schaffung einer besseren Zukunft.

Die Rebellin sucht kreative Lösungen, den Status quo herauszufordern, eingefahrene Strukturen zu durchbrechen sowie Dominanz und Tyrannei zu bekämpfen.

Der Magier/die Magierin

Abb. 5.5: Der Magier

Ein Ehepaar im mittleren Alter unterhält sich nachts, weil die Frau nicht schlafen kann. Sie plagt der Gedanke, dass sie und ihr Mann auseinanderdriften. Alles, worüber sie mittlerweile noch reden, sind Rechnungen und ihre Jobs. Ihr Mann hört zu, findet jedoch nicht die richtigen Worte, im Gegenteil: Er bestätigt sie ungewollt. Vor allem stört es sie, dass er ihr keine besonderen Worte mehr widmet, wie er es früher getan hat, als sie jünger waren. Er seufzt resignierend, während sie voller Nostalgie in die Leere starrt. Dann lehnt er sich zu ihr hinüber und sagt zu ihr »I love you« – mit der Stimme von Donald Duck –, was sie zum Schmunzeln bringt. (Magic Happens – Kampagne von Disney)

Die Magierin findet Mittel und Wege, wo andere sagen, es ist nicht zu schaffen. Sie glaubt an die Macht der Vorstellungskraft, liebt es, andere zu überraschen, auch wenn sie das Geheimnis der Magie manchmal lieber für sich selbst behält.

Der Narr/die Närrin

Abb. 5.6: Der Narr

Während Apple in den 80er und 90er Jahren mit dem Claim »Think Different« vor allem die rebellische Seite in seiner Zielgruppe wecken wollte, spricht man bei dem Technologiekonzern mittlerweile eine viel verspieltere Sprache. In dem tempo- und

> witzreichen Spot »Apple at Work – The Underdogs« aus dem Jahr 2019 müssen vier sympathische Teammitglieder innerhalb kürzester Zeit einen Prototyp für eine runde Pizza-Schachtel entwerfen und präsentieren. Dafür gibt es nur karge Anweisungen ihrer Chefin und jede Menge Fragezeichen über den Köpfen der Kreativen. Sobald sie sich auf die Suche nach Lösungen machen, werden die Vorteile der verschiedenen Produkte ganz natürlich in die humorvolle Geschichte eingebettet. Apple agiert nur im Hintergrund. Während der Corona-Pandemie wurden die Außenseiter zu einem zweiten Teil zurückgeholt. Diesmal, wie kann es anders sein, natürlich im Homeoffice, mit all den Vor- und Nachteilen, das dieses mit sich bringt. Fun Fact: Die runden Pizzaboxen gibt es tatsächlich, und zwar patentiert von Apple und im Einsatz in ihren Cafeterias.

Die Närrin erlaubt es mit der Macht des Humors, die Fassade unseres eigenen Charakters oder des Systems aufzubrechen. Sie mag unschuldig und lustig wirken, deckt jedoch auf intelligente und überraschende Art und Weise manchmal auch unsere Schwächen auf.

Der Kapitän/die Kapitänin

Abb. 5.7: Der Kapitän

> Der »Last«-Spot von Nike ist die 60-sekündige Geschichte der Marathonläufer, die als Allerletzte im Ziel eintreffen. Die Abenddämmerung ist schon eingebrochen, alle Zuschauenden haben die Straßen verlassen, die bereits von Straßenfegern von den etlichen Plastikbechern befreit werden. Zu dem Gospelsong »Every little bit hurts« kommentiert eine Stimme:
>
> »If you look up the word marathon, it will tell you that the first person that ran 26.2 miles died. He died. And he was a runner. You are not a runner. You are especially not a marathon runner, but at the end of this, you will be.«
>
> (Wenn du das Wort Marathon nachschlägst, wirst du lesen, dass die erste Person, die 26,2 Meilen gerannt ist, gestorben ist. Er ist gestorben. Und er war ein Läufer. Du bist kein Läufer. Du bist erst recht kein Marathon-Läufer, aber am Ende wirst du einer sein.)

Die Kapitänin bringt als Anführerin mit starker Hand Helden hervor, gibt ihnen Vertrauen und Zuversicht und hat eine klare Vision.

Der Verteidiger/die Verteidigerin

Abb. 5.8: Der Verteidiger

Anlässlich der mit einem Jahr verspäteten Fußball-Europameisterschaft 2020 berührte die Supermarktkette REWE mit einem Spot, der Fußball von einer ganz sanften Seite zeigt. Dort wird ein REWE-Filialleiter porträtiert, der noch immer seinen Jugendverein, in dem er selbst als Kind gespielt hatte, mit viel Hingabe unterstützt. Nach seiner Schicht bügelt er Trikots, steht selbst am Bratwurstgrill bei Spielen, feuert die Mannschaft an und spendet Lebensmittel aus seinem Markt. Die Geschichte kommt ohne große Worte aus und zeigt besondere Wertschätzung für die Welt des Fußballs abseits der großen Stadienspektakel.

Die Verteidigerin springt für jene Dinge und Menschen ein, die besonders schätzenswert und schön, jedoch auch sehr verletzlich sind und sich nicht selbst verteidigen können. Sie überlässt es anderen, vorzupreschen, und bewahrt lieber das, was ihr heilig ist.

Die Muse

Abb. 5.9: Die Muse

Zwei Menschen, die sich nicht kennen, küssen sich. Diese einfache, wie geniale Idee des Modelabels Wren hat 2014 über 110 Millionen Herzen berührt. »First Kiss« erzählt eine Geschichte, mit der sich jeder identifizieren kann. Das Video besticht mit seiner minimalistischen und dennoch intimen Schwarz-Weiß-Ästhetik.

Die Muse lockt den Helden mit Schönheit, Kreativität und Liebe aus der Routine und gibt ihm Inspiration.

Kapitel 5
Unternehmen als Mentor und Mentorin

Der Professor/die Professorin

Abb. 5.10: Der Professor

Beispiel

Devin J. Stone ist Anwalt für Zivilrecht in den USA. Dazu betreibt er den weltweit erfolgreichsten YouTube-Kanal für Rechtsthemen: LegalEagle. Stand Februar 2022 folgen ihm dort 2,2 Millionen Abonnenten. Wie schaffte er es, trockene juristische Themen so zu verpacken, dass er so eine große Anhängerschaft davon begeistern kann, ohne die Glaubwürdigkeit seines Fachwissens, ein typisches Professor-Thema, zu beeinträchtigen? Er beruft sich auf andere auf YouTube erfolgreiche Formate, die er mit seiner Expertise verknüpft. In sogenannten »Reaction«-Videos kommentiert er Anwalts- und Gerichtsszenen aus Filmen und Serien, wie z.B. Suits oder South Park, und erklärt, ob sie dem Realitäts-Check standhalten.

Die Professorin sucht in der Tiefe nach weiterem Wissen. Sie verlässt sich nicht auf zufällige Entdeckungen, sondern auf harte Fakten und Forschung, deren Ergebnisse sie gerne teilt.

Der Alchemist/die Alchemistin

Abb. 5.11: Der Alchemist

Beispiel

In dem Employer-Branding-Video »Childlike Imagination – What My Mom Does at GE« herrscht eine Walt-Disney-lastige Stimmung, die bereits über zwei Millionen Zuschauende in den Bann gezogen hat. Ein kleines Mädchen umschreibt mit einfachen, märchenhaften Bildern, was der Job ihrer Mutter bei General Electric umfasst: So baut diese zum Beispiel Unterwasser-Ventilatoren, die vom Mond gespeist werden, Krankenhäuser, die man in der Hand halten kann, und Züge, die mit Bäumen befreundet sind.

Die Alchemistin glaubt an die Wissenschaft. Sie setzt die Naturgesetze und dessen Bausteine ein, um Neues zu schaffen.

Der Friedenswächter/die Friedenswächterin

Abb. 5.12: Der Friedenswächter

Wie würde es sich für Väter anfühlen, sich selbst in einem Kinderbuch als Charakter zu sehen? Diese Idee griff die Männersparte von Dove Men+Care für ihre Kampagne zum Vatertag 2021 auf. In dem Spot »A Storybook Surprise« lernen wir drei Familien und einen Illustrator kennen. Dieser porträtiert die drei Väter liebevoll und sofort erkennbar für das Buch »DADS (They care a lot)«. Neben Interviews zu ihrer Familienrolle werden die drei Väter auch dabei begleitet, wie sie zum ersten Mal das Buch mit ihren Kindern lesen und sich dabei selbst entdecken. Auf einer eigens eingerichteten Kampagnenseite von Dove US können sich alle anderen das Buch kostenfrei herunterladen. Außerdem dreht sich dort, wie auch auf dem YouTube-Kanal, alles um das Thema moderne Vaterschaft, wie Elternzeit oder Ressourcen aufladen.

Der Friedenswächter ist der Ruhepol gegen Gewalt und Chaos. Er verpflichtet sich mit Leidenschaft der Diplomatie und Empathie und geht mit gutem Beispiel voran.

Das Orakel

Abb. 5.13: Das Orakel

Kapitel 5
Unternehmen als Mentor und Mentorin

Beispiel

Für den Launch der Hundefutter-Marke Puppo in New York City hat die Agentur Colenso BBDO Auckland im Jahr 2019 auf beeindruckende Weise datenbasiertes Storytelling eingesetzt. Die Grundidee des Produkts, dass eine personalisierte Futtermischung für jeden Hund zusammengestellt werden kann, stellte zugleich den roten Faden der Kampagne dar. Aus dem New York City Dog Licensing Dataset wurden zuerst die Daten aller 100.729 registrierten Hunde erfasst, vor allem Name, Rasse, Alter und Postleitzahl. Mithilfe dieser Informationen und modularer Textbausteine hat ein Algorithmus dann exakt 100.729 individualisierte Anzeigen für jeden einzelnen Hund erstellt, die per Poster oder Social-Media-Ad auch nur in ihrem jeweiligen Postleitzahlgebiet dem Besitzer oder der Besitzerin angezeigt wurden. Nach Angaben der Agentur stieg der Traffic auf die Website innerhalb einer Woche um 68 Prozent, die organische Google-Suche nach dem Begriff puppo um 144 Prozent.

Das Orakel glaubt an universelle Wahrheiten und leitet den Helden mit kompromisslosen Prinzipien, die es aus seiner langjährigen Weisheit zieht.

Der Zeuge/die Zeugin

Abb. 5.14: Der Zeuge

Beispiel

»Frauen haben keine Gleichbehandlung verdient.« Mit diesem überraschenden Slogan startete die Krankenkasse Barmer 2021 ihre Initiative für geschlechtersensible Medizin. Mit dem Hashtag #Ungleichbehandlung und Videos, die ähnlich unerwartete Hooks einsetzen (z.B. »Brustkrebs bei Männern?«, »Rückenschmerzen = Herzinfarkt«), klärt die Krankenkasse darüber auf, dass es in der Medizin sehr wohl wichtig sei, Medikamente auch gesondert an Frauen zu testen und Symptome auf Krankheiten bei Männern und Frauen unterschiedlich einzuordnen. Entsprechend müssten auch die Therapien geschlechterspezifisch differenziert werden.

Die Zeugin bringt Licht ins Dunkel und entlarvt das, was meist im Schatten operiert. Mit genauem Blick deckt sie Ungerechtigkeiten auf und agiert als Gewissen für die Gesellschaft.

Der Detektiv/die Detektivin

Abb. 5.15: Der Detektiv

Googles »Reunion« erzählt die Geschichte zweier alter Männer, Balduv und Yusuf, deren Freundschaft durch die Spaltung zwischen Pakistan und Indien 1947 auch geografisch getrennt wurde. Die Enkelin von Balduv, der in Delhi lebt, macht sich mithilfe von Google-Suchen und den Hinweisen, die sie aus den Geschichten ihres Großvaters behalten hat, daran, Yusuf auf der anderen Seite der Grenze ausfindig zu machen. Dieser überrascht zum Ende der Geschichte seinen alten Freund zum Geburtstag.

Die Detektivin sammelt als Außenstehende Informationen und Beweise, wenn Unstimmigkeiten und Mysterien auftreten, die niemand erklären kann. Sie glaubt an die Macht der Fakten, die sie jedoch kreativ zu kombinieren weiß.

Der Architekt/die Architektin

Abb. 5.16: Der Architekt

Zum Internationalen Tag des Mädchens der UN im Jahr 2020 tat sich der Computerhersteller Lenovo mit der UN-Initiative Girl Up zusammen. In dem Projekt »New Realities« werden in 360-Grad-Videos die Geschichten von zehn jungen Frauen auf der ganzen Welt erzählt, wie sie Technologie nutzen, um ihre Träume zu verfolgen. Vom Klimawandel über Armut bis hin zu Körperbewusstsein und Rassismus berichtet jede Protagonistin von ihren Erfahrungen in ihrem Land.

Kapitel 5
Unternehmen als Mentor und Mentorin

Beispiel

Durch die Virtual-Reality-Technologie bekommt das Publikum einen immersiven, rohen Einblick in den Alltag und die Umgebung der Frauen. Parallel zu den Filmarbeiten befragte Lenovo im Rahmen einer Studie über 15.000 Menschen in zehn Ländern und fand heraus, dass »Technologie die Menschen empathischer gegenüber verschiedenen Standpunkten in ihren Gemeinschaften gemacht hat«. Nach Angaben des Unternehmens stimmten 76 Prozent der Gen Z und 71 Prozent der Millennials der Aussage zu, dass »während der Pandemie die Technologie sie empathischer für ihre Gemeinschaften gemacht hat und es ihnen ermöglicht, sich in die Lage anderer zu versetzen, die ein ganz anderes Leben führen als sie selbst.«[1]

Die Architektin sucht rationale Lösungen für komplexe Probleme. Sie liebt Modelle und Systeme, mit deren Hilfe sie Ordnung ins Chaos bringen und Pläne für die Zukunft erstellen kann.

Der Heiler/die Heilerin

Abb. 5.17: Der Heiler

Beispiel

TOMS Shoes hat die Heilerin bereits in seiner Produkt-DNS. Für jedes Paar Schuhe, das ein Käufer erwirbt, spendet das Unternehmen ein weiteres Paar Schuhe an in Armut lebende Kinder auf der ganzen Welt. Die Geschichte zieht sich entsprechend durch alle Kommunikationskanäle und zeigt somit der Fangemeinde von TOMS Shoes, wie sie konkret geholfen haben.

Die Heilerin fühlt sich verpflichtet, anderen zu helfen und ihren Schmerz zu stillen. Sie gibt anderen, die sich ebenfalls aufopfern, Rückendeckung.

Übersicht über die Archetypen

Archetyp	Befähigung des Helden	Werte
Pionier/Pionierin	Unabhängig sein (Reichhaltigkeit)	Optimismus, Mut, Fortschritt, Kreativität

---

1 New Realities – Empathy & Technology Report von Lenovo: https://news.lenovo.com/wp-content/uploads/2020/10/New-Realities-Empathy-And-Technology-Report.pdf

Kapitel 5
Unternehmen als Mentor und Mentorin

Archetyp	Befähigung des Helden	Werte
Rebell/Rebellin	Regeln brechen (Einzigartigkeit)	Optimismus, Freiheit, Fortschritt, Ausdruck
Magier/Magierin	Verwandlung (Verspieltheit, Schönheit)	Optimismus, Spaß, Vorstellungskraft
Narr/Närrin	Spaß haben (Verspieltheit)	Neugier, Spaß, Ehrlichkeit
Kapitän/Kapitänin	Kontrolle/Führung (Perfektion, Ganzheit)	Zuversicht, Vision, Mut
Verteidiger/Verteidigerin	Tradition bewahren (Einfachheit, Schönheit, Gerechtigkeit)	Sicherheit, Gerechtigkeit, Planung
Muse	Schönheit finden (Schönheit, Einzigartigkeit)	Neugier, Freiheit, Bescheidenheit, Ausdruck
Professor/Professorin	Neues Wissen finden (Perfektion, Reichhaltigkeit, Einfachheit)	Neugier, Ehrlichkeit, Großzügigkeit, Integrität
Alchemist/Alchemistin	Neues Wissen anwenden (Ganzheit, Perfektion, Einzigartigkeit)	Neugier, Fortschritt, Vision
Friedenswächter/Friedenswächterin	Für Gerechtigkeit einsetzen (Ganzheit, Gerechtigkeit)	Mitgefühl, Respekt, Mut, Selbstlosigkeit
Orakel	Orientierung haben (Gerechtigkeit, Einfachheit, Wahrheit)	Zuversicht, Tradition, Gerechtigkeit
Zeuge/Zeugin	Ungerechtigkeit aufdecken (Gerechtigkeit, Wahrheit)	Sicherheit, Gerechtigkeit, Liebe
Detektiv/Detektivin	Rätsel lösen (Gerechtigkeit, Perfektion, Einfachheit)	Neugier, Präzision, Gerechtigkeit, Planung
Architekt/Architektin	Etwas Neues schaffen (Perfektion, Einzigartigkeit)	Kompetenz, Effizienz, Ehrlichkeit, Kreativität
Heiler/Heilerin	Für andere sorgen (Ganzheit)	Gesundheit, Liebe, Wohlstand, Planung

Wichtig hierbei ist es jedoch, zu verstehen, dass diese 15 Mentorenfiguren bei Weitem nicht allumfassend und eins zu eins auf jedes Unternehmen zu übertragen sind. Im Gegenteil: Die Welt bietet Hunderte Archetypen, aus denen sich jeweils wiederum etliche sehr unterschiedliche Charaktere formen lassen. Und auch, wenn man keinen Namen für seine Mentorin findet, ist die wichtigste Erkenntnis hieraus, dass die Wachstumsbedürfnisse der jeweiligen Stakeholder und die gemeinsamen Werte den Kern des Storytelling ausmachen. Sie sind der Grundpfeiler, wenn es darum geht, auf authentische Art und Weise Aufmerksamkeit und Loyalität zu gewinnen.

> **Do it yourself**
>
> - Welche Rolle(n) wollen Sie als Mentorin spielen (Motivation, Wissen, Werkzeuge, Aufopferung)?
> - Welche drei Archetypen von Jonah Sachs treffen auf Sie zu?
> - Können Sie einen eigenen Archetyp für sich finden?
> - Welche anderen Unternehmen sind Ihrem Archetyp ähnlich?
> - Können Sie genauer definieren, womit Sie Ihre Helden (Mitarbeitende/Kunden) befähigen wollen?

Archetypen statt Klischees – Drei Nachhaltigkeitsmarken im Charakter-Vergleich

Nachhaltigkeit gehört zu den größten Trends bei Verbraucherprodukten. Für die Umwelt und unsere Gesellschaft ist das ein großer Gewinn. Für Unternehmen jedoch auch eine neue Branding-Herausforderung, da »nachhaltig« als Alleinstellungsmerkmal mittlerweile ausgedient hat. Daher müssen auch Nachhaltigkeitsprodukte eine ganz individuelle Stimme, einen eigenen Charakter, entwickeln. Wer es schafft, eine starke Persönlichkeit als Marke bzw. Mentorin zu positionieren, sich damit auch von anderen grünen Ansätzen evtl. sogar in der gleichen Produktkategorie abzuheben, wird von seinen Helden auch gehört.

Patagonia

Beispiel

Das Unternehmen Patagonia wurde 1972 in Kalifornien von dem damals 44-jährigen Bigwall-Kletterer Yvon Chouinard gegründet und verkaufte Kletterausrüstung, vornehmlich Felshaken. Nachdem er jedoch feststellte, dass sein Hauptprodukt maßgeblich dafür verantwortlich ist, dass Felswände beschädigt werden, nahm er dieses aus dem Katalog. Stattdessen empfahl Patagonia seinen Kunden sogar, Felshaken woanders zu kaufen. Diese Entscheidung wurde ausführlich in einem Katalog beschrieben. Gleichzeitig wurde dort aber auch veranschaulicht, wie alternative Produkte beim Klettern benutzt werden. Obwohl diese Entscheidung dazu hätte führen können, dass 70 Prozent des Umsatzes wegfallen, gab es dem Unternehmen die entscheidende Wendung, die bis heute anhält und ihm eine feste Identität gegeben hat.

Patagonia behandelte seine Kunden wie Freunde, schilderte transparent, welchen Einfluss bestimmte Produkte auf die Umwelt haben, und überließ ihnen die Verantwortung, wo und was sie kaufen. Dies waren die ersten Schritte für das Unternehmen hin zum Storytelling: Der Kunde wird als Held auf Augenhöhe betrachtet. Die Mentorin gibt ihm als Entscheidungshilfe Informationen mit auf den Weg und klärt ihn über Unbekanntes auf. Heutzutage konzentriert sich Patagonia beim Storytelling vornehmlich auf das Medium Kurzfilm. »Worn Wear« zum Beispiel ist eine 30-minütige Dokumentation, in der sieben Abenteurer über ihre spannendsten Outdoor-Erlebnisse berichten und darüber, was ihre Ausrüstung dabei für Geschichten erzählen könnte. Auf einer eigenen Landingpage können die Nutzer darüber hinaus noch viele weitere Geschichten lesen und selbst einreichen. Mit eigenen Worten beschreibt Patagonia das Projekt als:

> »antidote to the Black Friday and Cyber Monday shopping frenzy, an invitation to celebrate the stuff you already own.«
>
> (Gegenmittel zum Kaufrausch des Black Friday und Cyber Monday, eine Einladung, die Dinge zu feiern, die wir bereits haben.)

Mit der anschließenden Dokumentation »Damnation«, bei der es um die verheerenden Auswirkungen von Staudämmen geht, hat Patagonia sogar einige Preise bei Filmfestivals gewonnen.

Abb. 5.18: »Worn Wear«-Kampagne

»Wir wollen Geschichten einsetzen, nicht nur, um andere Menschen zum Handeln zu bringen, sondern auch, um sie ebenfalls dazu zu bringen, andere zu inspirieren. Teil unserer langen Geschichte ist es, Graswurzelbewegungen zu unterstützen. Tatsächlich beginnt das Geben jedoch am immer gleichen Ort: in der Natur, in der wir unsere Zeit verbringen und deren transformative Wirkung wir spüren. Das hilft den Menschen, die auf ganz natürliche Art und Weise die Umwelt schützen wollen. Es bewirkt ein echtes Verhalten und einen Prozess, den Menschen in diesen Situationen durchgehen. Unsere Aufgabe ist es, jene Geschichten zu erzählen, die dies zum Leben erwecken, den Prozess beschleunigen und Menschen zum Handeln inspirieren.« (Vice President Global Marketing, Joy Howard, Nov 2014).[2]

---

2 Beer, Jeff – The Purpose-Driven Marketer: How Patagonia Uses Storytelling to Turn Consumers into Activists, http://www.fastcocreate.com/3038557/behind-the-brand/the-purpose-driven-marketer-how-patagonia-uses-storytelling-to-turn-consume (2014)

Kapitel 5
Unternehmen als Mentor und Mentorin

Beispiel

Wenn man die Mentor-Archetypen von Sachs zugrunde legt, könnte Patagonia eine Mischung aus Pionierin (Outdoor-Erlebnisse), Heilerin (Nachhaltigkeit), Kapitänin (klare Vision zum Handeln) und Zeugin (Aufdecken von Missständen) sein. Die Wachstumsbedürfnisse, die bei ihrem Helden angesprochen werden, sind Ganzheit, Gerechtigkeit und Reichhaltigkeit. Zu den Werten gehören unter anderem Freiheit, Transparenz, Eigenverantwortung.

Beispiel

Innocent Drinks

Obwohl das 1998 gegründete Unternehmen mittlerweile zu 90 Prozent zu Coca-Cola gehört, hat Innocent Drinks seinen ganz individuellen Charakter behalten. Das Hauptaugenmerk beim Storytelling liegt bei dem Getränkehersteller auf der eigenen Text- und Bild-Redaktion und der immer wieder hervortretenden Aussage, dass kleine Dinge viel bewirken können und man anderen etwas Gutes tut, wenn man sich selbst etwas Gutes tut. Das spiegelt sich bereits in der Gründungsgeschichte wider, die es wohl nicht gegeben hätte, wenn nicht viele Menschen von Anfang an einen jeweils kleinen Anteil an Zuspruch gegeben hätten:

> »Uns gibt es, damit sich jeder ganz leicht etwas Gutes tun kann (das auch noch super schmeckt). Unsere Geschichte begann 1998, als unsere Gründer Richard, Jon und Adam auf die Idee kamen, Smoothies zu machen. Sie kauften für 500 britische Pfund Obst, mixten daraus Smoothies und boten sie auf einem Jazz-Festival in London an. Vor ihrem Stand hing ein Schild mit der Frage: ›Sollen wir unsere Jobs aufgeben, um weiter Smoothies zu machen?‹ Darunter hatten sie zwei Mülleimer aufgestellt, auf einem stand ›Ja‹, auf dem anderen ›Nein‹. Sonntagabend war der ›Ja‹-Eimer voll mit leeren Flaschen. Montag gingen sie zur Arbeit und kündigten ihre Jobs, um Innocent zu gründen.

Abb. 5.19: Gründungsgeschichte von Innocent Drinks

Seitdem machen wir Smoothies und Säfte. Unser Anspruch ist dabei immer der gleiche geblieben: Wir wollen dich mit natürlichen, köstlichen Getränken versorgen, die dir helfen, gesünder zu leben, und dabei nett zur Umwelt sind.«

Unter dem Motto »Schmeckt gut, tut gut« besinnt sich das Unternehmen immer wieder darauf, wie man mit kleinen Dingen im Alltag Gutes für sich und für die Umwelt oder die Gesellschaft tun kann. In dem Video »Chain of Good« zum Beispiel kann sich Mark im Supermarkt entscheiden, ob er sich an einem verkaterten Morgen einen Innocent Drink gönnt und somit eine kleine Kettenreaktion auslöst, die eine Familie in Peru glücklich machen kann. Jedoch drehen sich die hauptsächlich über Social Media geteilten Inhalte nicht immer nur um Smoothies. Mit dem Hashtag #letslovestorm rief das Unternehmen seine Fans dazu auf, positive Nachrichten auf Twitter & Co. zu teilen, wodurch über 12.000 Beiträge gesammelt wurden, um den sonst auf den sozialen Kanälen häufig auftretenden Shitstorms etwas entgegenzusetzen.

Mit seiner kindlichen, bunten Bildsprache und den vielen positiven Geschichten, die nicht nur zum Schmunzeln, sondern auch zum Handeln im alltäglichen Leben animieren, ist Innocent eine Mischung aus Heilerin (Gutes tun), Kapitänin (Anleitung zum Handeln) und Muse (Inspiration für fröhliche Momente). Es werden vor allem solche Menschen angesprochen, die nach Einfachheit, Gerechtigkeit und Verspieltheit streben und Werte wie Gesundheit, Umweltbewusstsein und Optimismus vertreten.

einhorn

Das Anfang 2015 gegründete Berliner Start-up einhorn vertreibt fair und nachhaltig hergestellte Kondome in Chipstüten. 50 Prozent der Einnahmen sollen dabei in soziale und nachhaltige Projekte reinvestiert werden. Den Startschuss haben die Gründer Waldemar Zeiler und Philip Ziefer mit einer Crowdfunding-Kampagne gegeben, über die mehr als 100.000 Euro eingenommen wurden.

»Du verkaufst ein Produkt, das es noch gar nicht gibt. Das ist die Königsdisziplin des Marketings, wenn du es schaffst, dass Leute dir vorab Geld geben und darauf hoffen, dass in ein paar Monaten das Produkt fertig wird. Das ist besser als jede User-Befragung«, so der Gründer Waldemar Zeiler in meinem Gespräch mit ihm.

Bereits mit dem Video zur Crowdfunding-Kampagne legten die beiden Gründer den Grundstein für ihr Storytelling, das den Spagat zwischen ernst gemeinter Aufklärung und abgedrehter Unterhaltung schafft. Es folgten weitere Aktionen, wie eine Demonstration vor dem Brandenburger Tor für das Recht auf mehr Orgasmen oder eine Webvideo-Serie, in der im Stile einer »Mockumentary«, ähnlich wie bei der TV-Serie »Stromberg« nach einem neuen CEO gesucht wird. Waldemar Zeiler gibt weitere Einblicke in die Geschichte und den Storytelling-Ansatz, der das Branding nach außen wie auch die Unternehmenskultur bis hin zum Recruiting prägt:

»Wir wollten eine Lifestyle-Marke aufbauen, die das Ziel hat, fair und nachhaltig zu sein, und dabei komplett transparent ist. Dabei wollten wir trotzdem unsere Persönlichkeiten und den Spaß, den wir an Witz und Humor haben, einbringen. Unsere Charaktere, unser Produkt, die Persönlichkeiten in unserem Team und die Verrückten, die wir inzwischen anziehen, haben dazu beigetragen, dass wir hier ständig Ideen auf dem Tisch haben.

Bevor wir starteten, haben wir unsere Grundwerte definiert. Diese sind zum einen ›fairstainable‹, eine Wortmischung aus fair und sustainable: Egal, was wir machen, wir prüfen immer, ob etwas fair und nachhaltig ist. Das zweite ist ›unicornique‹ – unicorn und unique. Jeder unserer Mitarbeiter kann ein Veto einlegen, wenn er der Meinung ist, dass etwas langweilig ist. Das zwingt einen dazu, alle 08/15-Sachen zu überdenken. Angefangen beim Produkt: Wir verkaufen nicht in quadratischen Packungen, wir verkaufen in Chipstüten. Wir haben zig Designs und gehen das Thema komplett witzig an. Also weg vom medizinischen Produkt. Das ist ein Lifestyle-Produkt für uns. Sobald wir eine Aktion planen, stellen wir uns die Frage, ob es unicornique ist. Und wenn es das nicht ist, dann machen wir die Aktion nicht. Der letzte Wert ist ›fug‹: fight and hug. Philipp und ich streiten uns viel über die verschiedensten Dinge, haben aber gemerkt, dass dabei, auch wenn es emotional extrem anstrengend ist, immer ein super Resultat rauskommt. Da es aber keine langfristige Lösung ist, sich gegenseitig so zu zerfressen, haben wir beschlossen, dass wir uns zwar streiten dürfen, uns aber sofort danach umarmen müssen. Und das zieht sich durch die ganze Firma: Wir dürfen uns für den guten Zweck streiten, aber danach muss sich umarmt werden und dann ist auch alles gut. Bei uns geht keiner abends mit einem schlechten Gefühl im Bauch schlafen. Und diese drei Grundwerte tragen unsere Firma.

Abb. 5.20: einhorn-Kampagne

Kapitel 5
Unternehmen als Mentor und Mentorin

> Es fängt bei der Stellenausschreibung an: Wir sind immer per Du, sind immer in unserem Zauberwald, immer eine Mischung aus Professionalität und Verrücktheit und wir schalten vor der Bewerbung auch immer ein Spiel oder einen Psychotest dazu. Man gelangt bei StepStone von der Ausschreibung der CEO-Stelle erst zu einem Test, und nur wer den besteht, bekommt eine Mail mit Infos zum Bewerbungsverfahren. Beim Head of Sustainability hatten wir ein Memory-Spiel. Dort musste die Wertschöpfungskette des Kautschuk-Anbaus richtig sortiert werden. Das Spiel wurde ein Riesenhit und mittlerweile 800-mal gespielt, auch von denjenigen, die sich gar nicht beworben haben. Einfach nur eine Stellenanzeige einzustellen, die nur Kandidaten bringt, ist nicht unicornique und für uns definitiv zu wenig. Wir versuchen, alle Maßnahmen so anders zu machen, dass das Interesse an der Marke geweckt wird.
>
> Diejenigen, die den ganzen Prozess durchlaufen haben und dann bei uns angestellt werden, wissen durch diesen Prozess schon ganz gut, in welche Richtung es geht.«

Anhand der Mentortypen von Sachs könnte einhorn als eine Mischung aus Heilerin (fairstainable), Rebellin (fight and hug) und Närrin (unicornique) betrachtet werden, die vor allem die Bedürfnisse Gerechtigkeit, Einzigartigkeit und Verspieltheit fördert. Es gibt jedoch auch viele weitere Archetypen aus der Mythologie bzw. der Geschichte und den Geschichten der Menschheit, aus denen sich jedes Unternehmen kreativ bedienen kann. In diesem Fall ist der Namensgeber des Unternehmens, das Einhorn, bereits ein Typ für sich, der nicht nur den Slogan »Make Magic Happen« inspiriert hat. »Das edelste aller Fabeltiere steht in seiner Gesamtheit ausnahmslos für das Gute. Kein Wunder also, dass das Einhorn Namensgeber ist, denn mit einem einhorn-Kondom entscheidet man sich für das Gute. Für guten Sex, für ein gutes Gewissen und guten Geschmack«, heißt es im offiziellen Pressebereich des Unternehmens. Dem fügt Waldemar Zeiler im Gespräch noch hinzu:

> »Der Name war einfach irgendwann da. Wir haben uns verschiedene Namen und Logos angeschaut und bei einhorn hat es einfach gepasst. Unser Anspruch war es immer, Social Unicorns zu bauen, und da passt diese Spielerei natürlich. Einhörner mögen alle. Das ist eine super Story von Leonardo da Vinci: Einhörner können nur gefangen werden, wenn sie sich in den Schoß einer Jungfrau schlafen legen. Das Horn heilt alle Krankheiten. Am Ende waren sich alle einig, dass es einhorn sein muss, weil es so viele Facetten bedient. Damit ist es auch einfach keine rein männliche Marke. Kondome werden nämlich zu gleichen Teilen von Männern und Frauen gekauft. Deshalb mussten wir etwas wählen, das nicht zu dominant ist. Wir wollten nicht den Fehler machen, zu sehr auf die männliche Zielgruppe zu gehen. Einhörner haben einfach dieses Feenhafte, sind aber gleichzeitig ein tolles Symbol für Pferdestärken und können so auch den Mann abholen.«

Beispiel

Abschließend fasst Waldemar Zeiler noch einmal den Story-Wert des Themas Nachhaltigkeit im Allgemeinen zusammen:

»Jetzt im Nachhinein sagen viele, dass Kondome ein total dankbares Produkt sind. Ich denke eigentlich nicht, dass das so ist. Wenn man sich zuvor den Kondommarkt angeschaut hat, hätte kaum jemand gedacht, dass man ein Alleinstellungsmerkmal finden kann. Eine große Rolle spielt die Nachhaltigkeit und die Transparenz. Die Generation Y ist die größte Käuferschicht-Generation, die es gibt, und die lässt sich einfach nicht mehr verarschen. Die fragen sich, wo die Sachen herkommen und wie sie hergestellt werden. Das ist eine Wahnsinns-Chance, selbst bei den normalsten Allerweltsprodukten. Das Fairphone ist ein weiteres super Beispiel, weil es zwar Designklassiker wie das iPhone und Technik-Pros wie Samsung gibt, das Fairphone aber trotzdem gekauft wird, allein wegen der Nachhaltigkeit. Die Dinger sind ausverkauft. Einfach, weil sie eine riesige Story erzählen.«

Do it yourself

- Welchen individuellen Charakter können Sie dem gewählten Mentortyp geben?
- Welche individuellen Werte zeichnen ihn aus?
- Wie wollen Sie mit Ihren Helden sprechen?

Beispiele

»Feel the Whoa!« von Listerine:
https://www.youtube.com/watch?v=BgonIRm2MRc

»Built Free« von Jeep: https://www.youtube.com/watch?v=LC4hho0CC7k

»What We Do Next« von der Telekom:
https://www.youtube.com/watch?v=Uj-zpXspfxQ

»Magic Happens« von Disney:
https://www.youtube.com/watch?v=PA93vBjD4EU

»The Underdogs« von Apple at Work:
https://www.youtube.com/watch?v=q6wBXwGRCBc

»Last« von Nike: https://www.youtube.com/watch?v=m8WAYF5_NEM

»Wir sind für den Fußball da!« von REWE:
https://www.youtube.com/watch?v=yaOK4UCgKgw

»LegalEagle«: https://www.youtube.com/c/LegalEagle

»Childlike Imagination – What my mom does at GE« von General Electrics:
https://www.youtube.com/watch?v=rIO5ZokkGEE

»Men+Care« von Dove:
https://www.dove.com/us/en/men-care/paternity-leave.html

»Puppo«:
https://www.colensobbdo.co.nz/portfolio/work-every-dog-has-its-ad/

»Ungleichbehandlung« von der Barmer Krankenkasse:
https://www.youtube.com/watch?v=y9MBM5sRApk

»New Realities« von Lenovo:
https://www.lenovo.com/us/en/newrealities/

»Worn Wear« von Patagonia: http://wornwear.patagonia.com/

»Damnation« von Patagonia: http://damnationfilm.com/

»Chain of Good« von Innocent Drinks:
https://www.youtube.com/watch?v=SNiarYmovow

Crowdfunding-Kampagne von einhorn:
https://www.youtube.com/watch?v=-hMpiYnvoxw

Kapitel 6

Kundinnen und Mitarbeitende als Heldinnen: Sieben Plots

»There are indeed a small number of plots which are so fundamental to the way we tell stories that it is virtually impossible for any storyteller ever to break away from them.«

(Es gibt tatsächlich nur eine kleine Anzahl an Plots, die einen so grundlegenden Einfluss darauf haben, wie wir Geschichten erzählen, dass es für Erzähler kaum möglich ist, davon wegzubrechen.)

Mit »The Seven Basic Plots: Why We Tell Stories« hat der Journalist Christopher Booker 2004 sein Fazit von 34 Jahren Recherche veröffentlicht. Auch wenn es sicherlich einige wenige Ausnahmen gibt, lassen sich laut seiner Analyse alle Geschichten in mindestens einen dieser Plots kategorisieren. Unternehmen wiederum können diese Plot-Vorlagen kreativ einsetzen, um die passende Geschichte für sich als Mentor und ihre Zielgruppen als Heldinnen zu konzipieren.

Das Monster besiegen

Abb. 6.1: Das Monster besiegen

Zwar lassen sich alle der sieben Plot-Typen von Booker entlang der Heldenreise beobachten. Dennoch ist die Geschichte vom Bezwingen eines Monsters dieser am ähnlichsten. Das Ziel der Protagonistin ist es, eine meist böse gegnerische Macht zu besiegen.

Beispiele: Beowulf, David gegen Goliath, James Bond, Erin Brockovich, The Hunger Games, Wonder Woman, Herr der Ringe oder auch das Super-Mario-Brothers-Spiel.

Auch wenn das Monster am Ende besiegt werden muss, zählen für Booker vor allem die Ereignisse auf dem Weg dahin. Daher beschreibt er den typischen Monster-Plot in folgenden fünf Episoden:

- **Vorahnung:** Die Heldin erhält Hinweise auf das Monster, entweder von außen oder weil dieses sich direkt von Nahem oder Fernem kenntlich macht. Der Ruf des Abenteuers ist damit ausgesprochen und die Vorbereitungen beginnen.
- **Traum:** Entweder gibt es bereits erste Berührungspunkte mit dem Monster oder seinen Entsandten. Die Heldin scheint diese vorerst ohne Schwierigkeiten zu überwinden. Oder Monster und Heldin kommen sich näher, jedoch scheint die Gefahr noch fern zu sein.
- **Enttäuschung:** Die Heldin erfährt bei der Konfrontation mit dem Monster eine Niederlage. Das Monster wiederum fühlt sich über allem erhaben und demonstriert seine gewaltigen Kräfte.
- **Albtraum:** Die letzte Probe führt zu einem Kampf auf Leben und Tod, bei dem nur einer gewinnen kann. Für die Heldin sieht es hoffnungslos aus.
- **Wundersame Flucht:** Das Monster wird am Ende doch durch den Mut, die Fähigkeiten und den Einfallsreichtum der Heldin getötet. Seine Macht ist gebrochen. Diejenigen, die es unterdrückt hat, sind nun frei, und die Heldin wird als Siegerin gefeiert.

Das Monster kann in den unterschiedlichsten Formen auftreten: Mensch, Tier oder eine Mischung daraus. Dabei hat es häufig, aber nicht zwangsläufig, bestialische Züge, ob äußerlich oder innerlich. Es kann jedoch auch eine weiter gefasste Metapher sein, wie zum Beispiel ein Problem, das überwunden werden muss. Im Laufe der Geschichte nimmt das Monster mindestens eine von diesen drei Rollen ein: ein Raubtier, das auf der Suche nach seinen Opfern ist, ein Wächter, der einen Schatz oder eine Person, die es zu retten gilt, »beschützt«, oder ein Rächer, dessen Schatz gerettet wurde und der nun auf der Jagd nach dem »Dieb« ist.

Der Monster-Plot ist die typische Geschichte des vermeintlich Unterlegenen gegen einen übermächtigen Gegner. Um zu siegen, muss der Protagonist erst viel Mut und Stärke erlangen. Ob Nikes »Just Do It«- oder Apples »Think Different«-Kampagne – DIESER Plot ist der im Brand Storytelling am häufigsten eingesetzte, da er die Rollenverteilung zwischen Heldin und Mentor am klarsten definiert.

> **Do it yourself**
> - Gibt es einen großen Rivalen, eine Mutprobe oder eine andere Herausforderung, gegen den Ihre Heldinnen antreten müssen?
> - Wie sieht dieser Rivale oder diese Herausforderung aus?

Vom Tellerwäscher zum Millionär

Abb. 6.2: Vom Tellerwäscher zum Millionär

Die Protagonistin erhält Macht, Reichtum und/oder einen Partner, verliert dieses jedoch meist wieder und erhält es zurück, nachdem sie sich als Charakter weiterentwickelt hat.

Beispiele: Cinderella, David Copperfield, Das hässliche Entlein, Slumdog Millionaire, The Wolf of Wall Street, Der Teufel trägt Prada

Von diesem Plot gibt es einige immer wieder auftretende Varianten, wie zum Beispiel das geknechtete Kind, der erfolglose Künstler, die einsame Erfinderin oder ziellose Landstreicher. Der Ablauf der »Rags-to-Riches«-Plots ist häufig wie folgt:

- **Anfängliches Elend und Ruf zum Handeln:** Die Geschichte beginnt mit einer sehr jungen Heldin, deren Zuhause ihr nur ein unglückliches Leben bietet und die am untersten Ende der sozialen Hierarchie ist. Antagonisten unterschiedlichster Art, wie zum Beispiel die böse Stiefmutter oder der skrupellose Gangster-Boss, malträtieren und unterdrücken ihn oder sie. Eines Tages erhält die Protagonistin ein Zeichen und flieht oder wird entsendet.
- **Ausbruch mit erstem Erfolg:** Nach einigen kleineren Herausforderungen bekommt die Protagonistin mit ersten Erfolgen und Belohnungen eine Aussicht

auf ihre glorreiche Bestimmung. So könnte die Heldin zum Beispiel bereits ihren Prinzen treffen und ihre Rivalen ausstechen. Jedoch ist es unumgänglich, dass sie noch einiges dazulernen muss, um endgültig erfolgreich sein zu können.

- **Die zentrale Krise:** Die anfänglichen Erfolge werden entrissen, frühere Antagonisten tauchen wieder auf. Die Heldin ist am schlimmsten Punkt der Geschichte und es sieht danach aus, als ob dies auch das Ende wäre.
- **Unabhängigkeit und Probe:** Jetzt muss sich die Heldin ganz auf sich allein verlassen. Es gibt keine Helfer oder Hilfsmittel mehr. Indem sie sich jedoch aus eigenen Kräften wieder hochkämpft, beweist sie, dass sie ihr Ziel unabhängig erreicht und es somit wirklich verdient hat. Eine allerletzte Probe zeigt die neue Stärke der Heldin.
- **Vollendung und Erfüllung:** Schlussendlich kommt die Heldin als Siegerin hervor und darf Schatz, Königreich und/oder Partner ihr Eigen nennen.

Im Vergleich zu allen anderen Plots geht es hier vor allem um die Entwicklung der Heldin. Auch wenn es vordergründig um materiellen Reichtum geht, den die Protagonistin erhält, dreht sich die Geschichte vor allem um die Transformation der Heldin auf dem Weg dahin. »Rags-to-Riches«-Storys dienen in ärmeren Bevölkerungsteilen als Hoffnungsträger, sind jedoch über alle kulturellen Schichten hinweg zu finden. Auch in Kindergeschichten haben sie ihren Platz, um bereits die Kleineren darüber aufzuklären, dass man für seinen Erfolg auch hart arbeiten muss.

Der »American Dream« ist das Sinnbild von der Geschichte vom Tellerwäscher, der zum Millionär wird. Daher hat dieser Plot auch in unserer westlichen Konsumwelt seinen festen Platz. Als Mentor in einem Plot wie diesem können Unternehmen ihre Zielgruppe dazu inspirieren, aus eigenen Kräften über sich hinauszuwachsen, bzw. ihr Publikum als Heldinnen für ihre Errungenschaften würdigen.

Beispiel

In einem 30-sekündigen Video feiert Intel zum Beispiel seinen Mitarbeiter Ajay Bhatt wie einen Rockstar mit kreischenden Fans, Autogramm-Session, Bodyguards und Fotografen. Denn Bhatt ist einer der Erfinder des USB-Ports. Unter dem Motto »Sponsors of Tomorrow« ist die Aussage des Spots »Our rock stars aren't like your rock stars«.

Do it yourself

- Hat Ihre Heldin das zentrale Bedürfnis, sich weiterzuentwickeln?
- Welche Art von Bereicherung verdient sie?

Die Suche/Quest

Abb. 6.3: Die Suche/Quest

Die Protagonistin macht sich mit ein paar Begleitern auf den beschwerlichen Weg hin zum Ort, Objekt oder der Person der Begierde.

Beispiele: Odysseus, Vaiana, Don Quichotte, Hidden Figures – Unerkannte Heldinnen, Herr der Ringe

Bei diesem Story-Plot ist die Heldin meist nicht allein. Sie wird von anderen Charakteren begleitet, die im Kontrast zur Persönlichkeit der Protagonistin stehen oder sie ergänzen können. So erhält der Charakter der Heldin mehr Tiefe.

Auch dieser Plot besteht aus der bereits bekannten Struktur der fünf Akte:

- **Der Ruf und die Vorbereitungen zum Aufbruch:** Die Heldin muss weg. Was sie dazu bewegt, kann sehr vielfältig sein: Sie muss einen bestimmten Schatz oder Ort finden, um ihre Heimat zu retten, sie versucht eine neue Heimat zu finden, sie ist der Sklaverei entflüchtet und will nun auch andere befreien usw. Sie erhält überirdische oder unerwartete Hilfe bzw. Anleitung, in welche Richtung sie aufbrechen sollte. Das Ziel ist noch sehr vage, aber sie kennt den ersten Teil des Weges.
- **Die gefährliche Reise:** Die Gruppe macht sich auf den Weg über lebensfeindliches Terrain. Es folgen episodenhaft Hindernisse, die die Heldin und ihre Begleiter immer wieder meistern müssen. Diese Hürden können unterschiedlicher Couleur sein. Was die Heldin beim Scheitern erwarten würde, wären Tod, Gefangenschaft, Zerstreuung, Zügellosigkeit. Auch ist ähnlich wie in der Odyssee ein Exkurs in eine Art Unterwelt vonnöten, um weitere Informationen für die Reise zu bekommen. Inmitten dieser Kämpfe und Proben gibt es auch

immer wieder Phasen der Ruhe, in denen die Gruppe Hilfe und Ratschläge für die nächsten Etappen bekommt.

- **Ankunft und Enttäuschung, da die Suche noch nicht beendet ist:** Die Heldin kommt am vermeintlichen Ziel ihrer Reise an, muss jedoch feststellen, dass es noch ein weiter Weg ist, da auch dort neue Hindernisse warten. So erreicht Odysseus zwar seine Heimat, sieht sich dort jedoch Verrätern und Missständen gegenüber, die er erst noch bezwingen muss.
- **Letzte, eskalierende Bewährungsproben:** Eine letzte Reihe an Tests, meist drei an der Zahl, stellen die Heldin auf die finale Probe. Darauf folgt meist eine spannende Flucht.
- **Das Ziel ist erreicht und die Suche beendet:** Die Heldin hat Schatz, Königreich und/oder Liebe gewonnen.

Die Suche nach etwas Wertvollem kennen viele von uns, wenn es zum Beispiel auch »nur« die Suche nach einem neuen Job ist. Es spiegelt das menschliche Bedürfnis wider, sich weiterzuentwickeln und neue Ziele zu stecken, die uns Sinn im Leben geben. Die Belohnung für unsere Bemühungen ist dabei meist proportional zu den Hürden, wenn wir überhaupt erfolgreich ans Ziel kommen.

Beispiel

Knapp ein Drittel aller Mädchen wendet sich in der Pubertät von sportlichen Aktivitäten ab. Dabei kann körperliche Betätigung so viel mehr zur persönlichen Entwicklung beitragen, wie Paralympionikin Stefanie Reid in dem Video #KeepHerPlaying erzählt. Neben dem Entwickeln eines besseren Körpergefühls wird der Ehrgeiz geweckt, ein stärkeres Selbstbewusstsein entwickelt und Zielstrebigkeit sowie Teamfähigkeit geformt – Attribute, die auch im alltäglichen Leben vorteilhaft sein können. Die Leichtathletin zeigt einer Gruppe von jungen Frauen, dass es sich lohnt, zu den zwei Dritteln zu gehören, die nicht mit dem Sport aufhören. Getreu seiner Mission, »das Selbstvertrauen von Mädchen und Frauen zu stärken«, ermutigt der Hygieneartikel-Hersteller always mit diesem Quest-Plot seine Zielgruppe darin, weiterhin Sport zu betreiben, und wählt mit Stefanie Reid eine Heldin, deren Geschichte besonders inspirierend wirkt.

Do it yourself

- Hat Ihre Heldin ein bestimmtes Objekt der Begierde, etwas Wertvolles im materiellen oder immateriellen Sinne, das sie erlangen möchte?

Reise und Rückkehr

Abb. 6.4: Reise und Rückkehr

Die Heldin kommt in eine unbekannte Welt, in der sie lernen muss, sich zurechtzufinden und Gefahren zu überwinden, bevor sie wieder mit nichts als sich selbst und mehr Weisheit zurückkehrt.

Beispiele: Alice im Wunderland, Der Zauberer von Oz, Das Leben des Pi, Vom Winde verweht, Apollo 13, Findet Nemo, Gullivers Reisen, Zurück in die Zukunft

- **Aus der Normalität in die andere Welt fallen:** Die Heldin verliert meist ihr Bewusstsein, da sie zum Beispiel unachtsam, naiv oder gelangweilt ist oder ihr etwas auf den Kopf fällt. Wenn sie aufwacht, ist sie in einer mysteriösen, anderen Welt, wo normale Regeln und Gesetze nicht gelten. An dieser Stelle ist die Stimmung der Geschichte noch unbeschwert und amüsant.
- **Traumähnliche Faszination mit rätselhaften und unbekannten Dingen:** Noch genießt die Heldin es, diese neue Welt zu erkunden und auf immer weitere rätselhafte Dinge zu stoßen. Sie begegnet Bewohnern, auf deren Rat sie angewiesen ist, die sich jedoch nicht immer als ehrlich herausstellen.
- **Frustration über die zunehmend düstere Stimmung:** Die Abenteuerlust verliert ihren Reiz, sobald sich die Stimmung trübt. Es wird immer schwerer für die Heldin, sich in der neuen Welt zu behaupten, und sie hat bald keine Handlungsoptionen mehr. Ein Schatten legt sich über sie bzw. die Welt, der zunehmend düsterer wird.
- **Albtraum und Hoffnungslosigkeit:** Der Schatten hat nun die ganze Welt der Heldin vereinnahmt. Es scheint, dass die Heldin dem Untergang geweiht ist.
- **Aufregende Flucht und Rückkehr zur Normalität:** Just, wenn alles danach aussieht, dass es für sie vorbei ist, findet die Heldin einen Ausweg zurück in ihre alte Welt. Durch ihre Erlebnisse ist sie reifer und vorsichtiger geworden.

Der Unterschied zwischen dem »Quest«-Plot und dem Plot »Reise und Rückkehr« liegt vor allem darin begründet, dass die Heldin bei Letzterem kein klares Ziel hat. Stattdessen ist der Weg das Ziel. Die Reisende nimmt Dinge mit, die sie auf dem Weg findet. Sie ist eine Entdeckerin, die noch nicht weiß, was vor ihr liegt. Die größte Belohnung ist neues Wissen. Das mag auch einer der Gründe sein, warum der »Reise und Rückkehr«-Plot ebenfalls häufig für Kinderbücher verwendet wird, da man dadurch lernt, unbekanntes Terrain zu meistern.

Beispiel

Für seinen Smart-Koffer hat sich DELSEY Paris dagegen entschieden, die technologischen Vorteile in den Mittelpunkt zu stellen. Stattdessen nimmt der Gepäckhersteller sein Publikum mit auf eine rührende wie auch farbgewaltige Reise. Auf dieser wird der Protagonist Simon von seinem verstorbenen Vater auf ein Abenteuer gelockt, das ihn rund um den Globus führen soll. Einem mysteriösen Koffer folgend, verbringt der Protagonist nun nicht mehr Tage und Nächte im Wolkenkratzer-Büro, sondern in den aufregendsten Gegenden der Welt. Als er wieder zu Hause ankommt und einen letzten Brief von seinem Vater liest, erhält er die Erkenntnis und Motivation, dem Ruf des Abenteuers mehr zu folgen. Ein besonderer PR-Clou der Kampagne: Bereits im Vorfeld des Video-Launches bekamen Journalisten mehrere handgeschriebene Postkarten von Simon aus verschiedensten Orten der Welt. Da war Neugier auf die Auflösung vorprogrammiert.

Do it yourself

- Gibt es eine Möglichkeit für Ihre Heldinnen, für einen begrenzten Zeitraum an einen neuen Ort zu kommen, um neue Inspiration, Erfahrungen und Perspektiven zu gewinnen?

Komödie

Abb. 6.5: Komödie

Die Komödie zeichnet sich durch ihren leichten und humorigen Ton aus. Das Ziel der Protagonistin ist es, Verwirrung und Missverständnisse aufzuklären und widrige Umstände, die meist einer Bindung zwischen zwei Menschen im Wege stehen, zu überwinden.

Beispiele: Viel Lärm um Nichts, Ein Mittsommernachtstraum, Bridget Jones, Vier Hochzeiten und ein Todesfall

Der Aufbau lässt sich laut Booker in drei Akten zusammenfassen:

- **Schatten:** Eine beschauliche Welt liegt unter dem Schatten von Verwirrung, Unsicherheit, Trennung und Enttäuschung. Ein Charakter, meist Heldin oder Bösewicht, hat häufig den Schlüssel zur Aufklärung, gibt diesen aber nicht preis, weil er von der Verwirrung profitiert. Das Publikum kennt jedoch die Wahrheit und kann daher über die Handlungen der einzelnen Charaktere, die in ihrer Unwissenheit lächerlich wirken, lachen.
- **Albtraum:** Die Verwirrung verdichtet und verdunkelt sich, bis die Konstellationen und Missverständnisse beinahe unlösbar scheinen. Das Durcheinander ist wie ein Albtraum.
- **Die wundersame Auflösung:** Es kommen Dinge ans Licht, die vorher nicht erkannt wurden. Die Wahrheit wird aufgedeckt und führt zur Aufklärung der Umstände, zu gegenseitiger Vergebung und Freude. Das Happy End besteht darin, dass Getrennte wieder zusammenkommen und der Bösewicht seine Taten gesteht. Letzterer wird nicht unbedingt nur besiegt, sondern er hat ebenfalls eine Einsicht und kann nach Vergebung der Gruppe der »Guten« beitreten.

Komödien wirken auf den ersten Blick sehr simpel, gehören jedoch mit zu den vielfältigsten und herausforderndsten Plots. Eine Komödie kann den Charakter von Romanze, Slapstick, Detektivgeschichte, Parodie und vielem mehr haben. Ihr Humor kann subtil oder übertrieben sein. Im Fokus steht meist, dass die Protagonisten, von denen es in der Komödie häufig mehrere gibt, ihre Missverständnisse aufklären.

Eine große Herausforderung der Komödie ist, dass sie von Überraschungen und Unerwartetem lebt, die die Basis von Humor sind. Jedoch gewöhnen wir uns als Publikum sehr schnell an Muster und können immer schneller erkennen, was als Nächstes passieren wird. Daher müssen sich Autoren von Komödien immer wieder Neues einfallen lassen, um uns zum Lachen zu bringen.

Für Unternehmen bietet die Komödie unglaubliches Potenzial, da Humor die sozialen Kanäle bestimmt. Vorbilder gibt es unzählige.

Norwegen ist das Land der Fjorde, Trolle und Wikingersagen. Und seit einiger Zeit auch der Elektromobilität. Die Skandinavier haben mehr Elektroautos zugelassen als Fahrzeuge mit anderen Antrieben. Dieser Fakt ist auch General Motors nicht entgangen. Deshalb lässt der amerikanische Autohersteller in seinem Super-Bowl-

Kapitel 6
Kundinnen und Mitarbeitende als Heldinnen: Sieben Plots

Beispiel

Spot aus dem Jahr 2021 eigens den Comedy-Schauspieler Will Ferrell nach Norwegen reisen, um den Nordmännern und -frauen zu zeigen, wer bei E-Mobility wirklich die Nase vorn hat. Natürlich geht dabei einiges schief und am Ende muss Will Ferrell feststellen, dass er erstens nicht nur in Schweden gelandet ist, sondern es dort auch recht gemütlich findet. Das Schöne an der Story ist, dass es nicht nur in den sozialen Medien zu einem öffentlichen Schlagabtausch zwischen den verschiedenen Parteien kommt. Sondern dass Audi, dessen E-Auto das meistverkaufte Modell in Norwegen ist, den Plot einfach weiterspinnt und mit Game-of-Thrones-Star Kristofer Hivjue weitere skurrile Geschichten über dessen Heimatland erzählt.

Do it yourself

- Wollen Sie Ihre Heldin durch Überraschung, Verwirrung und der entsprechenden Auflösung auf eine neue Erkenntnis bringen?

Tragödie

Abb. 6.6: Tragödie

Die Tragödie ist die Umkehrung des Monster-Plots. Die Protagonistin wird selbst zum Monster und muss besiegt werden oder sich selbst opfern, wenn sie ihre Fehler (meist zu spät) erkannt hat. Das für die Protagonistin tragische Ende ist für den Rest der Charaktere das Happy Ending, auch wenn das Publikum stellenweise Verständnis für die Heldin entwickelt hat.

Beispiele: Dorian Gray, Scarface, King Lear, Bonnie und Clyde, Macbeth, Julius Caesar

Folgende fünf Akte kennzeichnen die Tragödie:

- **Vorahnung:** Die Heldin fühlt sich unerfüllt und fokussiert sich auf ein bestimmtes Ziel, um sich wieder vollständig zu fühlen.
- **Traumphase:** Die Heldin verpflichtet sich ihrer Mission, die häufig im Pakt mit verführerischen, dunklen Mächten vereinbart wird. Ihre ersten Schritte sind von beinahe unglaublichem Erfolg gekrönt. Selbst wenn sie unlautere Methoden wählt, scheint das niemand zu bemerken oder sie dafür zur Rechenschaft zu ziehen. Die Protagonistin wird immer korrupter, zu Beginn erst mit Kleinigkeiten, später erhöht sich das Ausmaß.
- **Enttäuschung:** Die Dinge nehmen für die Protagonistin nun einen schlechteren Lauf. Sie kommt aus der schiefen Bahn nicht mehr heraus. In ihrer Verzweiflung greift sie zu immer drastischeren Methoden.
- **Albtraum:** Die Protagonistin hat endgültig die Kontrolle verloren und im Angesicht ihres nahenden Endes macht sich immer mehr Verzweiflung breit. Sie wird von der Opposition und ihrem unausweichlichen Schicksal umzingelt.
- **Zerstörung oder Todeswunsch:** Verursacht durch einen finalen Gewaltakt, geht die Protagonistin unter. Entweder wird sie durch andere besiegt oder sie sieht ihre Fehler selbst ein. Bei letzterem Szenario ist es an dieser Stelle jedoch zu spät, umzukehren, sodass sie ihre Welt von Unrecht und Gewalt befreit, indem sie sich selbst opfert. Die vermeintliche Heldin ist zum Monster geworden, das besiegt wurde.

Tragödien zeigen uns die dunkle Seite unserer Persönlichkeit, die verbotenen Früchten ausgesetzt ist und manchmal daran zugrunde geht. Als Publikum beschäftigen wir uns trotz des düsteren Charakters mit Tragödien, da sie uns die Auswirkungen unserer Schwächen zeigen, von denen wir viel lernen können. Auch ist es für einige beruhigend zu sehen, dass auch andere eine schwierige Zeit haben und dass unsere eigenen Probleme dagegen nichtig erscheinen. Für manche gibt es sogar ein belohnendes Gefühl der Schadenfreude. Tragödien stellen den menschlichen Charakter am härtesten auf die Probe. Der Konflikt zwischen Gewissen und Verlangen steht im Fokus. Als Publikum werden wir hier am ehesten herausgefordert, für uns zu beantworten, wie wir in dieser Situation handeln würden. Die Bestrafung für unmoralisches Handeln ist meistens der Verlust von etwas Wertvollem (Partner, Freunde, Wohlstand, Jugend, Leben).

Für Unternehmen ist die Tragödie ein heikles Format, da sie auf menschliche Makel und Leiden aufbaut, das den Wachstumsbedürfnissen widerspricht bzw. entgegenwirkt. Am sinnvollsten ist der Tragödienplot in Szenarien, wo Leben, Gesundheit und Familie ernsthaft auf dem Spiel stehen, also zum Beispiel in Aufklärungskampagnen gegen Rauchen oder Alkohol am Steuer.

> **Do it yourself**
>
> - Welche Fehlentscheidungen macht Ihre Heldin, die ihr den Untergang bringen könnten?

Wiedergeburt

Abb. 6.7: Wiedergeburt

Der »Rebirth«-Plot handelt von einer Protagonistin, die auch als tragische Figur hätte enden können, die jedoch ihre Fehler rechtzeitig erkennt und als bessere Person zurück ins normale Leben kehrt.

Beispiele: Die Schöne und das Biest, A Christmas Carol, Despicable Me, Der Froschkönig, Die Eiskönigin

Die Wiedergeburt kann sich zum Beispiel in folgenden Formen äußern:

- Ein traumatisches Erlebnis lässt die Protagonistin »erwachen« und einen Neuanfang starten.
- Das geringe Selbstbewusstsein der Heldin wird nach und nach aufgebaut, sodass sie am Ende ihr wahres Potenzial erkennt.
- Bei einem inneren Konflikt besiegt die freundliche Seite des Charakters die selbstsüchtige Seite.

Die Wiedergeburt ist der optimistische Ausgang einer möglichen Tragödie. Folglich hat Christopher Booker die fünf Phasen weniger detailliert ausgeführt, da sie hauptsächlich auf der Tragödie aufbauen:

- **Vorahnung:** Ein junger Held oder eine Heldin fällt in den Schatten dunkler Mächte.
- **Traumphase:** Die Dinge laufen vorerst gut. Jegliche Bedrohung scheint zu verschwinden.
- **Enttäuschung:** Die Opposition wird immer stärker und nähert sich der Protagonistin unaufhaltsam. Die dunkle Macht, die die Protagonistin zu Beginn in ihren Bann gezogen hat, übernimmt immer mehr Kontrolle über sie.
- **Albtraum:** Es scheint, dass die dunkle Macht sie endgültig kontrolliert und als Hilfsmittel gegen die Opposition einsetzt.
- **Wundersame Erlösung:** Durch einen anderen Charakter wird die Heldin aus ihrem »Gefängnis« befreit. Dieser befreiende Charakter kann die bessere Hälfte der Protagonistin sein. Häufig ist es auch die Unschuld in Form eines Kindes, das der Heldin Mitgefühl vor Augen führt. Grundsätzlich ist es ein Symbol für Liebe, das das Herz der Heldin erweicht.

Der Plot der Wiedergeburt zeigt Szenarien, in denen die Heldin unnötigen Ballast aus der Vergangenheit von sich wirft und von Neuem beginnt. Es symbolisiert Hoffnung und die immer vorhandene Möglichkeit, uns selbst zu verwirklichen, zu ändern und die bestmögliche Version unserer selbst zu werden.

Die Real-Beauty-Kampagne von Dove ist ein Beispiel dieses Plots. Das amerikanische Versicherungsunternehmen Prudential hat mit seiner »Day One«-Kampagne das Image des Altersheims umgedreht. Statt sich an der Endstation zu sehen, wurden Neubewohner von Altersheimen dazu animiert, Eindrücke ihres ersten Tages und somit den Start in ein neues Leben zu dokumentieren.

Do it yourself

- Wollen Sie Ihren Heldinnen ein neues Bild von sich selbst und/oder der Welt um sie herum geben?

Fazit

Das ganze Universum der Geschichten in sieben Schablonen zusammenzufassen, ist natürlich sehr vereinfacht. Viele Geschichten sind eine Mischung verschiedener Plots, je nachdem, aus welcher Perspektive man es betrachtet. Daneben haben sich im fiktionalen Storytelling auch experimentelle Filme oder Bücher manifestiert, die die üblichen Strukturen aufbrechen. Das Gleiche gilt für Storytelling in Unternehmen. Diese sieben Plots von Booker geben eine gute Orientierung für grundlegende Muster und Laufbahnen einer Geschichte, die jedoch nicht immer als eindimensionale Vorlage genutzt werden sollten.

Kapitel 6
Kundinnen und Mitarbeitende als Heldinnen: Sieben Plots

> **Beispiele**
>
> »Sponsors of Tomorrow« von Intel:
> https://www.youtube.com/watch?v=VqSWWbYhyU0
>
> »Keep Her Playing« von always:
> https://www.youtube.com/watch?v=4HGKyI1p2F0
>
> »What Matters is Inside« von DELSEY Paris:
> https://www.youtube.com/watch?v=b8CEd4u1Au4
>
> »No Way Norway« von General Motors:
> https://www.youtube.com/watch?v=mdsPvbSpB2Y
>
> »Day One« von Prudential:
> https://www.youtube.com/watch?v=NRnJlvx66Tg

Kapitel 7

Unternehmen als Held und Heldin – Sieben Plots

Abb. 7.1: Das Unternehmen als Held

Für alle, die nicht nur Kunden und Mitarbeitende, sondern auch das eigene Unternehmen als Helden feiern wollen, gibt es gute Nachrichten. Denn Brand Storytelling basiert nicht nur auf der Mentorenrolle. Tatsächlich gibt es viele Gründe und Wege, die Heldenreise einer Marke zu erzählen. Mitarbeitende und Kunden werden zu Markenbotschaftern, wenn sie sich mit dem Unternehmen als Helden identifizieren können. Auch auf hart umkämpften Märkten mit starken Wettbewerbern ist eine Unternehmensgeschichte wichtig, um sich abzuheben oder gar den Konflikt zu suchen bzw. die eigene Rolle innerhalb dieses Konfliktes klar abzustecken. Will man dem Team die Vision aufzeigen, es auf die Reise mitnehmen, auch wenn Hürden auf dem Weg liegen? Will man sich in der Presse gegen einen vermeintlich übermächtigen Wettbewerber aufstellen? Oder gilt es, einen Merger oder ein Re-Branding intern wie extern zu kommunizieren? Welche Geschichten am besten zu einem Unternehmen passen, hängt häufig auch vom Anlass ab.

Die Heldenreise eines Unternehmens

Welchen Charakter ein Unternehmen spielt, kann bereits von der Mentorenrolle abgeleitet werden, denn als Mentor fördert man nicht nur einen Helden mit den jeweiligen Attributen, sondern hat eben diese archetypischen Eigenschaften auch selbst inne. Wenn das Unternehmen selbst der Held ist, kann die Heldenreise wiederum als Grundlage genommen werden, die verschiedenen Phasen, Entwicklungen und Konflikte in Einklang zu bringen. Je nachdem, ob man die Geburtsgeschichte eines Unternehmens oder dessen Vision erzählt, stellen die gewohnte und die neue Welt bei Ersterem Vergangenheit und Gegenwart und bei Letzterem Gegenwart und Zukunft dar.[1] Da Sie mittlerweile mit der Heldenreise, verschiedenen Plots und Charakteren vertraut sind, können Sie sich noch detailliertere Fragen stellen, um die Unternehmensgeschichte zu finden bzw. zu formulieren.

Do it yourself

Erster Akt

1. Die gewohnte Welt
   - Wie sieht/sah Ihr Markt aus?
   - Warum identifizier(t)en sich Ihre Kunden und Mitarbeitenden mit dem Unternehmen?
   - Welche Wettbewerber gibt/gab es und wie waren diese positioniert?
   - Was ist/war das Besondere an Ihrer Branche?
   - Wie wird/wurde sie in der Öffentlichkeit wahrgenommen?

2. Der Ruf
   - Welche Missstände gibt/gab es auf Ihrem Markt?
   - Welches neue Abenteuer gibt/gab es für Ihr Unternehmen?
   - Was ist/war Ihre Vision?
   - Welche Ideen hat/hatte Ihr Unternehmen für die Lösung der bestehenden Probleme?
   - Welche Erfahrungen, Werte und Stärken bringt/brachte Ihr Unternehmen mit?

3. Die Weigerung
   - Warum wird/wurde dies noch nicht von anderen erreicht?
   - Was steht/stand Ihrem Unternehmen bisher im Wege, um dieses Ziel zu erreichen?
   - Welche Opfer muss/musste Ihr Unternehmen evtl. bringen? Was steht auf dem Spiel?

4. Der Mentor
   - Wer oder was nimmt/nahm die letzten Zweifel und gibt/gab Ihrem Unternehmen als Helden Zuversicht und Bestätigung?

---

1 Rose, Robert & Pulizzi, Joe – Managing Content Marketing: The Real-World Guide for Creating Passionate Subscribers to Your Brand (2011)

- Wer gibt/gab auf der Reise Orientierung (CEO, jemand Außenstehendes, ein internes Team, z.B. Produktentwicklung)?
- Wer kündigt(e) das Abenteuer an?

5. Überschreiten der ersten Schwelle
   - Mit welchem Schritt wird/wurde Ihre Reise eingeleitet?
   - Wie wird/wurde dieser Schritt kommuniziert?
   - Wie werden/wurden Ihre Kunden und Mitarbeitenden auf die Reise mitgenommen?

Zweiter Akt

6. Prüfungen, Verbündete, Feinde
   - Welche Konflikte bzw. Feinde gibt/gab es für Ihr Unternehmen auf dem Weg?
   - Wie treten/traten Ihre Feinde auf? Wie werden/wurden sie in der Öffentlichkeit wahrgenommen?
   - Wie viel Macht besitzen/besaßen sie?
   - Wie werden/wurden diese gelöst bzw. besiegt?
   - Welche Verbündeten können/konnten gewonnen werden?
   - Wie können/konnten diese Verbündeten konkret helfen?
   - Gibt/gab es Skeptiker?
   - Welche Eigenschaften helfen/halfen Ihrem Unternehmen bei der Überwindung der Hindernisse?

7. Vordringen zur tiefsten Höhle
   und

8. Die entscheidende Prüfung/Klimax
   - Durch welche entscheidende Herausforderung kann/konnte sich Ihr Unternehmen letztendlich als Held manifestieren?
   - Welche neuen Fähigkeiten können/konnten bei diesem finalen Kampf erfolgreich eingesetzt werden?

9. Die Belohnung
   - Was wird/wurde durch den Sieg erreicht?

Dritter Akt

10. Rückweg
    - Wie wird der Markt folglich aussehen?
    - Wie kann dieser Unterschied veranschaulicht werden?

11. Auferstehung
    - Welche neuen Herausforderungen warten daraufhin auf den neu geborenen Helden?
    - Wie wird der Wettbewerb darauf reagieren?
    - Wie wird es weitergehen?
12. Rückkehr mit Elixier
    - Wie sieht der Schatz aus, der durch den Kampf gewonnen wird/wurde?
    - Wie kann/konnte dieser Schatz bzw. das Elixier nun eingesetzt werden?

Sieben Unternehmensplots

Die sieben Plot-Typen von Christopher Booker können helfen, die Heldenreise mit dem jeweiligen Charakter und den Werten eines Unternehmens zu verknüpfen. Außerdem dienen sie als inspirierende Grundlage für verschiedene Unternehmensgeschichten, -kapitel oder -anekdoten.

Das Monster besiegen

Dieser Plot ist besonders für Unternehmen interessant, die mit Innovationen ganze Branchen und Märkte verändern wollen, wie zum Beispiel airbnb und Uber vs. Hotels und Taxis. Im klassischen Kampf David gegen Goliath können Unternehmen als Helden gegen einen vermeintlich übermächtigen Platzhirsch antreten und die Sympathien des Publikums gewinnen.

Abb. 7.2: Uber vs. Taxis

»What's not to love about chocolate?« (Was kann man an Schokolade nicht lieben?), fragt im Herbst 2020 der britische Schauspieler Idris Elba im »Manifesto Film« der Firma Tony's Chocolonely. Wie sich herausstellt: So einiges! Kinderarbeit und die Ausbeutung afrikanischer Länder durch westliche Konzerne sind nur zwei Beispiele. Die holländische Marke, die seit ihrer Gründung 2005 für eine 100-prozentig sklavenfreie Herstellung von Schokolade auf der ganzen Welt kämpft, macht auf die systematische Ungleichheit in der Schokoladenindustrie aufmerksam und fragt: Was ist fair? Was ist unfair? Gleichzeitig ruft Tony's Chocolonely die Zielgruppe auf, selbst ihren Teil dazu beizutragen. Ein erster Schritt zur Teilhabe ist zum Beispiel eine Petition des Schokoladenherstellers, die die Änderung der Gesetzgebung für Kakao-Lieferketten fordert.

Bei der internen Kommunikation dienen Geschichten wie diese aus der Unternehmenshistorie dazu, Mitarbeitende zu ermutigen, Risiken einzugehen und sich Herausforderungen zu stellen. Indem sie illustrieren, wie sich bestimmte Stärken und Werte eines Unternehmens durch frühere »Kämpfe« herausgebildet haben, helfen sie ebenfalls dabei, diese in der Unternehmenskultur fortwährend zu pflegen.

Für den Monster-Plot ist es besonders wichtig, ein möglichst detailliertes Bild des Gegners zu zeichnen. Wir können nur den Helden anfeuern, wenn wir möglichst gut nachvollziehen können, was ihn antreibt und warum er diesen Konflikt eingeht. Wenn der Gegner zu schwach und der Kampf zu einfach ist, kann sich dieser Plot schnell ins Gegenteil auswirken.

Auf dem Markt der Computer bzw. Mobiltelefone haben wir bereits einige Beispiele dieser David-gegen-Goliath-Kämpfe verfolgt, die immer wieder eine Fortsetzung erleben: Apple vs. IBM, Apple vs. Microsoft, Microsoft vs. Apple, Apple vs. Google, Samsung vs. Apple. Ein weiteres Beispiel ist Richard Bransons Multi-Brand »Virgin«. In den 70er Jahren trat Virgin Records gegen die etablierten Plattenfirmen an. In den 80er Jahren rief Richard Branson Virgin Atlantic ins Leben, um sich als Newcomer gegen British Airways & Co. zu behaupten. Mit Virgin Galactic versucht er aktuell, den Raumfahrttourismus massentauglich zu machen. Bereits der Name der Dachmarke »Virgin« signalisiert, dass man sich in jedem dieser Unterfangen als Neuling positioniert.

Die Herausforderung dieses Plots besteht vor allem darin, eine Folgegeschichte zu entwickeln, sobald das Monster besiegt ist.

Vom Tellerwäscher zum Millionär

Dieser Plot ist vor allem für Unternehmen relevant, die bereits erfolgreich sind. Mit Rückblick auf die bescheidenen Anfänge und bereits gemeisterten Herausforderungen kann die Legende hinter dem Aufstieg aufrechterhalten werden. Die Werte und Stärken, die sich aus dieser Historie entwickelt haben, können somit nachvollziehbar, emotional und nachhaltig illustriert werden. Wertvolle Lehren, die der Held in der Vergangenheit gezogen hat, bleiben kollektiv über das Unternehmen hinweg in Erinnerung.

Für die Glaubwürdigkeit ist es bei diesem Plot besonders wichtig, dass der Aufstieg kein einfacher, unaufhaltsamer Weg war. Gemeisterte Hürden und Rückschläge sind der Kern einer Heldenfigur. Daher ist es für Unternehmen, die diesen Plot wählen, von besonders großer Bedeutung, dass sie ehrlich und transparent mit früheren Schwächen und Fehlern umgehen und diese für die Dramaturgie in der Kommunikation einsetzen.

Wir kennen mittlerweile alle die Geschichten von Bill Gates und Steve Jobs, deren Ursprung in einer Garage liegt. Auch Richard Branson besinnt sich heutzutage mehr darauf, mit gutem Recht auf seine Erfolgslaufbahn zurückzublicken und seine Erfahrungen zu teilen.

Beispiel: Mit »The Man Who Walked Around the World« hat die Whisky-Marke »Johnny Walker« ihre 200-jährige Unternehmensgeschichte in einen fünfminütigen One-Shot-Clip gefasst. Dort sieht man den Schauspieler Robert Carlyle durch eine schottische Landschaft laufen, während er die Geschichte vom Aufstieg zur internationalen Whisky-Marke erzählt und dabei an nostalgischen Erinnerungsstücken aus den Anfängen des Unternehmens vorbeiläuft.

Die Herausforderung hierbei liegt vor allem darin, trotz der Besinnung auf den Ursprung und die Tradition eines Unternehmens zukunftsfähige Geschichten zu entwickeln.

Die Suche

Unternehmen, die den »Quest«-Plot wählen, definieren ihre Geschichte weniger durch einen mächtigen Gegner, sondern durch ein weit entferntes, schwierig zu erreichendes Ziel. Dadurch verdeutlichen sie, dass sie von dem Wunsch nach Fortschritt und Perfektion angetrieben sind.

In der Unternehmensführung birgt dieser Ansatz das Potenzial, Mitarbeitende aus voller Überzeugung zu motivieren, da sie das klare und gleichzeitig ambitionierte Ziel, die Vision eines Unternehmens, deutlich vor Augen haben. Der Plot verdeutlicht auch, wie jeder Einzelne an dem übergeordneten Ziel wachsen kann und was vor allem mithilfe von Teamwork gemeinsam zu erreichen ist.

Beispiel: Mit der Kampagne »The lengths we go to« (Uns ist kein Weg zu weit) zeigt die Fluggesellschaft Singapore Airlines mit verschiedenen Beispielen und Geschichten, was sie unternimmt, um ein herausragendes Kundenerlebnis zu schaffen.

> »We search for what's special, for what lifts an experience to another level. And that unspoken feeling doesn't happen by chance. So no matter what changes, this commitment holds true. We will find what truly matters to make you feel at home«, sagt eine Stimme im dazugehörigen

Video, das zum Beispiel zeigt, woher der Jasmintee kommt, der dem Passagier serviert wird.

(Wir suchen nach den besonderen Dingen, die ein Erlebnis auf eine neue Stufe führen. Dieses unausgesprochene Gefühl kommt nicht durch Zufall. Egal was sich verändert, diese Verpflichtung gilt. Wir werden finden, was den entscheidenden Unterschied ausmacht, sich wie zu Hause zu fühlen.)

Besonders wichtig bei dem »Quest«-Plot ist es, als Unternehmen immer das Ziel vor Augen zu haben, mindestens immer einen Schritt weiter zu sein als andere Wettbewerber. Dieses sollte auch so gelebt werden. Beim Kampf gegen ein Monster kann man auch einmal eine Niederlage erleben, ohne sein Gesicht zu verlieren, und auch eine glaubwürdige Fortsetzung entwickeln. Ein nicht eingehaltenes Versprechen bei dem Streben nach Exzellenz oder anderen perfektionistischen Zielen ist nur schwer zu verzeihen.

Ein Vorbild in dieser Hinsicht ist auch das amerikanische Kauf- und Versandhaus Nordstrom. Dessen Mission Statement lautet

»At Nordstrom, our goal is to provide outstanding service every day, one customer at a time.«

(Unser Ziel bei Nordstrom ist es, einen herausragenden Kundenservice zu bieten, jeden Tag, immer nur ein Kunde gleichzeitig.)

Das Unternehmen fördert dieses Ziel mithilfe von Kundenservice-Geschichten, die die Mitarbeitenden täglich erleben und die den Exzellenzgedanken demonstrieren. Eine dieser sogenannten »Nordy«-Storys handelt zum Beispiel von einem Mitarbeiter, der kostenlos Geschenke eines Kunden verpackt hat, die dieser eigentlich beim Konkurrenten Macy's gekauft hat. Ein anderes Mal forderte ein Kunde eine Rückerstattung von 17 US-Dollar für einen Wagenheber, für den er aber keine Quittung mehr hatte. Der Verkäufer gewährte ihm diese, obwohl Nordstrom gar keine Reifenheber im Sortiment hat.

»Wir geben Euch die besten Nächte Eures Lebens« – So lautet die Mission der Marke Jägermeister. Welche Geschichten hinter diesem Quest stecken, veröffentlichen die Wolfenbütteler im November 2021 anlässlich ihres 80. Geburtstages in einem hochwertig produzierten Markenbuch. In dem Print-Produkt namens »Die Besten Nächte Deines Lebens: Das Original Jägermeister Buch« kommen Fans, Prominente und die Unternehmerfamilie Mast mit ihren Anekdoten zu Wort. Per Augmented-Reality-Feature wird sogar Curt Mast, der Erfinder des Party-Getränks, wieder zum Leben erweckt und in seinem Versuchslabor besucht.

Reise und Rückkehr

Der Plot der Reise und Rückkehr ist ebenfalls besonders gut für Gründungsgeschichten geeignet und kann davon erzählen, wie ein Gründer oder eine Gründerin durch neue Erlebnisse in einer fremden Umgebung die zündende Idee bekam. Durch den Perspektivwechsel und andere Werte wird dem Gründer die Marktlücke bewusst.

In der Unternehmensführung kann dieser Plot auch für die Mitarbeiterförderung und -weiterbildung eingesetzt werden. Vor allem, wenn Mitarbeitende die Möglichkeit haben, ins Ausland zu gehen oder andere Erfahrungen außerhalb des Unternehmens zu machen. Gerade bei Unternehmen, bei denen viele Nationalitäten und Kulturen vertreten sind, sind Geschichten rund um den Lernprozess außerhalb der eigenen Wohlfühlzone sehr wichtig für die gemeinsame Arbeit.

Je kontrastreicher der Unterschied zwischen den Welten ist, desto faszinierender werden die Erfahrungen und Erlebnisse für das Publikum. Dabei muss es sich jedoch nicht immer nur um geografische Expeditionen handeln. Auch Begegnungen mit neuen bzw. anderen Zielgruppen, Einstellungen oder Werten können den Perspektivwechsel fördern.

Beispiel

Die Entstehungsgeschichte von TOMS Shoes zum Beispiel beruht auf solch einer Reise:

»In 2006, American traveler Blake Mycoskie befriended children in a village in Argentina and found they had no shoes to protect their feet. Wanting to help, he created TOMS®, a company that would match every pair of shoes purchased with a pair of new shoes given to a child in need. One for One™.«

(Als sich der Amerikaner Blake Mycoskie auf seinen Reisen mit Kindern in einem Dorf in Argentinien anfreundete, stellte er fest, dass diese keine Schuhe hatten, um ihre Füße zu schützen. Um zu helfen, gründete er TOMS®, ein Unternehmen, das für jedes Paar gekaufte Schuhe ein neues Paar Schuhe für ein bedürftiges Kind spendet.)

Auch bei einhorn hat eine Reise den Ethos und die Idee des Unternehmens maßgeblich geprägt, wie Waldemar Zeiler erzählt:

»Irgendwann hatte ich so etwas wie eine ›Sinn-Krise‹, ganz typisch für die Generation Y. Ich war dann für ein halbes Jahr backpacken in Südamerika, [...] bin zu der Zeit viel auf Kaffee- und Bananenplantagen rumgereist in Kolumbien, Ecuador oder Costa Rica und habe mitbekommen, was da abgeht. Ich habe viel von der Monokultur gesehen und wie die Menschen dort arbeiten, während mit Flugzeugen Pestizide gesprüht werden. Für mich war ganz klar, dass das nächste Projekt eine Sache sein wird, auf die ich stolz sein kann, wenn meine Enkelkinder irgendwann auf meinem Schoß sitzen und mich fragen, was ich als Unternehmer denn dagegen getan habe.«

Komödie

Die Komödie kann, muss aber nicht zwangsläufig allein auf Humor bauen. Hauptsächlich beruht der Plot darauf, dass Liebende darum kämpfen, zusammenzukommen, jedoch durch Missverständnisse, Tarnungen oder Widersacher zuerst davon abgehalten werden, was es zu überwinden gilt. Mysterien werden aufgelöst und die Charaktere lernen, das Dickicht an Täuschungen zu durchschauen.

Sie kann zum Beispiel eingesetzt werden, um zu erzählen, wie sich ein Gründerteam gefunden hat oder wie sich eine neue Geschäftsführerin innerhalb des Teams etabliert hat. Sie kann auch die Geschichte hinter einem Zusammenschluss zwischen zwei Firmen veranschaulichen. Auch können Anekdoten dazu beitragen, dass interkulturelle oder interdisziplinäre Teams gegenseitig ein besseres Verständnis füreinander haben und sich trotz oder gerade wegen der Unterschiede gegenseitig gut ergänzen.

Die Aufdeckung eines Mysteriums und gleichzeitige Romanze kann sich auch in der Liebe für Nostalgie widerspiegeln. Zu Marken, die sich auf verloren Geglaubtes zurückbesinnen und dies wieder aus der Versenkung holen, gehört zum Beispiel Moleskine. Das kleine schwarze Notizbuch war früher treuer Begleiter von Kreativen wie Pablo Picasso oder Ernest Hemingway.

> »Der vertraute Reisebegleiter im Taschenformat, das anonyme schwarze Notizbuch, enthielt Skizzen, Notizen, Geschichten und Ideen, bevor diese berühmte Bilder oder Seiten geliebter Bücher wurden.«

Tragödie

Die Tragödie ist offensichtlich ein Plot, in dem sich ein Unternehmen nicht freiwillig als zum Untergang verurteilter Held positionieren möchte. Nichtsdestotrotz sollten sich Marken auch mit diesem Plot auseinandersetzen, denn er spiegelt die klassische Krise wider. Der Held hat einen oder mehrere fatale Fehler gemacht oder befindet sich in einer Abwärtsspirale dunkler Mächte von außen und steht vor dem Ruin.

Für Unternehmen ist es bei einem drohenden Tragödien-Plot wichtig, dass sie ihre eigenen Fehlentscheidungen bzw. die entsprechenden Einflüsse von außen rechtzeitig erkennen, den Untergang abwenden und stattdessen als geläuterter Held wieder emporkommen. Aus der Tragödie sollte schnellstmöglich und glaubwürdig ein Szenario der Wiedergeburt geschaffen werden.

Ein Unternehmen, das vor ein paar Jahren offensichtlich mit dieser Abwendung seines Schicksals als gefallener Held zu kämpfen hatte, ist zum Beispiel Volkswagen. Weitere Beispiele von Brands, die nun mehr als Bösewicht denn als Held dastehen und somit ein kritisches Vertrauensproblem beim Publikum haben, wären Facebook oder die FIFA.

Abb. 7.3: Vergleich VW und »Star Wars« (Bösewicht)

Wiedergeburt

Der Plot der Wiedergeburt ist einer der spannendsten für Unternehmen heutzutage. Einerseits ermöglicht er gefallenen Helden den Neustart. Andererseits sehen sich immer mehr Marken in der Verpflichtung, sich aufgrund der immer schneller werdenden Innovationszyklen ständig neu zu erfinden.

In der internen Kommunikation hilft der Wiedergeburtsplot dabei, Ängste vor Veränderungen abzubauen und Innovation in der Unternehmenskultur großzuschreiben.

Wo früher die Ortschaft Ischgl für perfekten Ski-Urlaub stand, hat sich das Image nach dem Ausbruch der Pandemie vom Tourismus- zum Corona-Hotspot gewandelt. Gegen diesen Schaden für die gesamte Urlaubsregion Tirol möchte der Österreichische Tourismusverband mit einer nachhaltigen Kampagne angehen. Die Österreicher nutzen die sprichwörtliche Tragödie, um sich mit dem bisherigen Reiseverhalten kritisch auseinanderzusetzen und Werte wie Natur, Freiheit, Sicherheit und Gesundheit in den Vordergrund zu stellen. Für den geläuterten Helden Tirol steht die tatsächliche Wiedergeburt der Region im Vordergrund der Kampagne, verbunden mit der Vision des Happy End: Es geht bergauf.

Ein Unternehmen, das sich ständig neu erfinden und dies auch in seiner Story-DNS hat, ist zum Beispiel das Telekommunikationsunternehmen Nokia. Das finnische Unternehmen startete 1865 als Hersteller von Papierprodukten und bediente in der Zwischenzeit auch Sparten wie Gummistiefel. Die Firmengeschichte beginnt offiziell mit den Worten

> »Few companies have Nokia's storied capacity for transforming, developing new technologies and adapting to shifts in market conditions.«

(Nur wenige Unternehmen haben Nokias viel beschriebene Fähigkeit, sich zu wandeln, neue Technologien zu entwickeln und sich an veränderte Marktbedingungen anzupassen.)

Weitere Kernaussagen, die den Plot der Wiedergeburt bestätigen, sind:

»When Finnish Engineer Fredrik Idestam set up his initial wood pulp mill in Southern Finland in 1865, he took the first step in laying the foundation of Nokia's capacity for innovating and finding opportunity«, »It wasn't long before transformation would call again«, »And still, the business and technology worlds would continue to evolve, as would Nokia«, »Nokia's transformation was not done«, »Nokia's long history is marked by change and reinvention.«

(»Als der finnische Ingenieur Fredrik Idestam 1865 im südlichen Finnland seine ursprüngliche Zellstoff-Mühle baute, legte er den Grundstein für Nokias Fähigkeit, Neues zu entwickeln und neue Möglichkeiten zu entdecken«, »Es dauerte nicht lange, bis die Veränderung wieder rief«, »Und dennoch, Wirtschaft und Technologie entwickelten sich weiter, genau wie Nokia«, »Nokias Wandel war noch nicht vorbei«, »Die lange Historie von Nokia ist von Veränderung und Neuerfindung geprägt«)

Fragen

- Gibt es einen großen Rivalen, gegen den Ihr Unternehmen antritt? ==> Monster besiegen?
- Können Sie (vor allem rückblickend) sagen, dass es Ihnen als Unternehmen gelungen ist, trotz einfacher Herkunft große Erfolge zu erzielen? ==> Vom Tellerwäscher zum Millionär
- Haben Sie als Unternehmen bestimmte Qualitätsansprüche oder Innovationsziele, nach denen Sie streben? ==> Suche/Quest
- Gibt es Einflüsse auf Ihre Unternehmensgeschichte, die durch eine Reise entstanden sind? ==> Reise und Rückkehr
- Hat die Art und Weise, wie die wichtigsten Köpfe Ihres Unternehmens zusammenkamen, einen Einfluss auf Ihre Geschichte? Wollen Sie etwas Bestimmtes, zu dem Sie eine besondere Beziehung haben, wieder aus der Versenkung holen? ==> Komödie
- Gibt es Fehlentscheidungen, die Ihren Untergang bedeuten könnten? ==> Tragödie
- Konnten Sie sich aus Krisen oder Innovation heraus neu erfinden? ==> Wiedergeburt

Kapitel 7
Unternehmen als Held und Heldin – Sieben Plots

> ### Beispiele
>
> »Manifesto Film« von Tony's Chocolonely:
> https://www.youtube.com/watch?v=9Lwvpu57IDU
>
> »The Man who Walked Around the World« von Johnny Walker:
> https://www.youtube.com/watch?v=fZ6aiVg2qVk
>
> »The Lengths We Go« von Singapore Airlines:
> https://www.youtube.com/watch?v=jeiZ48BAr8A
>
> »Die Besten Nächte Deines Lebens« von Jägermeister:
> https://www.mast-jaegermeister.de/2021/11/19/die-besten-naechte-deines-lebens-jaegermeister-veroeffentlicht-erstes-offizielles-markenbuch/
>
> Gründungsgeschichte von TOMS:
> http://www.toms.co.uk/about-toms#companyInfo
>
> Geschichte hinter Moleskine:
> https://www.moleskine.com/the-world-of-moleskine/our-heritage/
>
> »Es Geht Bergauf« von Tirol:
> https://www.youtube.com/watch?v=t_TADr11mWI
>
> Gründungsgeschichte von Nokia:
> https://www.nokia.com/about-us/company/our-history/

Teil II

Wie werden Geschichten erzählt?

In diesem Teil:

- **Kapitel 8**
  Der zentrale Charakter 143

- **Kapitel 9**
  Aufmerksamkeit bekommen, halten und
  belohnen. 153

- **Kapitel 10**
  Transmedia-Strategien. 165

- **Kapitel 11**
  Visuelles Storytelling 185

- **Kapitel 12**
  Storytelling mit Daten 199

Kapitel 8

Der zentrale Charakter

Ob das Unternehmen nun Heldin oder Mentor, Pionierin oder Heiler ist – am Ende heißt es, dem zentralen Charakter ein Gesicht zu geben. Das Publikum braucht eine wiedererkennbare Figur, mit der es mitfühlen kann und auf deren Basis sich die Geschichte entfaltet. Bei der Suche nach dem passenden Protagonisten gibt es einige Anhaltspunkte:

Fiktional

Die Restaurantkette Chipotle kreierte als Protagonisten eine Vogelscheuche, die in dem animierten Clip »The Scarecrow« einen Reise-und-Rückkehr-Plot durchlebt. Sie führt die Zuschauenden durch die deprimierende Welt der Ernährungsfabriken, wo Tiere gequält und Lebensmittel künstlich hergestellt werden. Wieder daheim erkennt die Vogelscheuche die Freude an frisch geernteten und zubereiteten Lebensmitteln wieder und bringt diese unter dem Motto »Cultivate a Better World« als Alternative in die Fabrikstadt.

Abb. 8.1: »The Scarecrow« von Chipotle

Vom Old Spice »The Man Your Man Wants to Smell Like« bis hin zu den zum Leben erweckten M&Ms gibt es viele Beispiele erfolgreicher fiktionaler Charaktere, die dem Publikum im Gedächtnis geblieben sind.

Nicht-fiktional

Das Unternehmen selbst (Wir)

Bodyform ist ein Unternehmen aus Großbritannien, das Damenbinden herstellt. Dass Werbung für Hygiene-Produkte für Frauen mit den blauen Flüssigkeiten und übertrieben sportlichen Aktivitäten nicht der Wahrheit entspricht, ist für die meisten mittlerweile eine akzeptierte Tatsache. Für den Facebook-Nutzer Richard gab ein Werbespot von Bodyform in genau dieser Tradition jedoch Anlass, sich darüber zu beschweren. Damit erntete er über 85.000 Likes. Der Konzern ließ das jedoch nicht wortlos auf sich sitzen und antwortete mit einem Video. Darin spielt eine Schauspielerin die CEO Caroline Williams (der Konzern hatte keinen echten CEO), die Richard auf sarkastische Art und Weise direkt antwortet:

Abb. 8.2: Bodyform-Sprecherin trinkt blau gefärbtes Wasser.

»We lied to you Richard. And I want to say sorry. Sorry. What you've seen in our advertisements so far isn't a factual representation of events. We actually created those films to protect you and other men from the harsh realities of womanhood. You're right. The flagrant use of visualisations such as skydiving, rollerblading and mountain-biking – you forgot horse-riding, Richard – are actually metaphors. They're not real. I'm sorry to be the one to tell you this but there's no such thing as a ›happy period‹. The reality is, some people simply can't handle the truth. [...] But you Richard have torn down that veil and exposed this myth, thereby exposing every man to a reality we hoped they would never have to face. You did that, Richard. You. Well done. I just hope you can find it in your heart to forgive us.«

(Wir haben dich angelogen, Richard. Und dafür möchte ich mich entschuldigen. Entschuldige. Was du bisher in unserer Werbung gesehen hast, stellt nicht die wahren Ereignisse dar. Tatsächlich haben wir diese Filme erstellt, um dich und andere Männer vor der harten Realität von Frauen zu bewahren. Du hast recht. Bei dem ständigen Gebrauch von bildlichen Beispielen, wie Fallschirmspringen, Roller-Blading oder Mountain-Biking – du vergaßt Reiten, Richard – handelt es sich eigentlich um Metaphern. Sie sind nicht echt. Es tut mir leid, wenn ich dir das jetzt sagen muss, aber es gibt keine »fröhliche Periode«. Die Realität ist, dass einige Menschen die Wahrheit nicht vertragen. [...] Aber du, Richard, hast diesen Mythos entschleiert und damit jeden Mann vor eine Realität gestellt, vor der wir sie eigentlich bewahren wollten. Du hast das getan, Richard. Du. Gut gemacht. Ich hoffe nur, dass dein Herz es erlaubt, uns zu vergeben.)

Ob auf humorige Art und Weise oder mit einer ernsthaften Geschichte – meist in der Wir-Erzählperspektive treten Unternehmen mit einem eigenen Vertreter auf, häufig vor allem im Zusammenhang mit ihrer eigenen Heldengeschichte, ihren Höhen und Tiefen oder auch Werten. Storytelling heißt auch Gesicht zeigen.

Mitarbeitende

Neben der Geschäftsführung können auch andere Mitarbeitende zum Einsatz kommen. Das passiert meistens im Zusammenhang mit Image- und Recruiting-Kampagnen bzw. generell für das Employer Branding.

Ein schönes Beispiel, wie Mitarbeitende in kurzen Geschichten als Alltagshelden ihrer Position gezeigt werden, ist der Unternehmensfilm der Meyer Logistik. Hier sind die Abgebildeten nicht nur Kollegen und Kolleginnen, sondern Menschen mit Leidenschaften, deren Arbeitsphilosophie mit den Metaphern ihrer echten Hobbys veranschaulicht wird. So nutzt der passionierte Tangotänzer seine Kompetenz der verinnerlichten und trotzdem variierenden Schrittfolgen auch in seiner IT-Position. Die Finanzbuchhalterin löscht nicht nur im Büro das ein oder andere Feuer, sondern auch als Freiwillige bei der Feuerwehr. Die Helden und Heldinnen und somit auch das Unternehmen als Ganzes wirken dadurch nahbarer, sympathischer und authentischer.

Kunden und Kundinnen

Wenn Unternehmen ihre Zielgruppe als Mentor unterstützen und diese somit zur Heldin erkoren wird, ist es auch einleuchtend, dass Kunden und Kundinnen beim

Brand Storytelling als zentraler Charakter fungieren. Dabei kann es sich um frühere oder bestehende Kundinnen oder Menschen, die die Philosophie des Unternehmens teilen, handeln, mit deren Geschichten sich zukünftige Kundinnen identifizieren können. Ob Video-Porträt, Case Study, Testimonial-Statements oder Interview – auch klassische Formate können gut eingesetzt werden, um die Heldenreise einer Kundin zu dokumentieren.

Beispiel

Intel zum Beispiel begleitete in einem siebenminütigen Video den Blogger Scott Schumann, der mit seinem Streetstyle-Fotografie-Blog »The Sartorialist« täglich über Zigtausende Leser und Leserinnen begeistert. Für Intels »Visual Life«-Serie lässt der Fotograf hinter die Kulissen blicken und erzählt nebenbei auch, welche Rolle Technologie bei seiner Arbeit spielt.

Auch bei der Dove-Kampagne »Real Beauty« oder der Berlin-Geschichte von airbnb steht die Zielgruppe mit ihren eigenen Geschichten und Erfahrungen im Mittelpunkt des Erzählten. Die schwedische Regierung ging sogar so weit, dass sie verschiedenen schwedischen Bürgern und Bürgerinnen die Macht über den offiziellen Twitter-Account `twitter.com/sweden` gab. Ohne Zensur oder Einmischen der Regierung konnten Personen, die nicht zu den Behörden gehörten, aus ihrem Alltag und von ihren Interessen berichten, die meistens nicht den Klischees aus der IKEA-Werbung entsprachen und somit einen viel authentischeren Blick auf Schweden gaben.

Storydoing

Beispiel

Abb. 8.3: Red-Bull-Flugtag

Kapitel 8
Der zentrale Charakter

Getreu dem Motto »Mittendrin statt nur dabei« hat sich eine weitere Form des Storytelling herausgebildet, die insbesondere von Red Bull perfektioniert wurde. Der zentrale Charakter, die Fans der Marke, erlebt hierbei die Geschichte am eigenen Körper, statt sie nur anhand eines Beispiels zu konsumieren. Mit dem ersten »Flugtag« in Wien legte Red Bull bereits 1992 den Grundstein fürs sogenannte Storydoing, das sich an der Philosophie des »Flügel-Verleihens« orientierte. Mit selbst gebastelten Flugzeuginstallationen sprangen damals die ersten Teilnehmenden ins Wasser. Mittlerweile fand und findet das Event in über 50 Städten auf der ganzen Welt statt, von denen jedes jeweils Zigtausende Besucher anzieht. Die Teilnehmenden wiederum erzählen dieses Erlebnis über »Meta-Storys« weiter. Über Word-of-Mouth und Social Media werden somit unzählige Varianten und Remixe des gleichen Erlebnisses generiert.

Welcher Charakter ist am beliebtesten?

Die britische Content-Marketing-Agentur Headstream ermittelte 2015 im Rahmen einer Umfrage[1], welche zentralen Charaktere beim Publikum besonders gefragt sind. Dabei gaben 57 Prozent der Befragten an, dass sie nicht-fiktionale Menschen und Ereignisse bevorzugen.

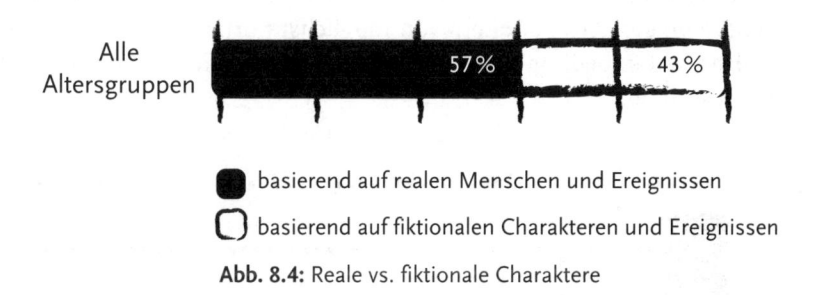

Abb. 8.4: Reale vs. fiktionale Charaktere

Geschichten aus dem echten Leben wecken tiefere Gefühle, sind authentischer und glaubwürdiger, was vor allem für die Altersgruppe der 18- bis 34-Jährigen wichtig ist. Die Generation 55+ jedoch bevorzugt fiktionale Inhalte.

---

1 Headstream, The Power of Brand Storytelling, http://de.slideshare.net/Headstream/the-power-of-brand-storytelling (2015)

Kapitel 8
Der zentrale Charakter

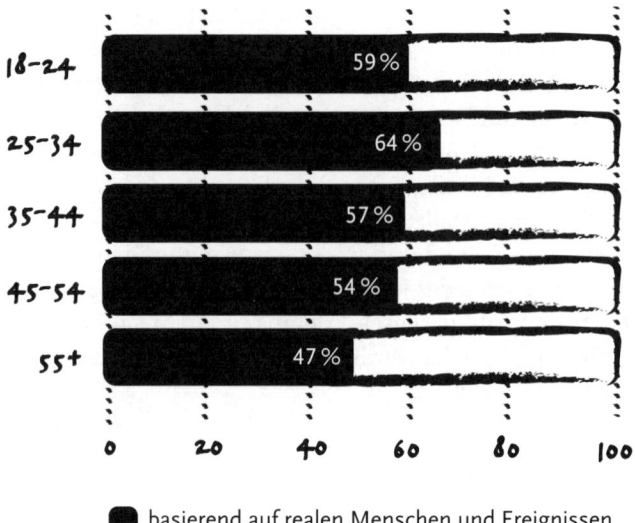

Alter	%
18-24	59 %
25-34	64 %
35-44	57 %
45-54	54 %
55+	47 %

■ basierend auf realen Menschen und Ereignissen
◻ basierend auf fiktionalen Charakteren und Ereignissen

Abb. 8.5: Reale vs. fiktionale Charaktere – Beliebtheit bei verschiedenen Altersgruppen

Insgesamt hören 66 Prozent der Befragten am liebsten nicht nur Geschichten von echten Menschen, sondern vor allem von möglichst normalen Bürgern und Bürgerinnen, also nicht unbedingt von Prominenten, da sie sich mit diesen am besten identifizieren können.

Geschichten normaler Menschen	Geschichten von Kunden	Geschichten von Prominenten	Geschichten von Mitarbeitern	Geschichten des CEOs/Gründers
	38 %	19 %	19 %	10 %

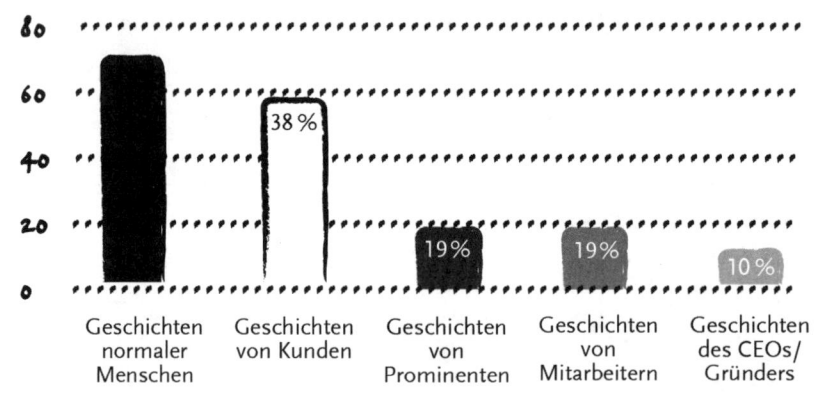

Abb. 8.6: Beliebtheit bestimmter Charaktere

[Balkendiagramm: Y-Achse 0–80, X-Achse Altersgruppen]

Altersgruppe	Geschichten normaler Menschen	Geschichten von Kunden	Geschichten von Prominenten	Geschichten von Mitarbeitern	Geschichten des CEOs / Gründers
18–24	60	50	24	24	15
25–34	62	42	25	23	13
35–44	67	39	18	22	11
45–54	70	29	14	12	6
55+	70	22	8	11	3

■ Geschichten normaler Menschen
◻ Geschichten von Kunden
■ Geschichten von Prominenten
■ Geschichten von Mitarbeitern
■ Geschichten des CEOs / Gründers

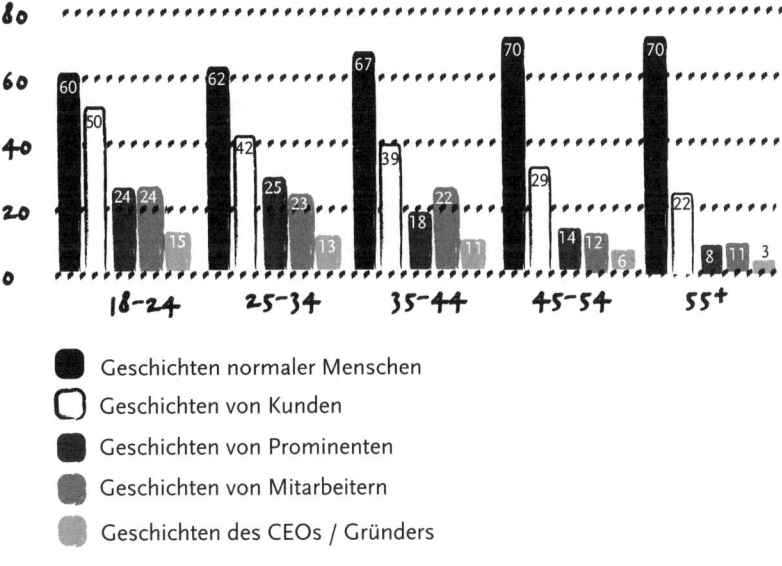

Abb. 8.7: Beliebtheit bestimmter Charaktere nach Altersgruppen

Bereits seit über zehn Jahren baut die Pharmamarke Janssen ein sogenanntes SHARE-Netzwerk auf. Dieses Programm gibt Patienten und Patientinnen die Möglichkeit, ihre Gesundheitsgeschichten zu erzählen. Die dadurch gewonnenen Inhalte und Zitate werden dann über alle möglichen Fachbereiche zum Beispiel für Reden oder Präsentationen eingesetzt. 2019 entschied sich das Unternehmen dazu, einige dieser Geschichten als Videos und mit Statements auf Twitter zu veröffentlichen sowie das Netzwerk auch über ShareMyJanssenStory.com zu bewerben. Zielgruppen sind andere Patienten und Patientinnen, aber vor allem auch Pflegekräfte sowie Gesundheitsdienstleister und Janssen-Mitarbeitende. Die Unternehmenssprecherin Kelsey Buckholtz sagt dazu, dass vor allem die Mitarbeitenden gerne von Patienten hören, »damit sie sehen können, welche Auswirkungen unsere Innovationen auf das Leben der Menschen haben.«[2]

Diversität bei der Wahl der Charaktere

Wir hatten bereits die »Underdogs« aus der Serie »Apple at Work« kennengelernt. Tatsächlich wurde im März 2022 noch eine dritte Folge der vier Verpackungsexperten und -expertinnen veröffentlicht. Dem Narrativ der Arbeitstrends in der Corona-Zeit folgend, träumt das eingespielte Team nach jahrelanger Büro-Tortur

---

[2] Johnson & Johnson takes to Twitter to expand its network of storytelling patients: https://www.fiercepharma.com/marketing/j-j-s-invites-people-to-tell-their-janssen-stories-creating-200-plus-strong-patient

davon, zu kündigen und ihr eigenes Unternehmen aufzubauen. In dem Spot »Escape from the Office« geht es ebenso rasant und humorvoll weiter wie in den früheren Episoden. Doch schauen wir uns dieses Mal weniger die Handlung, sondern die Charaktere genauer an. Wenn es um das Thema Inklusion unterschiedlichster Lebensrealitäten und Diversität geht, gibt die Serie einen treffenden Ausblick, was Marken immer stärker ins Rampenlicht rücken sollen und wollen. Unsere vier Protagonisten sind in diesem Fall:

- eine alleinlebende junge Frau
- ein ebenfalls noch recht junger afroamerikanischer Mann
- ein Familienvater mittleren Alters
- eine queere Person, für die ich im Englischen die Pronomen they/them benutzen würde

Auch was optische Kriterien angeht, schließt sich dieses Storytelling-Format erfrischenderweise nicht einem unrealistischen Schlankheitswahn, Klamotten- oder Einrichtungsstil an.

Noch einen Schritt weiter – quasi schon in Richtung Storydoing – ging die Beautymarke Dove. Im Jahr 2019 launchte sie zusammen mit der Kreativagentur Girlgaze und der Stockfoto-Datenbank Getty Images das Projekt #ShowUs. Damit wurde eine Kollektion von über 5.000 neuen Fotos – beigesteuert von über 100 Fotografinnen aus 40 Ländern – für andere Marken und Kampagnen zur Verfügung gestellt.

In Vorbereitung auf diese Aktion führte Dove eine Befragung unter 9.000 Frauen durch. Diese ergab, dass Frauen häufig berichten, dass ihr Selbstwertgefühl durch unrealistische Bilder in den Medien beeinträchtigt wird. In zehn Jahren hat sich hierbei der Anteil der Frauen mehr als verdoppelt (von 14 Prozent auf 36 Prozent), wie die Studie ergab. Weltweit fühlen sich 70 Prozent der Frauen durch die Bilder, die sie täglich sehen, nicht richtig repräsentiert, und 71 Prozent wünschen sich, dass Medien und Werbetreibende bei der Darstellung von Alter, Herkunft, Figur und Größe bessere Arbeit leisten würden.[3]

Die Kampagne, die übrigens immer noch weitergeführt wird, soll dazu beitragen, dass sich Frauen nicht mehr nur mit Klischees à la »lachende weiße schlanke Frau, die Salat isst« dargestellt sehen. Stattdessen geht es um die komplette Vielfalt an optischer Erscheinung wie auch starker Werte, mit denen sie sich tatsächlich identifizieren.

---

3   Dove and Getty Launch a More-Honest Stock Photo Collection—of Women, by Women: https://www.adweek.com/brand-marketing/dove-and-getty-launch-a-more-honest-stock-photo-collection-of-women-by-women/

Öffnen Sie für Ihre Kampagnen gerade bei der visuellen Ansprache die Türen für eine diverse und inklusive Gesellschaft. Am besten lassen sich dabei natürlich Fettnäpfchen oder unglaubwürdige Kommunikation vermeiden, wenn ihr eigenes Team ebenfalls sehr unterschiedliche Facetten abbildet, sei es über Alter, Geschlecht, Herkunft, Hautfarbe, Religion, Gender-Orientierung, Sexualität, mit oder ohne Behinderung.

Fragen

- Wollen Sie einen fiktionalen oder nicht-fiktionalen Charakter einsetzen?
- Hat Ihr Unternehmen charismatische Führungspersönlichkeiten?
- Welche Mitarbeitenden können Sie für Ihr Storytelling einsetzen?
- Welche Geschichten haben diese in Ihrem Unternehmen bzw. mit Ihren Kunden und Kundinnen erlebt?
- Welche Geschichte motiviert sie?
- Welche Kundengeschichten können Sie einsetzen?
- Welche prominenten Testimonials könnten mit ihren Werten und ihrem Image zu Ihrem Unternehmen passen?
- Können Sie Ihrem Publikum ein Erlebnis bieten, mit dem sie Ihre Werte und Vision am eigenen Körper erfahren?
- Haben Sie Ihre Kampagnen-Charaktere hinsichtlich ihrer Diversität hinterfragt?

Beispiele

»The Scarecrow« von Chipotle:
https://www.youtube.com/watch?v=DY-GgzZKxUQ

Video-Antwort von Bodyform an den Facebook-Nutzer Richard:
https://www.youtube.com/watch?v=Bpy75q2DDow

Unternehmensfilm von Meyer Logistik:
https://www.youtube.com/watch?v=FCSTm241r5o

»Visual Life«-Serie von Intel:
https://www.youtube.com/watch?v=1jY-YqTj1VM

»Excape from the Office«-Serie von Apple:
https://www.youtube.com/watch?v=GC5Gmkn92Bg

#ShowUs-Kollektion von Dove, Girlgaze und Getty Images:
https://www.gettyimages.co.uk/showus

Kapitel 9

Aufmerksamkeit bekommen, halten und belohnen

Geschichten bündeln unsere Aufmerksamkeit, wecken unser Interesse und motivieren uns zu bestimmten Handlungen. Das ist jedoch nicht nur der Vorteil vom Storytelling, sondern gleichzeitig auch die Herausforderung von Unternehmen. Jeder Inhalt ist erst dann Teil einer erfolgreichen Geschichte, wenn er es schafft, nicht nur die Aufmerksamkeit des Publikums zu gewinnen. Er sollte darüber hinaus auch dafür sorgen, dass die Zielgruppe sich intensiver involviert, das heißt, ihr bis zum Ende folgt und infolgedessen auch eine belohnende Reaktion merkt. Das gilt für ein Bild auf Instagram genauso wie für einen Blogpost, eine Pressemitteilung, einen Werbespot, eine Website oder eine Rede bis hin zur übergreifenden Storytelling-Strategie. Auf Neudeutsch werden diese drei Aufgaben des Storytelling als Hook, Hold und Payoff bezeichnet.

Payoff – Aufmerksamkeit belohnen

Payoff – zu Deutsch: die Auszahlung – entspricht auf der Content-Ebene dem, was die Mentorin dem Helden weitergeben möchte. Auf der strategischen Ebene ist es die Belohnung oder das Elixier des Helden nach seinem Abenteuer. Was genau die Belohnung oder die Gabe der Mentorin ist, sollte an dieser Stelle bereits einfacher zu definieren sein. Denn wir haben schon identifiziert, welche Bedürfnisse wir bei unserer Zielgruppe unterstützen wollen und auf welche Art und Weise, also mit welcher Mentorenrolle.

Innocent Drinks möchte zum Beispiel seine Helden dabei unterstützen, ihre Gesundheit, ihr Umweltbewusstsein und ihren Optimismus zu fördern, und dies in einer Mentorenrolle als Mischung aus Heilerin (Gutes tun), Kapitänin (Anleitung zum Handeln) und Muse (Inspiration für fröhliche Momente). Die Belohnung für den Helden im strategischen Sinne ist naheliegend: Er wird das Gefühl haben, etwas Gutes für seine Gesundheit, seine gute Laune und die Umwelt zu tun, wenn er einen Innocent-Drinks-Smoothie zu sich nimmt. Auf der Ebene der einzelnen Kapitel, die zu diesem Endziel führen, sollten alle Inhalte darauf einzahlen, dass der Rezipient gemeinsam mit der Mentorin nach diesen Werten streben kann, indem ...

... er sieht, wie viel Gutes Innocent Drinks selbst dafür unternimmt, teilweise auch direkt für den Rezipienten (Rolle der Heilerin): So sind auf der Facebook-Seite einige Nachrichten zu sehen, in denen sich Kunden für handgeschriebene Postkar-

Kapitel 9
Aufmerksamkeit bekommen, halten und belohnen

Beispiel

ten von Innocent Drinks bedanken. Außerdem ist jede interaktive Aktion, wie die Hashtag-Kampagne #letslovestorm oder das jährliche Weihnachtsmützchen-Stricken daran gekoppelt, dass Innocent weiteres Geld für wohltätige Zwecke spendet.

... er direkte Handlungsanleitungen bekommt (Rolle der Kapitänin), wie er Gutes für sich selbst, seine Gesundheit und die Umwelt tun kann: Mützchen stricken, um ältere Menschen mithilfe von Innocent-Drinks-Spenden warm durch den Winter zu bringen, einen Tweet oder einen anderen Social-Media-Beitrag mit dem Hashtag #letslovestorm posten, um Optimismus zu versprühen und gleichzeitig Innocent Drinks' Spendenkasse für die SOS-Kinderdörfer um zehn Cent pro Flasche zu füllen.

... er sich mit Innocent Drinks beschäftigt, weil diese ihn zu Themen wie Gesundheit, Umwelt oder Optimismus auf positive Art und Weise zum Schmunzeln bringen (Rolle der Muse). So nimmt sich Innocent Drinks passende Anlässe, wie den Welt-Pinguin-Tag, die Rugby-Weltmeisterschaft oder Halloween, um darum nicht immer ganz ernst gemeinte Inhalte zu erstellen. Zum Beispiel muss der »Head of Rugby at Innocent« in einem Video auf Facebook eingestehen, dass nicht genug Rugby in der Kommunikation von Innocent zu erkennen ist, das sei früher wohl anders gewesen. Anlässlich des Welt-Pinguin-Tages ruft Innocent seine Fans dazu auf, ihr Profilbild in ein Bild mit einem gezeichneten Pinguin und dem Titel »I know what a penguin is« zu ändern. Offensichtlich nicht ganz ernst gemeinte Tutorials zeigen die Unterschiede zwischen Pinguinen und Pandabären oder Killerwalen. Auch die regelmäßig gepostiten Witze widmeten sich zu diesem Anlass den Südpol-Bewohnern:

> »As it's Penguin Awareness Day, we just wanted to make it absolutely clear that we've never put any penguin in our products, and we never will. You might find a bit of zebra though. Wait, hang on, that's a barcode. No need to panic.«
>
> (Anlässlich des ›Tages des Pinguins‹ wollten wir absolut klarstellen, dass wir niemals auch nur einen Pinguin in unseren Produkten verwertet haben, und dies auch nie tun werden. Ihr könntet jedoch ein bisschen Zebra finden. Wartet, das ist ein Barcode. Kein Grund zur Panik.)

Abb. 9.1: Penguin Awareness bei Innocent Drinks

Den Payoff haben wir also schon längst ermittelt, wenn wir unsere Mentorenrolle und die Ziele des Helden kennen. Für Innocent Drinks würde es zum Beispiel weniger zu ihrem Mentorencharakter und entsprechend auch den Erwartungen ihres Publikums passen, die grundsätzlichen Missstände in der Welt bzgl. Umwelt und Gesundheit aufzudecken (Rolle der Zeugin), wenn es für sie eher darum geht, wie man selbst etwas für eine Verbesserung tun kann. Jede Geschichte, im Kleinen wie im Großen, sollte eine Auflösung haben, die die offenen Emotionen und Fragen des Publikums schließt, und sollte im Idealfall mit dem Payoff auf das Ziel des Helden und/oder des Plots einzahlen. Wenn dies gegeben ist, steigt die Wahrscheinlichkeit, dass sich das Publikum auch auf den Call to Action einlässt.

Do it yourself

- Was ist die Belohnung/Erkenntnis für Ihr Publikum?
- Was macht den Informations- oder Unterhaltungswert aus?
- Welche konkreten Hilfsmittel, welches Wissen möchte Ihr Unternehmen mithilfe seines Mentortyps und seiner Werte weitergeben?

Hook – Aufmerksamkeit bekommen

»Als Gregor Samsa eines Morgens aus unruhigen Träumen erwachte, fand er sich in seinem Bett zu einem ungeheuren Ungeziefer verwandelt.« – Franz Kafka, Die Verwandlung

»Alle glücklichen Familien gleichen einander, jede unglückliche Familie ist auf ihre eigene Weise unglücklich.« – Leo Tolstoi, Anna Karenina

»Euch kann ich's ja ruhig sagen: Die Sache mit Emil kam mir selber unerwartet. Eigentlich hatte ich ein ganz anderes Buch schreiben wollen.« – Erich Kästner, Emil und die Detektive

Genau wie diese ersten Zeilen berühmter Literaturwerke ist der Hook der bildhafte Haken, an den wir als Publikum beißen. Es ist der Moment bzw. das Mittel, das uns dazu bringt, uns bei all den Tausenden Informationen, denen wir jeden Tag ausgesetzt sind, ausgerechnet dieser einen bestimmten Geschichte zu widmen. Er macht uns durch Fragen und Mysterien neugierig auf den möglichen Ausgang der Geschichte, schafft es, dass wir uns augenblicklich mit einem Helden identifizieren, und/oder verspricht uns Unterhaltung und Erlebnisse, die uns in eine andere Welt holen.

Es ist für viele eine große Herausforderung, einen Aufhänger zu finden, der genau solche Reaktionen auslöst. Das Repertoire an Möglichkeiten ist jedoch sehr vielfältig. Hier nur einige der wichtigsten Köder für ein neugieriges Publikum.

Überraschung

Frühling, Sommer, Herbst und Winter; beim Überqueren der Straße nach links-rechts-links schauen, ein Lied auf dem Grundton der Tonart beenden – die Welt, in der wir uns bewegen, ist bestimmt von Mustern, die sich immer wieder wiederholen. Diese Routinen sind eine wichtige Orientierung für uns, da das Gegenteil ständiges Chaos bedeuten würde und dafür verantwortlich wäre, dass wir bei jeder noch so einfachen Tätigkeit extrem viel kognitive Anstrengung investieren müssten. Muster ermöglichen es uns auch, gewisse Dinge vorhersehen zu können bzw. mit bestimmten Situationen zu rechnen.

Abb. 9.2: »Guten Morgen ... Oh, und falls wir uns nicht mehr sehen: guten Tag, guten Abend und gute Nacht!« (The Truman Show)

Der Film »The Truman Show«, bei der das Leben von Truman Burbank, gespielt von Jim Carrey, seit seiner Geburt für eine Reality-Serie rund um die Uhr live inszeniert und übertragen wird, führt uns diese alltäglichen Muster zu Beginn vor. Jeden Tag verlässt der Versicherungsangestellte nach der gleichen Morgenroutine und zur gleichen Zeit sein Haus, grüßt seine Nachbarn (und unbewusst auch seine Zuschauer) mit dem immer gleichen Spruch und fährt durch dieselben Straßen, wo er dieselben Bewohner/Statisten sieht. Erst als eines Tages diese Routine durch eine versehentlich abgestürzte Kamera durchbrochen wird, nimmt die Geschichte ihren Lauf.

Um Überraschung als Hook im Brand Storytelling einzusetzen, haben wir meist weniger Zeit für die Einleitung. Wenn Unternehmen damit punkten wollen, gilt es, möglichst schnell einen Kontrast zwischen dem, was wir kennen, und dem, was nun unsere Erwartungen infrage stellt, zu etablieren. Das Video »Supergeil« der Supermarktkette Edeka schafft es, dass sein Publikum bereits mit dem Vorschaubild des entsprechenden Musikvideos, dem von Friedrich Liechtenstein verkörperten Lebensmittel-Fan, dem Titel und den ersten Eindrücken des Songs all seine Erwartungen über eine Supermarkt-Kampagne über Bord wirft. Dieser Hook hat über 16 Millionen YouTube-Views gebracht sowie etliche Parodien ins Leben gerufen.

Kapitel 9
Aufmerksamkeit bekommen, halten und belohnen

Abb. 9.3: »Supergeil«-Kampagne von Edeka

»Was wünschst du dir denn eigentlich zu Weihnachten«, fragt der fast erwachsene Teenager seine Mutter in dem Weihnachtsspot der Supermarktkette Penny aus dem Jahr 2021. Diese zählt, begleitet von Bildern, die wir dazu in hoher visueller Dramatik gezeigt bekommen, ziemlich unerwartete Wünsche auf, unter anderem: »Ich wünsche mir, dass du die Schule schleifen lässt«, »dass du hier heimlich eine Party feierst«, »dass du diesem Mädchen endlich sagst, dass du sie liebst und dass sie dir das Herz bricht.« Natürlich fragt man sich als Zuschauerin erst einmal, warum. Doch die Auflösung folgt: »Ich wünsch' mir einfach, dass du deine Jugend zurückbekommst.« Berührend und überzeugend – man muss sich nur die Kommentare unter dem YouTube-Clip durchlesen – schließt Penny den Spot mit einer Storydoing-Komponente ab: »Während Corona konntet ihr viele Erfahrungen nicht machen. Wir wollen euch ein Stück eurer Jugend zurückgeben und verschenken 5.000 unvergessliche Erlebnisse.«

Identifikation mit den Protagonisten

Geschichten ergreifen uns schneller, wenn wir uns in den Protagonisten, seine Ziele, Konflikte und/oder Emotionen hineinversetzen können. Die Grundvoraussetzung für Unternehmen ist, die Bedürfnisse ihres Publikums zu kennen. Wenn Sie auf dieser Erkenntnis basierend Charaktere entwickeln, die ähnliche Bedürfnisse und Werte haben, ist die Wahrscheinlichkeit sehr hoch, dass sich das Publikum darin schnell wiedererkennt und daher tiefer in die Geschichte einsteigen möchte. Wichtig ist auch hier, wie Sie bereits bei den Wachstumsbedürfnissen gesehen haben, weniger auf Ratio zu setzen, sondern vor allem auf Emotionen.

Je breiter die Zielgruppe ist, desto universeller müssen auch die Emotionen und Werte sein, mit denen ein Unternehmen die Aufmerksamkeit seines Publikums gewinnen möchte. Die Werte »Freundschaft« und »Zuhause«, die Budweiser mit seinem »Lost Dog«-Spot in den Fokus stellt, dienen dazu, eine Altersgruppe von 27-Jährigen wie auch 72-Jährigen anzusprechen. Die Macher des »First-Kiss«-Videos, das mittlerweile über 149 Millionen begeisterte Social-Media-Views erzielen konnte, sprechen mit ihren Protagonisten (überwiegend junge Erwachsene)

Kapitel 9
Aufmerksamkeit bekommen, halten und belohnen

Beispiel

und dem Thema (zwei Fremde küssen sich zum ersten Mal) eine etwas engere Zielgruppe an (auch wenn selbst Ehepaare, die über 30 Jahre verheiratet sind, bei dem Video Gänsehaut bekommen haben müssten).

Abb. 9.4: »First Kiss«-Kampagne

Wer noch einen Schritt weiter mit gezielten Aufhängern für ganz bestimmte Zielgruppen-Segmente gehen möchte, kann zum Beispiel viel von der Social-News-Plattform Buzzfeed lernen. Die Klickwahrscheinlichkeit für einen Artikel mit der Überschrift »25 Dinge, die Dich an Deine Kindheit in den 80ern im Osten erinnern« ist vermutlich sehr hoch, wenn man als Leserin in den 80ern im Osten aufgewachsen ist. Für viele andere wahrscheinlich weniger interessant, doch wenn man für diese wiederum ebenfalls exakt ansprechende Inhalte generiert, ist die Gesamtaufmerksamkeit immens zu steigern.

Konkret statt abstrakt

Wenn uns jemand eine Geschichte davon erzählt, dass er sich verliebt hat, kommen uns automatisch eigene Bilder in den Kopf, mit denen wir diese Situation assoziieren. Händchen haltende Spaziergänge durch den Park, eigene Erinnerungen an die legendäre Party, auf der man die Liebe seines Lebens getroffen hat, peinliche Annäherungsversuche und vieles mehr. Auch wenn Liebe ein universelles Gefühl ist, gibt es Millionen spezifische und individuelle konkrete Repräsentationen dieses Gefühls. Darin liegt auch das Problem. Entweder man überlässt dem Publikum, sich diese Situationen und Bilder, die bei jedem Einzelnen ganz unterschiedlich sein können, selbst in den Kopf zu rufen. Oder man nimmt das Publikum als Marke mit auf die eigene Reise, indem man möglichst konkret schon dieses Bild zeichnet.

Beispiel

Bei der Dove »Beauty Sketches«-Kampagne sehen wir ganz konkrete Frauen, die nachgezeichnet werden. Nach dem Prinzip »Show, don't tell« können wir uns selbst ein Bild davon machen, ob wir diese Zeichnungen für realistisch halten und welche der beiden Zeichnungen wir selbst schön finden. In dem Spot »Built Free«

von Jeep geht es um das vergessene Bedürfnis der Kindheit und Jugend, unsere Neugier und unsere Abenteuerlust zu stillen. Statt dieser Beschreibung zeigt der Spot konkrete Situationen, wie das Toben auf einem Spielplatz, das Eintauchen in einen See, das Treiben auf einem selbst gebauten Floß, das Bauen von Spielzeug-Wolkenkratzern im Büro des Vaters, der Blick Richtung Sonnenuntergang mit einem aufgeschnallten Rucksack und viele mehr. Auch wenn Neugier unter Kindern zum Beispiel ein ziemlich universelles Bedürfnis ist, zeigen diese konkreten Situationen, vermutlich passend zur Zielgruppe des Jeep Cherokee, eher Jungs und überwiegend naturverbundene Aktivitäten. Das heißt, hier wird ein konkretes Bild für ein ganz bestimmtes Publikum gemalt.

Hold – Aufmerksamkeit halten

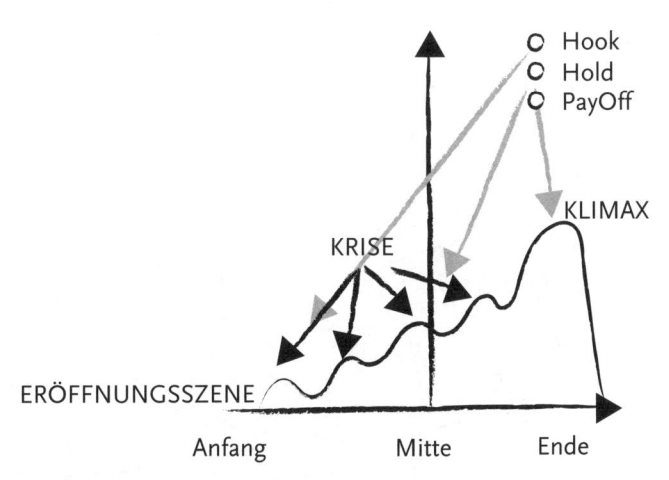

Abb. 9.5: Hook, Hold, Payoff im Story-Verlauf

Nur weil man von einem spannenden Hook angelockt wird, heißt das noch lange nicht, dass man der Geschichte bis zum Ende folgt. In der Tat ist dies für Unternehmen der Part mit den meisten Hürden, aber auch Chancen. Verliert die Geschichte an Spannung, ist die Ablenkungsgefahr sehr hoch. Den Spannungsbogen zu halten, heißt im Positiven jedoch auch, dass wir nicht mehr nur die eine Highlight-Kampagne entwickeln müssen, auf deren Erfolg die gesamte Unternehmensentwicklung basieren soll. Stattdessen können wir durch eine kontinuierliche Konversation und immer neue Gesprächsaufhänger die Geschichte ständig fortsetzen. Hier kommt vor allem das transmediale Storytelling ins Spiel. Edeka zum Beispiel hat passend zu dem »Supergeil«-Video weitere Kurzclips erstellt, die man direkt an Geburtstagskinder, Kollegen, Mütter, Väter, beste Freunde etc. schicken kann. Darin gibt der Schauspieler Friedrich Liechtenstein im gleichen Stil des Spots »supergeile« Komplimente an die jeweiligen Zielpersonen, ein erfolgreiches Mittel, mit dem diese Videos ebenfalls weiter geteilt wurden, wenn man jemandem ein Kompliment machen wollte.

Grundsätzlich hilft es, die wichtigsten Bestandteile einer Geschichte zu beherzigen, um das Interesse möglichst lange zu halten. Wenn das Publikum einen interessanten Helden, dessen Ziele, die Konflikte, die ihm dabei im Wege stehen, usw. nachvollziehen kann, wird es auch langfristig der Geschichte folgen. Aus traditionellen Storytelling-Formaten kann man sich jedoch auch noch einige Instrumente abschauen, mit denen man die Aufmerksamkeit des Publikums aufrechterhalten kann:[1]

Flashback/Analepsis/Rückblende

Während eine Geschichte normalerweise chronologisch erzählt wird, unterbricht die Rückblende diese Routine und nimmt die Zuschauenden für eine begrenzte Zeit mit in die Vergangenheit. Meist erfahren wir dadurch mehr über die Hintergründe eines Charakters (Severus Snape/Harry Potter), eines Problems (Gandalf erzählt Frodo vom Ursprung des Ringes) oder einer ganzen Story-Welt (die üblichen Verdächtigen) und können dadurch ganz neue Schlüsse ziehen. Sie geben dem, was wir uns bisher nur vage vorstellen konnten, ein konkretes Bild.

Abb. 9.6: Harry-Potter-Flashback

Für Brands ist der Flashback ein gutes Mittel, mehr über Ihre Unternehmensgeschichte zu enthüllen oder zu rekapitulieren. Ebenso beliebt vor allem auf Facebook, Instagram und einigen anderen Social-Media-Kanälen ist zum Beispiel auch der »Throwback Thursday«, kurz #tbt. An einem beliebigen Donnerstag posten sowohl Prominente als auch Nicht-Prominente Erinnerungen aus ihrer Vergangenheit. Dieser Moment der Nostalgie kann von Unternehmen ebenfalls eingesetzt werden, indem sie selbst Einblicke aus ihrer Vergangenheit geben oder ihr Publikum dazu animieren, dies zu tun.

Dem Möbelhersteller IKEA gelingt es, den gemeinsamen Lebensweg zweier Freunde in nur 1:30 Minuten darzustellen und in dieser Zeit eine Fülle wohliger Emotionen zu wecken. Dabei beginnt alles mit einer defekten Glühbirne, zumindest der Spot. Denn während die betagten Herren Wohnzimmertisch-Tischtennis

---

1   Weitere Mittel unter changingminds.org

spielen, geht das Licht aus. »Die hat lange gehalten«, meint einer der beiden und sofort erinnern sich die Freunde an gemeinsame Erlebnisse zurück, die sie miteinander teilen und verbinden. Und siehe da: Auch die Story der befreundeten Protagonisten begann mit einer Glühbirne. Nicht defekt, dafür geliehen. Die auflösende Message zum Schluss: »Ein Anklopfen kann alles verändern.«

In medias res

Wie der Name sagt, sind wir bei diesem Erzählstil direkt in der Mitte des Geschehens, und zwar gleich zu Beginn der Geschichte. Ein typisches Beispiel sind Krimis, die uns direkt an den Tatort bringen und nicht erst erzählen, wie das Opfer ermordet wurde und was dann geschah. Dadurch wird gleich zu Beginn ein Rätsel eröffnet, das beim Publikum das Verlangen hervorruft, zu wissen, was passiert ist. Indem die Fragen nach und nach erst beantwortet werden, bleibt das Publikum meist bis zum Ende am Ball, bis das Mysterium aufgeklärt wurde.

Abb. 9.7: Krimi-Szene

Dieses Spannungselement kann zum Beispiel für den Launch eines Produkts oder eines Unternehmens eingesetzt werden, da dieser Moment sowohl die Fragen offenlässt, welche Vision damit verfolgt wird, wie auch, woher die Idee stammt. Durch transmediales Storytelling können zum Beispiel auch komplexe Themen in medias res erzählt werden. Landet der Besucher auf einer Website zu einem bestimmten Sachverhalt, kann er sich zum Beispiel durch diverse Links, Videos und weiterführende Informationen immer tiefer in den Kern der Sache vorarbeiten.

Flashforward/Prolepsis/Vorschau

Im Gegensatz zur Rückblende wird die Handlung unterbrochen, um einen kurzzeitigen Sprung in die Zukunft zu wagen. Die Vorschau zeigt auf, wie sich die Gegenwart auf die Zukunft auswirken oder was in der Zukunft evtl. alles möglich sein könnte. Sie gibt weniger Erklärung und Auflösung für zentrale Konflikte und kommt daher seltener vor als die Rückblende. Auf der anderen Seite kann sie jedoch eine Vision aufzeigen.

In »Christmas Carol« von Charles Dickens erleben wir sowohl einen Flashback und einen Flashforward, indem die Geister Scrooge in die Vergangenheit, Gegenwart und Zukunft bringen. Auch das Foto, auf dem Marty McFly in »Zurück in die Zukunft« selbst verschwindet, ist eine Art Vorschau. Es zeigt, welche Auswirkungen es hat, wenn er in der Vergangenheit, in der er sich gerade befindet, Handlungen in Gang setzt, die verhindern könnten, dass er überhaupt in der Zukunft geboren wird.

Abb. 9.8: Flashforward aus »Zurück in die Zukunft«

Unternehmen wie Google, Amazon oder Tesla halten ihr Publikum zum Beispiel dadurch im Bann, dass sie schon Geschichten rund um Prototypen zukünftiger Produkte stricken (selbstfahrende Autos, Liefer-Drohnen etc.).

Vorahnung

Während die Handlung bei einer Vorschau zeitlich in die Zukunft springt, gibt eine Vorahnung einen Hinweis in der Gegenwart, was eventuell passieren könnte. Meist wird die Vorahnung von wichtigen Gegenständen angekündigt. Für das Publikum ist dieses Mittel besonders spannend, da es keine Erklärung vorgegeben bekommt, sondern noch relativ lange selbst raten kann, welche Konsequenz diese Szene oder dieses Symbol wohl haben könnte. Es baut auf geläufigen Annahmen (eine Pistole wird wohl dazu eingesetzt, um jemanden zu töten) und gelernten sozialen Mustern auf (ein Schlafzimmerblick führt zu einer intimen Szene). Gute Geschichtenerzählerinnen spielen nicht damit, ihr Publikum auf eine gewisse Fährte zu bringen, sondern auch damit, es wieder davon abzubringen.

Beispiel

In »Schindlers Liste« zum Beispiel sehen wir als einziges farbliches Symbol in dem Schwarz-Weiß-Film in einigen Szenen ein kleines jüdisches Mädchen mit einem roten Mantel. Mit dem Verlauf des Films und den darin dargestellten immer verheerenderen Auswirkungen des Genozids lässt sich das Schicksal dieses ansonsten nicht weiter auffälligen Charakters allein durch den roten Mantel vorhersehen.

Der Umzug in das teuerste Nachrichtenstudio der Welt wurde bei der »tagesschau« subtil angekündigt, sodass die Zuschauenden schon Tage vorher etwas erahnen konnten. Tag für Tag wurde dabei ein Countdown auf unterschiedlichen, für die Zuschauenden sichtbaren Requisiten heruntergezählt. »Das Ergebnis: Schon ein On-Air-Test für die versteckten Botschaften wurde von Stefan Raab entdeckt und bei TV Total kommentiert. Nach wenigen Tagen kam die BILD-Zeitung dem Countdown auf die Spur und machte ihn zum Titelthema. Weitere Medien folgten. Der Trailer wurde hunderttausendfach gelikt und geteilt. Und während durchschnittlich jeden Tag rund fünf Millionen Menschen die Tagesschau einschalten, waren es bei der ersten Sendung aus dem neuen Studio über zehn Millionen Zuschauer und Zuschauerinnen.«

Abb. 9.9: Tagesschau-Countdown

Cliffhanger und Wendungen

Der Cliffhanger oder unerwartete Wendungen beenden ein Segment einer Geschichte mit einer extrem spannenden Situation (ähnlich einer Klimax), die nach einer Auflösung verlangt. Diese Auflösung erhält das Publikum jedoch nicht sofort. Das Kalkül dahinter ist meist, entweder mit parallelen Handlungssträngen arbeiten zu können oder Pausen zwischen zwei Segmenten spannend zu halten, zum Beispiel bei einer Soap-Opera, einer Filmfortsetzung oder einer Werbepause. Diese nicht aufgelösten Konflikte halten die Aufmerksamkeit beim Publikum besonders hoch. Jedoch sollte es nicht zu lange im Schwebezustand sein, da dies sonst Frustration hervorrufen könnte.

Cliffhanger sind für Unternehmen eines der interessantesten und effizientesten Mittel, Aufmerksamkeit zu halten und Partizipation zu generieren. Mit »one more thing« hat Steve Jobs auf der MacWorld Expo 1998 in San Francisco zum ersten Mal diesen mittlerweile legendären Cliffhanger als Stilmittel verwendet, der das Publikum für einen kurzen Moment im Dunkeln ließ. Über die Jahre hat sich die Vorfreude auf den »one more thing«-Moment sogar selbst als Cliffhanger etabliert. Denn die Fans haben gelernt, dass so lange dies nicht gesagt wurde, der eigentlich interessante Teil der Präsentation noch vor ihnen liegt.

Kapitel 9
Aufmerksamkeit bekommen, halten und belohnen

Abb. 9.10: The End?

Cliffhanger sind auch genau jenes Mittel, das Unternehmen am schlechtesten beherrschen. Aus der guten Absicht heraus, ein möglichst umfassendes Bild ohne Auslassen irgendwelcher Informationen von einem Produkt zu geben, laufen sie Gefahr, ihr Publikum zu langweilen. Gerade über transmediales Storytelling kann man mit Cliffhangern bewirken, dass sich das Publikum von einem Content-Puzzleteil zum nächsten entlanghangelt, weil am Ende jedes Kapitels doch wieder ein Aspekt offengelassen wird, über den man an anderer Stelle mehr erfahren kann.

> **Beispiele**
>
> »Supergeil« von Edeka:
> https://www.youtube.com/watch?v=YyTJYI-JpHU
>
> »Der Wunsch« von Penny:
> https://www.youtube.com/watch?v=MdfNqlkqSeE
>
> »First Kiss« von Wren: https://www.youtube.com/watch?v=IpbDHxCV29A
>
> »25 Dinge, die Dich an Deine Kindheit in den 80ern im Osten erinnern«, Buzzfeed-Artikel: http://www.buzzfeed.com/sebastianfiebrig/deine-kindheit-in-den-80ern-im-osten#.md7V22Kam
>
> »Knock, Knock – Tür auf fürs Leben« von IKEA:
> https://www.youtube.com/watch?v=ixpdR7VElq4
>
> Tagesschau-Countdown:
> https://www.fischerappelt.de/arbeiten/die-tagesschau-zeigt-bein

Kapitel 10

Transmedia-Strategien

Javi loggt sich auf Facebook ein. Sein Freund Andrés hat ein Video auf seiner Pinnwand geteilt. Dort ist ein Live-Konzert eines berühmten Musikers zu sehen, bei dem ein Mädchen auf die Bühne springt, sich ein Mikrofon schnappt und zu singen beginnt. Ihre Stimme ist unglaublich. In dem Moment, wo die Sicherheitsleute sie von der Bühne zerren, zieht sie einen Schuh aus und wirft ihn ins Publikum. Die Menge rastet aus. Das Video ist lustig und überraschend.

Javi beschließt, es auf Twitter zu teilen. Dort entdecken es 30 seiner Freunde zum ersten Mal. Eine Freundin, Anna, erstellt ein GIF aus dem Videoausschnitt, wo das Mädchen den Schuh wirft, und lädt es auf Tumblr hoch. Einige Stunden später gibt es bereits 20 weitere Versionen davon, und das Video hat mittlerweile 5.000 Views erreicht.

Paco wiederum liest im »Rolling Stones Magazin«, dass der Sänger von dem Konzert nach dem mysteriösen Mädchen sucht und eine neue Version des Songs mit ihr aufnehmen möchte. Paco geht daraufhin auf die offizielle Twitter-Seite des Sängers. Dieser hat dort als Hinweis ein Bild des Schuhs veröffentlicht. Bei dem Schuh handelt es sich um ein brandneues Sneaker-Modell. Der Sänger beendet seinen Tweet mit dem Hashtag #whosthatgirl, der wiederum in Windeseile zum »Trending Topic« wird.

Pepe sucht nach dem Spruch, der auf dem Schuh zu sehen ist, auf Google und landet auf einem Sneaker-Blog. Er findet die Schuhe so toll, dass er ein paar Bilder von dem Blog auf Pinterest teilt.

Zur gleichen Zeit schauen Martha und Julia die Highlights einer Casting-Show im Fernsehen. Eines der Talente sticht besonders heraus: ein Mädchen mit einer fantastischen Stimme, die jedoch von der Jury ohne ersichtlichen Grund gedemütigt wird. Das Mädchen erzählt, dass sie mit Putzen ihr Geld verdient und extrem hart dafür arbeiten musste, um bei der Show dabei sein zu können. Dies bestärkt die Kritik des Publikums an der strengen Jury. Julia war zufällig auch auf dem Live-Konzert und erkennt das Mädchen aus dem Casting. Sie findet die Fernseh-Highlights online und teilt sie auf Facebook.

Zwischenzeitlich hat das Plattenlabel bereits die Live-Version des Songs mit dem Mädchen auf Spotify und iTunes gestellt, der nun blitzschnell die Charts erklimmt.

Kapitel 10
Transmedia-Strategien

Beispiel

José, Fernando und fünf Millionen weitere Menschen sehen im Fernsehen einen Werbespot von genau dem Schuh, den das mysteriöse Mädchen in die Menge geworfen hat.

Der Musiker kündigt an, dass er sein nächstes Konzert dazu nutzen möchte, das Mädchen ausfindig zu machen, und dadurch hoffentlich die Möglichkeit bekommt, noch einmal mit ihr zu singen. Etliche andere Mädchen wollen diese Chance auch haben, jedoch wird nur die ursprüngliche Besitzerin des Schuhs dazu erkoren werden können.

Mittlerweile wurde das YouTube-Video über drei Millionen Mal angeschaut. Zu dem Konzert kommen Zigtausende Fans, von denen eine ganze Menge Mädchen die berühmten Sneakers tragen, die eine Woche zuvor in die Läden kamen. Das geheimnisvolle Mädchen erscheint auf der Bühne und der Musiker zieht ihr den Schuh an, der perfekt passt. Das Duo singt seinen mittlerweile berühmten Song und wurde letztendlich wieder vereint.

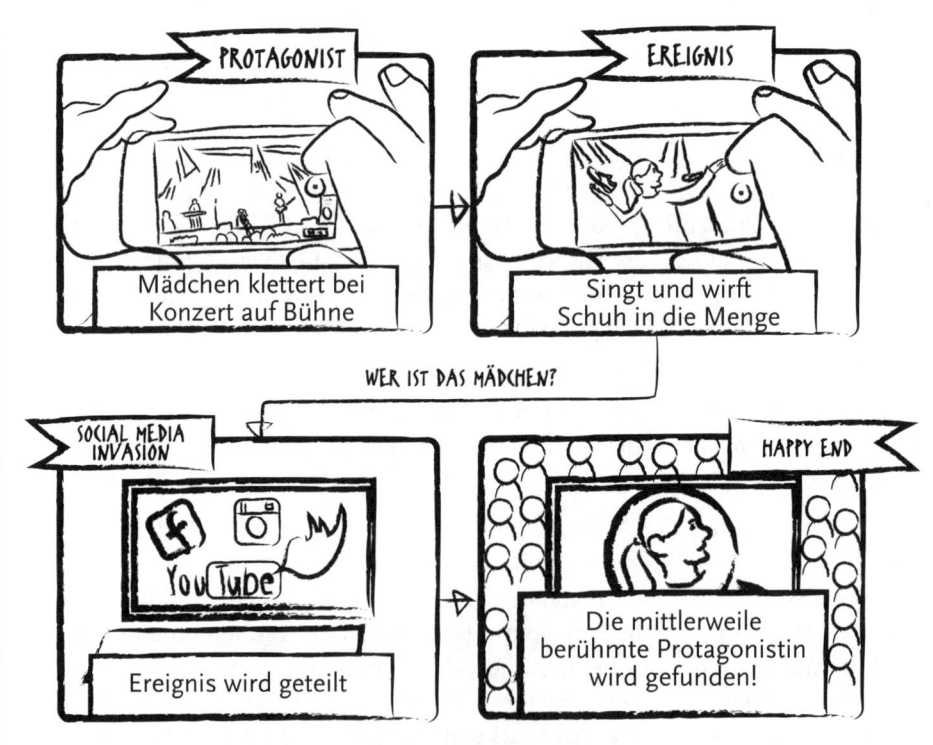

Abb. 10.1: »Cinderella 2.0«

So oder so ähnlich könnte die klassische Story von Aschenputtel ins heutige Zeitalter übertragen werden, wie die Agentur FCB Global in dem animierten Video »Cinderella 2.0« dargestellt hat.

Warum Transmedia?

Der Grundstein für eine mitreißende Geschichte ist gelegt. Herkunft und Ziel der Heldin sind definiert. Sie und ihr Mentor sind durch gleiche Werte und Charaktereigenschaften vereint. Gegner und Konflikte sind definiert. Nun stellt sich die Frage, wie die Geschichte erzählt wird, und vor allem, wo. Noch vor 50 Jahren war diese Frage für Unternehmen ziemlich einfach zu beantworten: Massenmedien, wie Fernsehen, Zeitung und Radio, dominierten die Wohnzimmer. Botschaften wurden nur in eine Richtung ausgestrahlt, das Publikum konnte nur konsumieren und es stand genug Zeit zur Verfügung, eine Kampagne zu produzieren und unverändert laufen zu lassen.

Mit dem Einzug der sozialen Medien und mobiler Technologien hat sich das Bild radikal geändert. Nutzer und Nutzerinnen konsumieren nicht nur, sie produzieren und verändern auch Inhalte. Sie führen Konversationen untereinander und auch mit Unternehmen. Sie nutzen mehrere Medien und Geräte parallel und können an jedem Ort darauf zugreifen. Sie können ungewollte Botschaften zum Beispiel durch Ad-Blocker ausblenden, sich von nervenden Newslettern abmelden und sich sogar negativ über Marken auf deren eigenen Kanälen äußern.

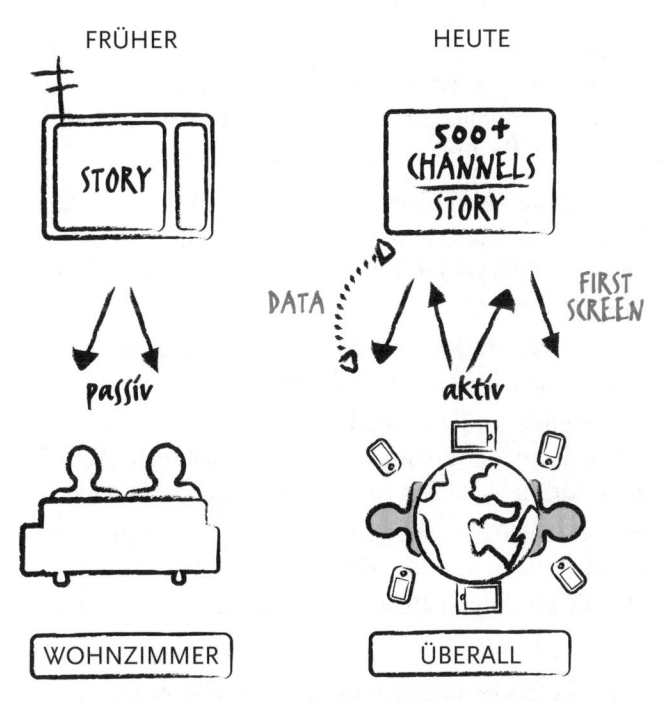

Abb. 10.2: Passive vs. aktive Mediennutzung

Für Unternehmen stellt diese Entwicklung Chance und Hürde gleichzeitig dar. Die Herausforderung besteht darin, die Geschichten so zu gestalten, dass Kundinnen und Mitarbeitende dauerhaft in ihren Bann gezogen werden und die Möglichkeit bekommen, ein Teil davon zu werden, über mehrere Kanäle und Bühnen hinweg. Transmediales Storytelling ist mittlerweile unverzichtbar und unvermeidbar. Bevor wir uns genauer damit befassen, was dies genau ist und wie Unternehmen dabei vorgehen können, lassen wir uns erneut von »Star Wars« inspirieren.

Beispiel

Auf die Premiere des ersten »Star Wars«-Films am 25. Mai 1977 folgte nur zwei Monate später eine Comic-Reihe von Marvel. Diese ging nach wenigen Ausgaben bereits mit neuen Inhalten über den eigentlichen Film hinaus. Ein weiterer Ableger auf Basis einer früheren Drehbuchversion erschien kurze Zeit später als Roman. Mit der Vermarktung eines »Star Wars«-Rollenspiels legte George Lucas 1987 den Grundstein für das »Star Wars Expanded Universe« (SWEU), das alle offiziell lizenzierten Ableger und Inhalte außerhalb der eigentlichen Filme umfasst: von Videospielen über neue Comics, Bücher bis hin zu Radiosendungen. »Star Wars«-Fans haben sich seit den frühen Anfängen ebenfalls die Geschichte zu eigen gemacht. Während George Lucas zu Beginn noch versuchte, diese nutzergenerierten Inhalte zum Beispiel mit einem offiziellen Fan Film Award unter Kontrolle zu halten, ist die Masse an Fan Fiction, Remixes und Mashups mittlerweile nicht mehr zu überblicken. Eine Suche nach »Star Wars Fan Videos« ergibt allein auf YouTube über 6,5 Millionen Ergebnisse.[1]

Damit transmediale Markengeschichten einer einheitlichen, koordinierten Kommunikationsstrategie folgen, ist es wichtig, dass das Publikum zum Mitmachen animiert wird und die Inhalte leicht über verschiedene Kanäle hinweg zu teilen sind. Die Belohnungen für diese neuen Herausforderungen sind unter anderem:[2]

- Kollektive Intelligenz wird gebündelt, um die Marken zu stärken und weiterzuentwickeln. Fans und Teams arbeiten mit Unternehmen zusammen und bereichern somit deren Story-Welt aus verschiedenen Perspektiven und über verschiedene Medien hinweg.
- Partizipation wird als Markenwert etabliert. Das Engagement und die Loyalität von Kunden und Mitarbeitenden wird gestärkt.
- Die Unternehmensgeschichte wird weitererzählt. Menschen werden durch transmediale kollektive Intelligenz und Mitmachtechniken dazu motiviert, Inhalte, die sie für ihre sozialen Netzwerke bedeutsam finden, aktiv zu teilen.
- Marken bieten durch Transmedia Storytelling mehrere Berührungs- und Startpunkte, um mit Kunden und Mitarbeitenden in Kontakt zu treten und sie tiefer in die Geschichte einsteigen zu lassen.

---

1 Zusammengefasst von diesem ursprünglichen Artikel: Fiorelli, Gianluca – Transmedia Storytelling: Building Worlds For and With Fans, https://moz.com/blog/transmedia-storytelling-building-worlds-for-and-with-fans (2013)
2 Tenderich, Burghardt – Design Elements of Transmedia Branding, USC Annenberg Innovation Lab.1 (2013)

Was ist Transmedia?

In seinem Buch »Convergence Culture: Where Old and New Media Collide«[3] aus dem Jahr 2006 prägte der Akademiker Henry Jenkins den Begriff *Transmedia Storytelling*. Dort beschreibt er dies als einen Prozess, bei dem wesentliche Teile eines Story-Universums systematisch über mehrere Kanäle verteilt und ausgeliefert werden. Ziel sei es, ein vereinheitlichtes und koordiniertes Unterhaltungserlebnis zu kreieren. Idealerweise steuere jedes Medium seinen ganz eigenen Anteil zur Entfaltung der Geschichte bei.

Dass jedes Medium eine eigene Rolle spielt, ist auch der entscheidende Unterschied zum Crossmedia-Konzept, bei dem ein und dieselbe Geschichte erzählt wird, nur für das jeweilige Medium angepasst. Bei den Verfilmungen der Harry-Potter-Bücher handelt es sich zum Beispiel um eine crossmediale Adaption.

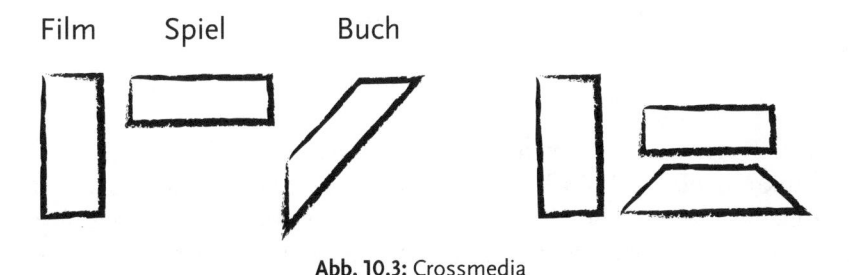

Abb. 10.3: Crossmedia

Das Verhältnis zwischen den Büchern, der Website »Pottermore« und des Film-Prequels »Fantastic Beasts and Where to Find Them« wiederum ist transmedial, da sich die einzelnen Geschichten, Komponenten und Kanäle ergänzen.

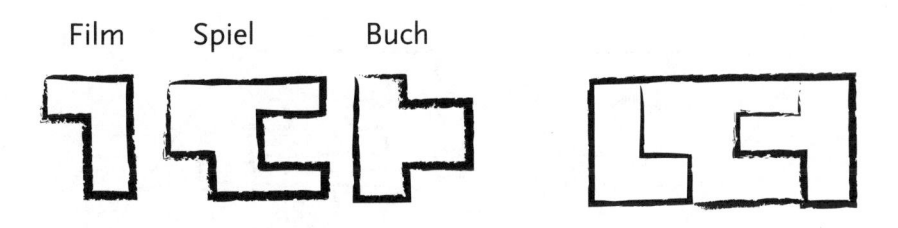

Abb. 10.4: Transmedia

Innerhalb des transmedialen Erzählens kann man zwischen zwei Typen unterscheiden:

---

3   Jenkins, Henry – Convergence Culture: Where Old and New Media Collide (2008)

Franchise

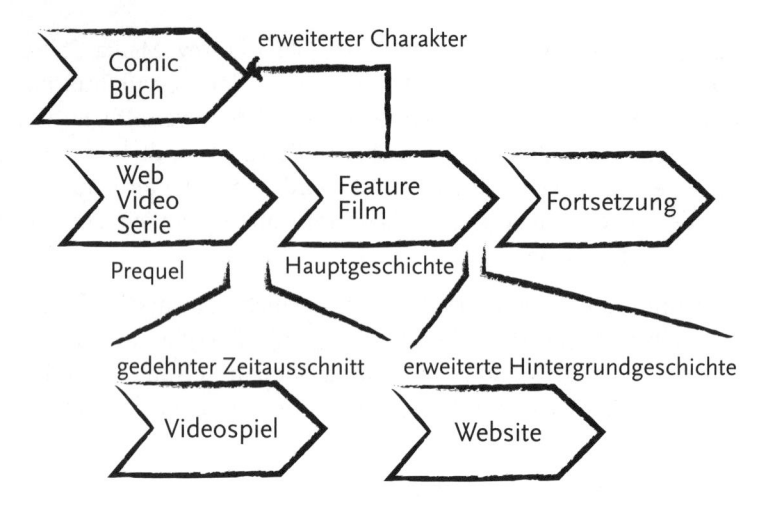

Abb. 10.5: Franchise

Franchises setzen sich aus mehreren Geschichten innerhalb eines Story-Universums zusammen. Spiel, Buch oder Film können auch unabhängig voneinander verstanden werden und ergänzen sich dadurch, dass sie die Story-Welt insgesamt komplexer und vielschichtiger machen. So können Prequels und Sequels die Geschichte zeitlich weiterführen, neue Charaktere parallele Plots erleben oder die Geschichte hinter einem bestimmten Ort ausgeführt werden. Die Star-Wars- oder Harry-Potter-Welt und Filmuniversen von Marvel, wie die Avengers, sind Beispiele für Franchises, die sich aus dem zentralen Plot heraus entwickelt haben.

Portmanteau

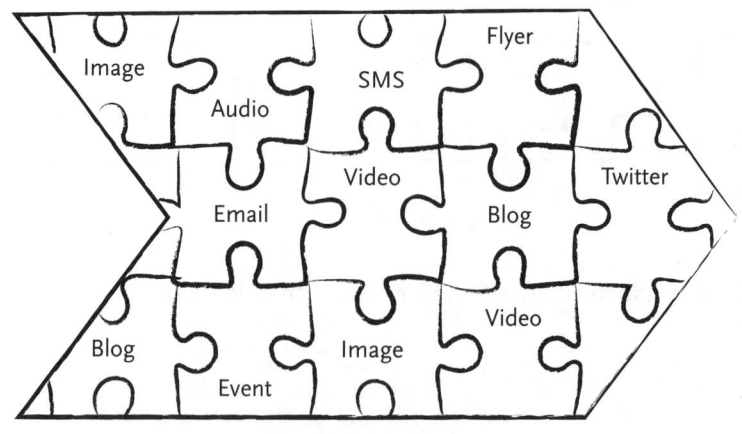

Abb. 10.6: Portmanteau

Portmanteau-Transmedia-Projekte auf der anderen Seite sind von vornherein so konzeptioniert, dass jeder Hinweis bzw. Kanal ein Puzzle-Teil einer Gesamtgeschichte ist. Die einzelnen Teile ergeben unabhängig voneinander wenig Sinn bzw. keine in sich geschlossene Story. Alternate Reality Games (ARG) zum Beispiel setzen sich aus solchen einzelnen Hinweisen zusammen, die ein Gesamtbild ergeben.

In der Realität erleben wir häufig Hybridformen zwischen geplanten Puzzleteilen und geplanten sowie ungeplanten Erweiterungen eines Story-Universums. Gerade die ungeplanten Franchises jedoch sind es, die das transmediale Storytelling für Unternehmen besonders spannend und zeitgemäß machen. Denn dahinter verbirgt sich einer der wichtigsten Grundpfeiler erfolgreicher Kommunikation in den sozialen Medien, nämlich was das Publikum daraus macht.

Partizipation des Publikums

In Hinblick auf ihre alltägliche Mediennutzung äußerten 79 Prozent aller Rezipienten in einer Studie aus dem Jahr 2012[4] den Wunsch, die Geschichten mitgestalten und mit ihren Protagonisten interagieren zu können. Dieser Wunsch und die Möglichkeiten, diesen auch erfüllen zu können, sind noch verhältnismäßig neu bzw. waren vorher nicht im öffentlichen Bewusstsein. In Zeiten von Massenmedien konnte man sich höchstens mit seinen direkten Nachbarn und Freunden über die Inhalte unterhalten, die man zum Beispiel im Fernsehen geschaut hatte. Diese Meta-Konversationen zogen meistens nur kleine Kreise. Die Möglichkeit, an den Inhalten etwas zu verändern oder sie für sich zu nutzen, gab es so gut wie nie. Heutzutage kreiert, teilt und verändert das Publikum in den sozialen Medien mittlerweile weitaus mehr Inhalte als solche, die von Unternehmen und Medien zur Verfügung gestellt werden.

Transmediales Storytelling heißt automatisch auch dezentrales und partizipatives Storytelling. Sobald eine Geschichte im Raum ist, steht sie dem Publikum zur Verfügung, um sie weiterzuerzählen oder auch umzuwandeln. Es äußert sich daher eher in der Interaktion mit ihren Zielgruppen und der entsprechenden Community-Strategie, wie Unternehmen ihre Story-Welt, Vision und Werte glaubwürdig transportieren. Diese Kontrolle abgeben zu können, stellt für viele noch die größte Herausforderung dar. Wer den Wunsch des Publikums, Teil einer Geschichte zu werden, jedoch proaktiv erfüllt, wird meist dafür belohnt, wie Old Spice eindrucksvoll bewiesen hat.

Die »Old Spice«-Kampagne »The man your man could smell like« wurde 2010 eine Woche vor dem Super Bowl online veröffentlicht. Der überraschende und selbstironische Humor des Protagonisten, gespielt vom früheren Footballspieler Isaiah

---

4   The Future of Storytelling Is Here: Latitude Study Decodes What Audiences Want https://www.prweb.com/releases/2013/8/prweb10995922.htm (2012)

Kapitel 10
Transmedia-Strategien

Beispiel

Mustafa, sorgte dafür, dass das Video auf YouTube innerhalb von drei Tagen 20 Millionen Mal angeschaut wurde. Auch auf Twitter und vielen anderen Kanälen wurde der Clip von prominenten Nutzern diskutiert und geteilt.

Im nächsten Schritt der Kampagne, dem »Response«-Kapitel, kam jedoch der eigentliche transmediale und partizipative Charakter zum Vorschein und schlug so viral ein, wie es vorher kaum eine andere Marke geschafft hat. Dafür suchte die verantwortliche Agentur Wieden+Kennedy Portland Nutzer und Kommentare aus Facebook, Twitter, YouTube und vielen weiteren Kanälen heraus, die der Old-Spice-Charakter mit einer persönlichen Videonachricht direkt adressierte. Zu Beginn wurden Nachrichten an prominentere bzw. reichweitenstärkere Social-Media-Nutzer, wie TV-Host Ellen DeGeneres oder Promi-Blogger Perez Hilton geschickt. Zum größten Teil wurden jedoch auch nicht-prominente Nutzer involviert. Innerhalb von 2,5 Tagen kamen insgesamt 186 Clips zustande. Die Überraschung verbreitete sich wie ein Lauffeuer und generierte Zigtausende Kommentare und Interaktionen. Mit der Schauspielerin Alyssa Milano zog sich die Konversation sogar über vier Videos und einen kleinen Flirt hinweg, den Milano mit einer eigenen Video-Antwort erwiderte. Ebenso gab es unzählige Parodien von anderen Nutzern.

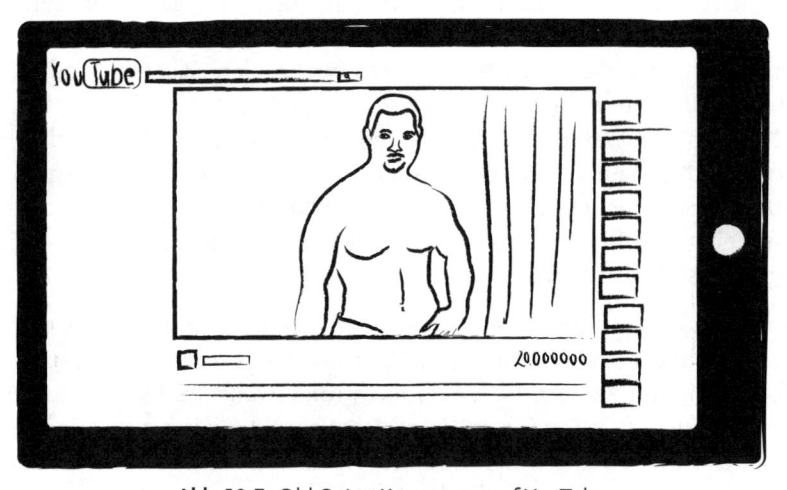

Abb. 10.7: Old-Spice-Kampagne auf YouTube

Nicht nur die Kommentare und Klicks, auch die wirtschaftlichen Zahlen haben der Kampagne vollen Erfolg attestiert:[5]

- In den ersten sechs Monaten nach dem Launch der Kampagne erhöhte sich der Jahresumsatz für Old Spice um 27 Prozent. Die Monatsumsätze erhöhten sich im sechsten Monat um 107 Prozent.

---

5   Precourt, Geoffrey – Old Spice: 2010's Standout Campaign Under the Microscope, Event Reports ANA Creativity (2010)

- 2 Milliarden Online-Impressions wurden insgesamt erzielt, davon 40 Millionen Video-Views innerhalb der ersten Woche.
- 75 Prozent aller Online-Konversationen mit der Marke fanden in den ersten drei Monaten der Kampagne statt, mit gleichem Anteil an Männern und Frauen.
- 3.000 Prozent Zuwachs an Twitter Followern
- 2.000 Prozent Steigerung der Suchanfragen auf Google
- 800 Prozent Anstieg der Facebook-Interaktionen
- 300 Prozent mehr Traffic auf oldspice.com

Die Süßigkeitenmarke »Skittles« ist bei der Personalisierung und Interaktion von und mit Videobotschaften Ende 2010 noch einen Schritt weitergegangen. Mithilfe eines Callcenters, dekoriert mit dem für Skittles typischen Regenbogen, einem Team illustrer Sprecher und einer Video-Technologie, die den automatischen Upload ermöglichte, wurden so innerhalb von zwei Wochen 21.000 (!) Videos erstellt. Die Idee war so simpel wie genial: Nutzer konnten auf der Skittles-Website einen Status-Update eingeben, der dann innerhalb weniger Minuten als vorgelesene Botschaft per Video veröffentlicht wurde und geteilt werden konnte. Manche Nutzer ließen einfach nur ihre typischen Essensposts auf Facebook vorlesen. Andere erstellten mit den Ansagen zum Beispiel eine Collage der Fight-Club-Regeln. Und auch für Heiratsanträge wurde die Skittles-Video-Fabrik »Update the Rainbow« genutzt. Die Online-Fangemeinde stieg um über 1.000 Prozent an, Facebook-Interaktionen konnten um 11.000 Prozent gesteigert werden und der Umsatzzuwachs betrug 30 Prozent.

Abb. 10.8: »Update the Rainbow«-Kampagne von Skittles

Transmedia Storytelling macht Brands zu Regisseuren, Spielführern oder Dirigentinnen. Auch wenn der Impuls von der Marke ausgeht, muss die Partizipation des Publikums von vornherein strategisch eingeplant werden, sodass sich um die

Geschichte herum eine Community an Gleichgesinnten sammelt, die im Dialog miteinander und der Marke stehen. Eine Kampagne ist auch immer eine Einladung an das Publikum. Die einzelnen Teile der Geschichte entfalten sich auf unterschiedlichen Plattformen mithilfe des Unternehmens wie auch seiner Zielgruppen. All diese Stimmen und Inhalte gilt es zu orchestrieren, statt sie zum Schweigen zu bringen. Je mehr das Publikum mit der Geschichte interagieren kann, desto mehr Engagement und Loyalität bringt es der Marke gegenüber ein.

Transmediale Strategien

Abb. 10.9: Brands im Transmedia-Universum

Eine transmediale, einheitliche Geschichte lebt nicht davon, die gleichen Inhalte auf unterschiedlichen Plattformen zu veröffentlichen. Ganz im Gegenteil: Der Content sollte an die Möglichkeiten und Spezifikationen der jeweiligen Kanäle angepasst sein und sich möglichst gegenseitig ergänzen. Das Publikum nimmt einen Post auf Facebook oder TikTok von unterwegs auf dem Smartphone in einem ganz anderen Kontext und mit anderem Verhalten wahr als einen ausführlichen Blogpost auf dem iPad zu Hause oder einen Werbespot im TV.

Wie viel Kooperation mit dem Publikum ist gewollt?

Wer die richtigen Kanäle, Genres und Inhalte für seine Unternehmensgeschichte finden und zusammenstellen möchte, kann sich nicht an ein festes Modell richten. Dennoch gibt es einige Anhaltspunkte und Fragen, die den Weg zur richtigen

Kapitel 10
Transmedia-Strategien

Content-Strategie erleichtern können. Wenn transmediales Erzählen mit der Beteiligung des Publikums einhergeht bzw. auch das Ziel ist, dann ist ein erstes Indiz die Frage, wie viel Beteiligung bewirkt und welche Handlung beim Publikum erwirkt werden soll. Denn Nutzer-Engagement kann eine breite Palette von Aktivitäten einschließen.

Mit »The Power Law of Participation«[6] hat der Unternehmer Ross Mayfield zum Beispiel ein Modell entwickelt, das zeigt, wie viel Mehrwert Nutzer für kollektive und kollaborative Intelligenz online schaffen können. Am einen Ende der Skala stehen dabei relativ passive Reaktionen, wie das Lesen/Konsumieren, etwas Liken/Favorisieren oder das Kommentieren. Auf der Seite mit dem höchsten Engagement stehen Nutzer, die aktiv kollaborieren, moderieren oder leiten. Dabei sollte unabhängig von der Plattform und der Geschichte berücksichtigt werden, dass Nutzer mit extrem hohen Engagement äußerst selten sind und der Großteil des Publikums relativ passiv oder im Mittelfeld bleibt. Auf Wikipedia zum Beispiel steuern 0,5 Prozent der Nutzer 50 Prozent der Inhalte und Korrekturen bei.

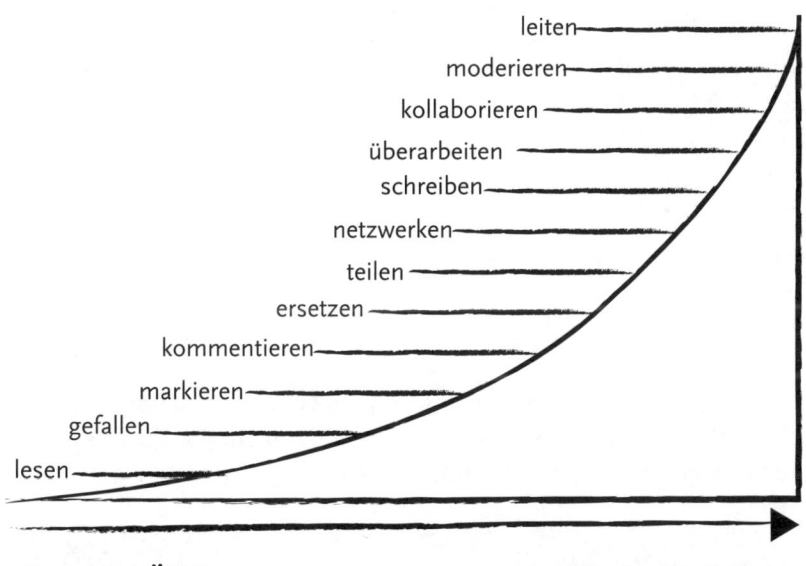

Abb. 10.10: The Power Law of Participation

---

6   Mayfield, Ross – Power Law of Participation,
    http://ross.typepad.com/blog/2006/04/power_law_of_pa.html (2006)

Kapitel 10
Transmedia-Strategien

In seinem E-Paper »Getting Started with Transmedia Storytelling«[7] macht der Kommunikationsexperte Robert Pratten einen Vorschlag, wie Engagement im Internet eingestuft und gemessen werden kann.

Engagement-Level	Aufmerksamkeit	Auswertung	Zuneigung	Fürsprache	Mitwirkung
Ziel der Inhalte	Finde mich! Das Publikum kommt auf die Seiten der Marke und konsumiert mit geringer Anteilnahme.	Probiere mich aus! Das Publikum wird involvierter.	Liebe mich! Das Publikum bezahlt und ist der Meinung, dass das Angebot die Versprechungen erfüllt.	Rede über mich! Das Publikum erzählt es weiter.	Werde Teil von mir! Das Publikum kreiert eigene Inhalte
Wie	Sei relevant!	Sei vertrauenswürdig!	Sei außergewöhnlich!	Lass dich verbreiten!	Sei offen!
Messung	Views, Verweildauer, Page Impressions, jeweils pro Kanal und Inhalt, z.B. E-Mail, Blog, Video, Twitter etc.	Klicks, Downloads, Registrierungen, Probe-Abo	Käufe, Bewertungen, Kommentare, Blogposts, Folgen auf Twitter, Facebook & Co., Beitreten von Communitys	Wiederholte Käufe, Abonnements, Mitgliedschaften Online: Retweets, Weiterleitung, Einbettung, Zufriedenheitsumfragen Offline: Fokusgruppen, Umfragen	Uploads, Remixe, geschriebene Geschichten, Anzahl der Fan-Moderatoren in Foren, Teilnahme bei Events, anderer nutzergenerierter Content

Eine gute Content-Strategie baut wie eine gute Geschichte darauf, dass das Ziel bekannt ist. Die Szenarien, die sich je nach gewünschtem Engagement-Level ergeben, sind dabei jedoch extrem vielfältig:

Do it yourself

- Soll der Nutzer auf Ihre Unternehmenswebsite gelangen, um dort mehr über bestimmte Produkte zu erfahren oder sie zu kaufen?
- Sollen fürs Recruiting qualitative Bewerbungen generiert werden, egal ob über die eigene Website oder ein Online-Formular auf einer anderen (Job-)Seite?

---

7 Pratten, Robert – Getting Started in Transmedia Storytelling: A Practical Guide for Beginners (2011)

Kapitel 10
Transmedia-Strategien

- Soll die Markenbekanntheit und -interaktion bei dem jungen Publikum der Generation Z (um das Jahr 2000 herum geboren) gesteigert werden?
- Sollen Kundinnen gebunden werden, z.B. durch Newsletter-Registrierungen oder indem sie den jeweiligen Social-Media-Kanälen folgen?
- Sollen sich potenzielle Geschäftskunden ausführlich mit einem Fachthema beschäftigen, um sich von Ihrer Expertise zu überzeugen?
- Sollen möglichst viele für ein Event gewonnen werden, bei dem sie wiederum Ihre Marke live erleben können?
- Sollen mehr als die Hälfte Ihrer Mitarbeitenden bei einer internen Umfrage teilnehmen?

Dies ist nur ein winziger Auszug an Möglichkeiten, die eine bestimmte Kampagne zum Ziel haben kann. Das Wichtigste ist jedoch, dass die Destination definiert und größtenteils auch messbar ist, um die einzelnen Kapitel und Stationen der Geschichte darauf auszurichten.

Bei der Auswahl der passenden Kanäle und Formate sollten daher vor allem drei wichtige Entscheidungen getroffen werden:

Destination

Was ist das Kernstück bzw. der zentrale Anker der Geschichte, bei dem alle Fäden zusammenlaufen sollen? Im Vergleich zu den oben genannten Franchise-Beispielen ist dies gleichzusetzen mit dem Hauptfilm (z.B. »Star Wars« oder »Harry Potter«), um den herum und von dem aus sich alle komplementären Inhalte aufbauen.

Im Falle der Old-Spice-Kampagne war dies mit hoher Wahrscheinlichkeit der YouTube-Kanal. Auch wenn das erste Video der Kampagne als Werbespot für den Super Bowl gedacht war, wussten die Macher wohl, das Interesse der Social-Media-Gemeinde an den Werbespots bereits im Vorfeld zu nutzen. Auch wenn die Website-Aufrufe ein aussagekräftiger Key Performance Indicator (KPI) sind, stand die Website von Old Spice weniger als Destination im Vordergrund. So wurde sie zum Beispiel in keinem der Videos per Call-to-Action oder in der Videobeschreibung erwähnt. Das Ziel einer transmedialen Kampagne ist jedoch meist ein Kanal, der vom Unternehmen selbst kontrolliert werden kann (Owned Media), wie eben der eigene YouTube-Kanal.

Beispiel

Die Wahl des passenden Kernstücks hängt von vielen Faktoren ab:

- Wie lässt sich Ihre Geschichte am besten erzählen?
- Welche Ressourcen und Expertise haben Sie hinsichtlich Text, Bild, Video, Event und weiterer Mittel?

- Welche Kanäle sind bereits in Ihrem Unternehmen etabliert?
- Welche Kanäle erlauben wie viel Partizipation oder auf der anderen Seite Kontrolle?
- Welche Kanäle und Technologien sind Ihrem Publikum vertraut?
- Wie einfach ist der Kanal auffindbar bzw. wie gut lässt es sich von anderen Kanälen dorthin vernetzen?
- Wie einfach ist es, von diesem Kanal aus zu teilen und zu weiteren Interaktionen anzuregen?

Welche Wege führen nach Rom?

Die zweite Frage ist, worüber das Publikum auf dieses Kernstück aufmerksam gemacht wird bzw. wo das Unternehmen zuerst in Kontakt mit dem Publikum tritt und wo die Konversationen stattfinden. Diese Entscheidung sollte auf einer gründlichen Zielgruppenanalyse basieren. Auch bei einem breiteren Publikum können die Botschaften und der Dialog durch gezieltes Targeting innerhalb einer Plattform (z.B. Instagram) oder durch die Auswahl einer passenden Nischenplattform gezielter formuliert werden.

Beispiel

Die »Responses« von Old Spice zum Beispiel wurden zu Beginn gezielt an reichweitenstarke Twitter-Prominente und mit inhaltlichem Bezug auf ihre Tweets ausgerichtet. Daneben ist das Unternehmen noch auf Facebook aktiv, da dort ebenfalls viele Konversationen stattfinden. Eine Tumblr-Seite wieder, die in einigen Videobeschreibungen genannt wurde, ist besonders auf American Football ausgerichtet, wo sich der Kreis zum Super-Bowl-Spot schließt. Mittlerweile gibt es auch einen Instagram-Account, der jedoch bei der Kampagne 2010 noch nicht vorhanden war.

Bei der Wahl der passenden Einstiegspunkte in die Geschichte kann also sowohl die Reichweite der eigenen Kanäle (Owned Media) als auch bezahlte Reichweite (Paid Media) und Reichweite, die durch Multiplikatoren (Journalisten, Influencerinnen, Social-Media-Shares, Retweets etc.) zustande kommt, genutzt werden.

Do it yourself

- Wer ist Ihr Publikum?
- Welche Technologie nutzt es?
- Wie viel Zeit hat es?
- Wie sollen sie die transmediale Geschichte erleben?
- Welches Level an Engagement und Interaktion soll erzielt werden?
- Wie soll sich die Interaktion auf den weiteren Verlauf der Geschichte auswirken?

- Wie soll die Partizipation gesteuert werden?
- Wie viel Einfluss sollen die Nutzer und Nutzerinnen auf die Geschichte haben?
- Soll die Geschichte nur digital erlebt oder auch ins echte Leben transportiert werden?
- Welches Medium eignet sich am besten für das Erlebnis, das geschaffen werden soll?
- Was ist der konkrete Mehrwert jedes Kanals?
- Wird auf ein Massen- oder Nischenpublikum gezielt?

Was ist der Call-to-Adventure?

Wer mehr Nutzerengagement als nur generelle Aufmerksamkeit erzielen oder das Publikum auf bestimmte Kanäle und Aktionen leiten will, kann dies durch einen aussagekräftigen Call-to-Action initiieren. Geschichten bewirken in unserem Gehirn, dass bestimmte Situationen simuliert bzw. geübt werden, und sind auch ein Katalysator für Motivation. Warum sollte dies nicht eingesetzt werden, um das Publikum mit auf die weitere Reise zu nehmen? Im Sinne des Storytelling ist es im Prinzip ein »Call-to-Adventure«, bei dem das Publikum vom Mentor (dem Unternehmen) dazu ermutigt wird, Teil der Geschichte zu werden. Wie das Abenteuer aussehen kann, hängt davon ab, wie viel Engagement forciert werden soll, welche Werte und Wachstumsbedürfnisse Heldin und Mentor teilen sowie welcher Plot im Vordergrund steht. Da bei der Old-Spice-Kampagne zu Beginn überwiegend prominente Nutzer angesprochen wurden, war kein expliziter Call-to-Action notwendig, um die Eifersucht und den Ehrgeiz »normaler« Nutzer und Nutzerinnen zu wecken, ebenfalls Teil der Kampagne zu werden. Hätte es einen Aufruf gegeben, hätte die Zielformulierung zum Beispiel folgendermaßen sein können: Sprich mich auf einzigartige Weise an (Einzigartigkeit) und werde dadurch zum Teil (höchstes Engagement-Level) der Komödie/Romanze. Diese Formulierung ist natürlich nicht gleichzusetzen mit dem technischen Call-to-Action, also dem Button oder Link, der im Video oder auf der Website betätigt werden soll. Diese unterliegen hinsichtlich Kürze und Gestaltung anderen Regeln. Das Ziel bzw. der implizite Aufruf des Dove-»Beauty Sketches«-Video hingegen wäre wahrscheinlich: "Teile dieses Video (Fürsprache), wenn du denkst, dass wir Schönheit (Wachstumsbedürfnis) neu definieren sollten (Wiedergeburt).«

Do it yourself

- Welche Bedürfnisse und Werte stehen im Mittelpunkt?
- Welcher Plot steht im Mittelpunkt?
- Welchen Charakter haben Heldin und Mentor?

- Wie wirkt sich das auf die Konversation aus?
- Welches Level an Engagement soll geweckt werden?
- Wie kann dies zum Ausdruck kommen?
- Wie könnte der Call-to-Adventure lauten?
- Welche Anreize/Belohnungen lassen sich zusätzlich implementieren?

Bevor wir uns mit einigen Kanälen, Formaten und Technologien noch einmal genauer beschäftigen, jedoch noch ein Hinweis zum Transmedia Storytelling: Je nach Format, Inhalt und Publikum lassen sich Geschichten genauso erfolgreich auch innerhalb eines Mediums erzählen. Transmedia sollte nicht als Auflage für jegliche Form von Storytelling erachtet werden, auch wenn das Publikum auch in anderen Medien präsent ist und sich dort unterhält und einbringt.

In unserem Gespräch hat Hubertus von Lobenstein, Geschäftsführender Gesellschafter der Markenberatung Aimaq von Lobenstein, ganz passend zusammengefasst:

»Im Moment begreifen viele die digitalen Möglichkeiten als technische Möglichkeiten. Oh, da gibt es einen neuen Kanal, da machen wir jetzt auch was und da gibt's jetzt Snapchat: Was können wir da denn noch machen? Was dabei oft vergessen wird, ist, dass man zuerst über die Marke nachdenken muss. Denn mit der fängt alles an. Man muss darüber nachdenken, was die Geschichte ist, welche die Marke erzählen möchte, und wofür sie stehen will. Und erst dann kommt die Frage der Kanäle, auf denen ich die Geschichte erzählen will.«

Sein Beispiel einer deutschen Transmedia-Story für den Spirituosenhersteller Berentzen dreht sich vor allem um das Zusammenspiel zwischen Web-Video und Interaktion auf Live-Events, die über Facebook verlängert werden:

»Zuerst schaust du, was das Produkt ist und welche Zielgruppe erreicht werden soll. Ob ein Korn, ein Apfelkorn oder ein Apple-Bourbon, das sind alles Produkte, die bodenständig sind. Die werden nicht unbedingt mit abgespreiztem Finger an der Cocktailbar geschlürft. Das ist schon ehrlich, echt und authentisch. Das Unternehmen sitzt in Haselünne. Das ist auch sehr authentisch. Dort ist auch alles sehr bodenständig und sehr ehrlich. Nun wurde diese Bodenständigkeit als Kampagne schon einmal versucht. Da ist jahrelang ein berühmter TV-Spot gelaufen, wo die Städter zum Dorffest in die Scheune in Haselünne kommen.

Wir haben uns jedoch überlegt, welchen Konflikt in diesem Themenfeld ›Authentizität‹ die Menschen eigentlich haben. Und sind dann relativ schnell darauf gekommen, dass die Zielgruppe von Berentzen, die tendenziell eher jünger ist, ein ganz großes Problem hat: nämlich das Thema, dass wir uns in vielerlei Hinsicht immer wieder neu erfinden. Realität kann erfunden werden. Ich kann mich auf Facebook so erfinden, wie ich das gerne möchte. Und das kann ich in sämtlichen sozialen Medien.

Daraus ist eine Kampagne geworden, die überhaupt nicht im TV stattfindet, sondern mit einem kleinen Netzfilm angefangen hat. In diesem sieht man einen jungen Comedian, David Werker, der in eine urdeutsche Kölner Kneipe kommt und dort eine Wirtin trifft, die echte Wirtin Gertie. Er sitzt am Tresen und trinkt ein Bier und einen Korn. Der Comedian ist offensichtlich ein Stammgast in der Kneipe. Er redet mit der Wirtin darüber, dass um sie herum alles Fake ist und dass alle versuchen, besser oder anders zu sein, als sie tatsächlich sind, und dass niemand mehr den Mut hat, man selbst zu sein. Dadurch ginge doch unheimlich viel verloren. Sie beschließen, sich auf die Suche nach etwas Echtem zu machen. Daraus entsteht das zweite Kapitel der Geschichte.

Für ihre Suche nutzen sie eine Arche, ein echtes Boot, mit dem sie durch Deutschland fahren: die Arche ›Unfake‹. Die erste Station, an der die Arche anlegt, ist Berlin. Dort schenkt Gertie Berentzen aus. Diesen bekommt man aber nur, wenn man eine Wahrheit über sich erzählt, von der nur Wenige wissen. David sitzt auf der Arche und flirtet live auf Tinder mit ein paar Mädels, die er versucht, zu einem Date zu überreden. Voraussetzung ist jedoch, dann man ein ehrliches Bild haben und die Wahrheit sagen muss. Dabei entsteht natürlich sehr viel Bewegbild-Content: Leute, die die Wahrheit von sich erzählen, David auf dem Boot mit seinen Dates. Denn er hat tatsächlich vier Mädels dahin gekriegt.

Auf der zweiten Station in Hamburg haben wir auf der Reeperbahn angelegt, wollten dort von den Leuten in einer Kneipe den lautesten Fake-Orgasmus aller Zeiten hören und haben einen Weltrekordversuch gemacht.

Dann kam die dritte Station, die eigentlich gar nicht geplant war. Wir wollten direkt vor Deutschlands Supermodels-Show vorfahren und dort eine lustige Aktion machen. Das hat aber nicht geklappt. Dann haben wir die beiden Hauptcharaktere live auf der Arche das Finale kommentieren lassen. Überall entstand Bewegbild-Content. Am Ende ist die Arche ›Unfake‹ bei Berentzen in Haselünne gelandet. Dort gab es ein nettes Fest für die Mitarbeitenden und die Gäste. Damit ist das zweite Kapitel beendet.

Alleine dadurch haben wir erstens den Absatz vom Apple-Bourbon nach oben getrieben, weil dieser immer dabei war, und zum Zweiten haben

Beispiel

wir die Facebook-Community von Berentzen von 70.000 auf 130.000 hochgefahren. Wir haben aus einer total toten Facebook-Community eine gemacht, die angefangen hat, mit uns zu diskutieren. Über das Echtsein und über ›Unfake‹.«

Auch kleine Unternehmen, die nicht das Budget von Berentzen haben, kommen nicht daran vorbei, Storytelling transmedial zu denken. Denn Kundinnen und Mitarbeitende sind auf mehr als einem Kanal zu finden und sprechen dort eventuell auch bereits über die Produkte. Dabei muss man jedoch nicht alle Kanäle bedienen, um möglichst nichts oder niemanden zu verpassen. Viel wichtiger ist es, das Publikum auf genau jener Plattform zu bündeln, wo die Geschichte am besten erzählt und die gewünschte Interaktion zwischen Publikum und Erzähler erzielt werden kann. Gerade bei kleinerem Budget hilft es, sich daher noch einmal ganz genau zu fragen:

Do it yourself

- In welcher Form können Sie als Unternehmen auf Grundlage Ihres Wissens und Ihrer Ressourcen am besten Geschichten erzählen?
- Wie können Sie diese Formate weiterverwerten?
- Auf welchen Plattformen können diese Geschichten am besten präsentiert werden? Wo sind Ihre Kunden und Kundinnen?
- Wie viel Engagement wünschen Sie sich von Ihren Kunden und Mitarbeitenden auf den jeweiligen Plattformen?
- Wie können Sie die einzelnen Kanäle eng miteinander verzahnen?

Transmediales Setup eines Pharmaverbandes

BioNTech, Bayer, Bionorica – von Impfstoff-Pionieren über Mainstream-Medikamente bis hin zu pflanzlichen Arzneimitteln hat die deutsche Pharma-Landschaft eine beachtliche Vielzahl und Vielfalt an Unternehmen zu bieten. Organisiert sind viele dieser Konzerne und Mittelständler in einem (oder mehreren) der vier großen Pharmaverbände. Deren Aufgabe wiederum ist es, die Interessen ihrer Mitglieder gegenüber der Politik, der allgemeinen Öffentlichkeit, der Wissenschaft und anderer Branchen und Länder zu vertreten; ein ziemlich breites Publikum also. Die Ziele dabei sind zum Beispiel bessere Rahmenbedingungen in der Produktion und Lieferung oder Employer Branding einer gesamten Branche.

Dazu gehört entsprechend eine hohe Dosis Kommunikation, die zeitgemäß, überzeugend und ansprechend sein sollte. Ich habe bewusst einmal diese Branche ausgewählt, um zu zeigen, dass transmediale Strategien auch mit einfacheren Mitteln und weniger riskanten Kreativideen umgesetzt werden können. Nachdem ich die Webseiten, Social-Media-Kanäle und Medienformate dieser vier Verbände hinsichtlich ihrer Storytelling-Wirkung verglichen habe, gibt es einen klaren Vorreiter: den vfa – Verband der forschenden Pharma-Unternehmen.

Angefangen beim ersten optischen Eindruck auf der Webseite zieht sich eine ausgeglichene Balance und eine klare, frische CI über alle Kanäle. Gut durchdachte Artikelreihen mit interessanten Headlines sind der Aufhänger der Website und werden ganz zu Beginn prominent platziert. Auf Social-Media-Kanäle und -Formate wird an verschiedenen Stellen, aber ohne zu stören, immer wieder verwiesen. Und diese haben einiges zu bieten.

Der vfa ist der einzige Verband, der einen Podcast betreibt. Manchmal wechselt dort das Narrativ bzw. das inhaltliche Format, je nachdem auf welche größer angelegte Kampagne es jeweils einzahlen soll. So hat man sich dort sogar noch weiter in die Welt des Storytelling getraut. Mit dem »Forschungskrimi« werden die Parallelen zwischen der Detektivarbeit und den Mysterien der Wissenschaft aufgegriffen.

Wer sagt, dass Pharma-Themen nicht zu Instagram passen, wird beim vfa eines Besseren belehrt. Über 15.600 Abonnentinnen und Abonnenten belegen, dass der Verband es wirklich schafft, seine Themen mit originären Inhalten und einer Verbraucher-nahen Aufmachung der allgemeinen Öffentlichkeit zugänglich zu machen. Das belegt auch die Interaktion auf die einzelnen Posts. Und damit nicht genug.

Auf YouTube präsentiert der vfa nicht nur eine Fülle an Inhalten, sondern auch beeindruckende Aufruf-Zahlen, die nicht selten im fünfstelligen Bereich liegen. Mit vielfältigen Formaten und Kampagnen – auf die ich gleich noch einmal gesondert eingehe – hat man sich eine treue Gefolgschaft von über 1.500 Followerinnen aufgebaut. Auch bei den Formaten erkennt man, dass hier eine große Bereitschaft besteht, immer neue Wege auszuprobieren. So experimentierte der Verband mit Livestreams im Rahmen seiner sogenannten Debattentour.

Auf der separaten Landingpage »Forschung ist die beste Medizin« gibt sich der Verband sogar noch mehr Raum für Storytelling. Bei den Inhalten geht es eben nicht nur um eintönig in die Kamera gesprochene Interviews, sondern es wird das ganze Repertoire der Kommunikation, wie sie heutzutage funktioniert, angewandt. Zwei der Kampagnen-Highlights machen bereits beim Lesen der Grundidee Lust auf mehr.

- Influencer-Kampagne: Forschung erlebbar machen: Das hat sich der vfa mit der Kampagne #ForschungIstDieBesteMedizin zum Ziel gesetzt. Dazu öffnen Forscherinnen und Forscher die Türen zu ihren Laboren, erzählen von ihren individuellen Wegen, ihren Erfolgsmomenten und ihrer persönlichen Motivation – und laden manchmal sogar zum Mitforschen ein.
- Research on Stage: #ForschungIstDieBesteMedizin – warum, das haben Forscherinnen und Forscher selbst erzählt. Am 1. März 2018 hieß es im legendären Berliner Kino International: Bühne frei für Geschichten aus der Welt der Arz-

Kapitel 10
Transmedia-Strategien

Beispiel

neimittelforschung. In einem völlig neuen Format berichteten acht Forscherinnen und Forscher aus Mitgliedsunternehmen des Verbands vor großem Publikum, was sie bei ihrer Arbeit persönlich jeden Tag aufs Neue motiviert.

Schaut man in die einzelnen Artikel auf der Haupt-Webseite des vfa hinein, werden diese immer wieder visuell aufgelockert und längere Beiträge aufgebrochen. Die Grafiken sind ansprechend und manchmal sogar leicht animiert bzw. interaktiv. Selbst ein sonst recht stiefmütterlich behandelter Teil vieler Unternehmenswebseiten, die Presseseite, wartet mit professionellem und frischem Design auf. Als Service bekommt man nicht nur Corporate-Fotos zum Download, sondern auch extra bereitgestellte Bilder aus der Forschung. vfa-Mitglieder, die einen eigenen Twitter-Kanal pflegen, werden hier ebenfalls besonders hervorgehoben; und immer wieder im Abspann auch Verweise auf die eigenen Video- und Audio-Formate. Fazit: Alles richtig gemacht!

> **Beispiele**
>
> »Cinderella 2.0« der Agentur FCB Global:
> https://www.youtube.com/watch?v=CP-zOCl5md0
>
> »Responses« von Old Spice:
> https://www.youtube.com/playlist?list=PL484F058C3EAF7FA6
>
> »Unfake« von Berentzen:
> http://www.wuv.de/marketing/unfake_berentzen_wagt_testlauf_im_netz
>
> Webseite des vfa: https://www.vfa.de/

Kapitel 11

Visuelles Storytelling

In Filmen kann ein Bild das Gefühl, die Farben, die Stimmung und den Kontext einer ganzen Geschichte in unseren Köpfen wieder erwecken: Forrest Gump, der mit einem Koffer und einer Schachtel Pralinen auf einer Parkbank sitzt, Susi und Strolch, die sich verliebt eine Spaghetti teilen, Dr. Hannibal Lecter in Zwangsjacke und mit Mundschutz, Jack, der sich neben Rose an einem Stück Treibholz erfrierend festhält, während die Titanic untergeht. Die meisten Blockbuster sind über 90 Minuten lang und dennoch kann eine einzelne ikonische Szene unseren inneren Film dazu abspulen lassen.

Abb. 11.1: »Forrest Gump«-Titelbild

Pressefotografen und -fotografinnen können mit einer Aufnahme komplexen historischen, politischen oder kulturellen Zusammenhängen ein Gesicht geben, das in die Geschichte eingeht: so wie der chinesische Student Wang Wei Lin, der sich protestierend vor die anrollenden Panzer am Tiananmen-Platz in Peking stellt, Willy Brandts Kniefall von Warschau oder Marylin Monroes wehendes weißes Kleid über einem U-Bahn-Schacht.

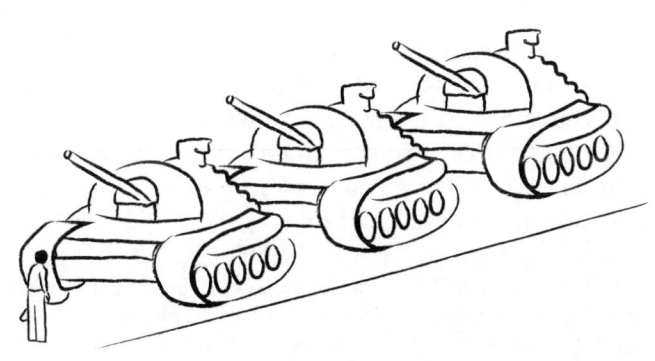

Abb. 11.2: Pressefoto vom Tiananmen-Platz

Unternehmen haben nicht nur die Möglichkeit, über ihr Logo in den Köpfen der Menschen zu bleiben. Gerade beim Storytelling ist das Potenzial visueller Inhalte enorm. Etliche Studien[1] belegen, dass visuell untermalte Geschichten mehr Aufmerksamkeit generieren, schneller verstanden sowie besser erinnert werden und eine höhere Erfolgsquote bei gewünschter Partizipation erzielen:

- 90 Prozent aller Informationen, die im Gehirn ankommen, sind visuell. Bilder werden dabei 60.000-mal schneller erfasst als Text. Um die Essenz eines Bildes zu verstehen, benötigt man im Schnitt eine Zehntelsekunde. Um 200 Wörter zu lesen, braucht man im Schnitt eine Minute.
- Online-Leser verbringen doppelt so viel Zeit auf Seiten mit Bildern oder Videos.
- Videos werden auf Facebook zwölfmal so häufig geteilt wie Text, Posts und Links zusammen.
- Visuelle Inhalte werden in den sozialen Medien 40-mal häufiger geteilt als andere Posts.

Aber auch ohne diese Zahlen lässt sich mit ein paar einfachen Beispielen zeigen, wie stark Bilder unsere Vorstellungskraft stimulieren und uns zum Mitdenken einladen. Wenn wir eine Box in einer Geschenkverpackung sehen, wird automatisch die Neugier geweckt, herauszubekommen, was darinsteckt. Wie das Beispiel der unausgefüllten Dreiecke zur Wirkung der Geschichten in unserem Gehirn aus Kapitel 1 zeigt, vervollständigen wir Lücken in Bildern, ohne dass wir es mitbekommen. Per Interpretation stricken wir um ein Bild eine Geschichte, oder auch mehrere, je nach Perspektive. Wenn ein Vater zornig schmunzelnd seinen unartigen Sohn anschaut, wollen wir wissen oder denken uns manchmal auch gleich mit, was dieser wohl angestellt hat. Wenn zwei Mädchen sich etwas zuflüstern und eine davon in eine bestimmte Richtung schaut, interpretieren wir meist, dass sie darüber sprechen, was auch immer in dieser Richtung passiert.

Jedoch bedarf es einiger Voraussetzungen, damit aus einem Bild eine Geschichte wird, die uns emotional auf eine Reise mitnimmt und eine Geschichte in sich birgt.

Wie sieht die visuelle Story-Welt aus?

Häufig greifen Unternehmen bei der visuellen Untermalung ihrer Inhalte – aus Kostengründen oder aufgrund des vermeintlichen Aufwands – auf kostengünstige Stock-Fotos oder -Videos zurück. Für den Markenwert ist diese Option jedoch meist fatal, da das gewählte Foto zum Beispiel auch von der Konkurrenz oder einem Unternehmen aus einer komplett anderen Branche verwendet werden könnte und somit die visuelle Geschichte austauschbar ist.

---

[1] Sibley, Amanda – 9 Reasons You Should Include Visual Content in Your Marketing Data, http://blog.hubspot.com/blog/tabid/6307/bid/33423/19-Reasons-You-Should-Include-Visual-Content-in-Your-Marketing-Data.aspx (2012)

Kapitel 11
Visuelles Storytelling

Genauso wie Logo und Website einer einheitlichen visuellen Linie folgen sollten, gilt dies auch für alle statischen und bewegten Bilder, die im Storytelling eingesetzt werden. Eine fest definierte Bildsprache fördert den Wiedererkennungswert, transportiert die Unternehmenswerte und unterstützt die gezielte Ansprache bestimmter Zielgruppen.

Bei Coca-Cola zum Beispiel stehen ähnlich wie das Logo alle visuellen Kommunikationsmittel ganz im Zeichen der Farbe Rot, die unter anderem Selbstbewusstsein, Spaß und Leidenschaft transportiert. Ob Fotos, Videos oder Illustrationen – starke Farbkontraste bringen das Rot in jeder Situation zum Leuchten und sorgen dafür, dass die visuellen Geschichten nicht zu übersehen sind.

Nicht nur die Lotion-Verpackungen von Dove sind minimalistisch, hell und freundlich, sondern auch die gesamte Bildsprache in ihren Geschichten. Sowohl Plakate als auch das Video über die Real-Beauty-Sketches und andere Social-Media-Bilder sind von lichtdurchfluteten Räumen sowie überwiegend weißen Elementen und Hintergründen bestimmt (Klarheit, Einfachheit, Leichtigkeit, Unschuld).

Künstler und Designerinnen erstellen aus gutem Grund dynamische Farbpaletten für bestimmte Projekte. Farben und ihre Kombination, Kontraste, Sättigung etc. stimulieren auf ganz unterschiedliche Art unser Gehirn und haben somit einen wesentlichen Einfluss auf unsere Wahrnehmung. Studien zeigen, dass Menschen bereits nach 90 Sekunden der ersten Begegnung eine Meinung zu einem Menschen oder einem Produkt haben und dass 62 bis 90 Prozent dieser Entscheidung auf Farben beruht.[2]

Jedoch geht es bei der visuellen Story-Welt nicht nur um Farben. Wie die Vorgaben beim Tourismusmarketing für die Stadt Wien zeigen, sollten auch Aspekte wie der redaktionelle Stil einheitlich sein. Ein natürliches, spontanes Foto mit Schnappschuss-Optik passt zum Beispiel nicht zu einem gestellten Studio-Foto, auch wenn die gleichen Farben verwendet werden.

So beschreibt das Tourismusportal der Stadt Wien in seinem Markenmanual:

> »Wir zeigen die Menschen im Augenblick des Genusses. Man spürt auch in Detailshots die menschliche Anwesenheit. Wien wird als Bühne inszeniert und ist dabei in jedem Bild spürbar. Die Fotografie ist momenthaft und erzählt Geschichten. Mal aktiver, mal beobachtender. Die Bilder wirken echt und frisch, sind voller Leben und lassen gleichzeitig die Schönheit und Eleganz unserer Stadt spüren. Unser Farbraum ist kontrastreich, offen und weist eine ruhige und in sich harmonische Farbzusammensetzung auf.«

---

2 Singh, Satyendra – Impact of Color on Marketing, Management Decision, Vol. 44, Iss. 6 (2006)

Kapitel 11
Visuelles Storytelling

Wenn es durch das Logo oder ein Corporate Design nicht schon grafische Vorgaben gibt, können bei dieser grundlegenden Entscheidung ebenfalls die Mentoren-Archetypen herangezogen werden sowie die definierten Werte und angesprochenen Bedürfnisse.

Beispiel

Ein Unternehmen wie Patagonia, das wir früher als eine Mischung aus Pionierin, Kapitänin, Heilerin und Zeugin eingestuft haben und das unter anderem die Werte Freiheit und Transparenz verkörpert, würde allein auf dieser Basis bereits keine dunklen Farbtöne einsetzen, obwohl das Logo von der Farbe Schwarz dominiert wird. Stattdessen überwiegen zum Beispiel auf dem Blog Farben, die häufig in der Natur vorkommen, wie Blau-, Grün- und Sandtöne.

> **Do it yourself**
>
> - Welche Farben, Motive und anderen visuellen Mittel spiegeln die Werte Ihres Unternehmens wider?

Visuell im Mittelpunkt: Der Held

Die Zielgruppe wird sich immer eher mit ihresgleichen identifizieren. Wie erfolgreich ein Bild ist, hängt daher auch stark davon ab, wie sehr es uns gelingt, diese Identifikation und Authentizität herzustellen. Wenn ein Unternehmer aus der Großstadt zum Beispiel einen stylischen Laptop-Rucksack sucht, wird ihn weder ein Bild mit einem Wanderer und seinem Rucksack ansprechen noch ein Bild von einem Schuljungen mit Rucksack.

Es ist daher unerlässlich, ein gutes Bild von seiner Zielgruppe zu haben und diese auch authentisch darzustellen, damit sie sich darin wiederfindet. Daher ist es naheliegend, auch Bilder zu verwenden, die von den Kunden oder Mitarbeitenden selbst erstellt wurden, und zum Beispiel über Social-Media-Kanäle dazu aufzurufen, diese zu teilen. Auch wenn die Qualität nicht immer mit den Unternehmensbildern mithalten kann, Ehrlichkeit und Authentizität wirkt auf die meisten Menschen besser als Hochglanz. Im Gegenteil, eindeutig gestellte und inszenierte Situationen, wie zum Beispiel auf Stock-Fotos, können auch schnell Misstrauen hervorrufen.

Selbst in Situationen, in denen man annehmen würde, dass hochprofessionelle Fotos angemessener sind, kann man diese durch authentischere Bilder ergänzen. So sieht man in immer mehr Online-Shops zum Beispiel, dass nicht nur das klassische Katalog-Bild verwendet wird, sondern das Produkt auch in der Benutzung unter natürlicheren Umständen und aus der Sicht der Nutzer gezeigt wird. Wie häufig hat man nicht schon selbst die Erfahrung gemacht, dass ein Produkt in echt doch ganz anders aussieht. Dieser Befürchtung lässt sich mit authentischeren Bildern entgegenwirken.

Noch einen Schritt weiter bei der Einbindung des Helden in der visuellen Kommunikation kann man gehen, indem man die Zielgruppe selbst in den Mittelpunkt rückt.

Auch in der internen Kommunikation und beim Employer Branding geht der Trend immer mehr zu Bildern von echten Mitarbeitenden, Büros und Eindrücken aus dem Arbeitsleben statt gesichtsloser Gruppenbilder und Standard-Situationen im Joballtag.

Visuelles Storytelling im Gender-Kontrast

1.854! Das ist die Zahl der Personen, die die 30 größten börsennotierten Unternehmen Deutschlands im Jahr 2020 wählten, um das Herzstück ihres Employer Brandings zu visualisieren: ihre Karriereseite. Dabei sind die 1.854 Personen, die jedem einzelnen, potenziellen Bewerber auf dem Bildschirm begegnen, mit Sorgfalt für die Repräsentation des Unternehmens gewählt. Die spannende Frage also: Wer sind diese 1.854 Personen? Wie sehen sie aus? Wie verhalten sie sich? Und auch: Welche Person passt nach Auswahl der Konzerne zu welcher Position? Im Visuellen Storytelling-Report im Gender-Kontrast analysierte meine Agentur genau das. Die Ergebnisse des Reports erlauben dabei Antwort auf die Frage, wie sich die damaligen DAX 30 ihre Mitarbeitenden der Zukunft vorstellen.

Um eine Aussage darüber formulieren zu können, wie die Unternehmen auch für unterschiedliche Positionen bebildern, wurden als Analysegrundlage die Unterseiten der Berufsgruppen der Praktikanten und Schülerinnen, Auszubildenden, Studierenden, Berufseinsteiger und Berufserfahrenen betrachtet. Neben Geschlecht, Alter und körperlicher Merkmale wurde jede Person anhand folgender Kriterien erfasst: Lächelt das Teammitglied auf dem Bild (Mimik)? Ist er oder sie alleine oder in einer Gruppe dargestellt (Bildkomposition)? Ist er oder sie der aktive oder passive Part der abgebildeten Situation (Aktivität)? Und auch: Befindet sich die Person in einem Arbeitsumfeld oder nicht (Aktion)? Die gewählten Kriterien ließen in der Auswertung konkrete Muster darüber erkennen, wie das Idealbild der einzelnen Berufsgruppen und auch von Mann und Frau ist.

»Lächel' doch mal!« – eine Phrase, die jedem Mädchen zu oft in ihrem Leben begegnet – wie die Auswertung des Reports zeigt, auch noch als Managerin eines DAX-30-Unternehmens im Jahr 2020. Nur ein Fünftel der insgesamt 872 dargestellten Frauen schaffte es mit neutralem Gesichtsausdruck auf die Karriereseite. Bei den männlichen Kollegen hingegen waren es mehr als ein Drittel. Dass Frauen, um in der Business-Welt erfolgreich zu sein, freundlicher auftreten müssen als Männer, bleibt eine These, die sich nach der Auswertung aber bestätigen lässt.

Die Kombination einzelner Kriterien gab in der Auswertung auch Aufschluss über einige wiederkehrende Muster. Eine Faktor-Kombination, die dabei besondere Betrachtung verdient, ist die »AAA-Darstellung«, die Personen aktiv, arbeitend und allein zeigt. Bildlich übersetzt, zeigt sie eine Person im direkten Arbeitsumfeld, die beispielsweise spricht, schreibt, schraubt oder forscht und ihr Handeln dabei unabhängig von anderen Personen selbst bestimmt – kurzum: das starke Bild eines Machers oder einer Macherin. Das AAA-Problem ergibt sich nun, wenn man die Verteilung der Männer und Frauen, die ebenso präsentiert werden, vergleicht. Insgesamt sind rund 61 Prozent der aktiv, allein und arbeitenden Personen männlich, nur 39 Prozent weiblich. Umso brisanter: Die Werte klaffen mit steigender Position weiter auseinander.

Mit fast 600 Gesichtern ist die Gruppe der Professionals und Manager die Kategorie, die auf den Karriereseiten am stärksten visualisiert ist – den Entscheidungsträgern wird eine wichtige Bedeutung beigemessen. Ist die Verteilung zwischen Männern und Frauen in allen anderen Kategorien fast ausgeglichen, war bei den Führungskräften die Mehrheit mit knapp 60 Prozent männlich. Vergleicht man zwischen weiblichen und männlichen Managern, offenbart sich ein weiterer Unterschied. So waren die dargestellten Managerinnen mehrheitlich jünger als ihre männlichen Kollegen. Während knapp 40 Prozent der männlichen Führungskräfte zwischen 20 und 35 und fast 50 Prozent zwischen 35 und 50 Jahre alt waren, wurden weibliche Professionals zu knapp 60 Prozent zwischen 20 und 35 und nur rund ein Drittel zwischen 35 und 50 Jahren dargestellt.

Die Ergebnisse des Visuellen Storytelling-Reports im Gender-Vergleich zeigen nicht nur den Kern verschiedener Arbeitgebermarken. Sie gießen die Weltansicht Deutschlands größter Firmen im Jahr 2020 in Zahlen und belegen dabei, dass auch international agierende Konzerne, die Diversität und Gleichberechtigung in Wort und Schrift als Selbstverständlichkeit kommunizieren, in der visuellen Darstellung dieser Werte insgesamt noch Verbesserungspotenzial haben.

> **Do it yourself**
>
> ■ Welche Protagonisten und Charaktere können wir visuell in das Storytelling einbinden?

Kontrast bringt Konflikt und Transformation zum Vorschein

Gegensätze und Konflikte können zwischen einem Protagonisten und seinem Gegner existieren, wie auch innerhalb eines Protagonisten selbst. Die Überwindung dieser beiden Szenarien führt dazu, dass der Protagonist als wahrer Held emporkommt und eine Veränderung durchmacht. Doch wie lässt sich dieser komplexe Vorgang in einem einzigen Bild darstellen?

Das Zauberwort hierfür heißt Kontrast. Die wohl bekannteste Form, einen Kontrast bzw. eine Transformation zu bebildern, sind Vorher-Nachher-Vergleiche, wie man sie zum Beispiel von Fitnessprogrammen kennt. Wenn man sich zuvor darüber im Klaren geworden ist, wie die alte und neue Welt der Heldenreise oder wie der Gegner aussieht, kann man an diesem Punkt brainstormen, welche Bilder oder Symbole zu diesen beiden Welten passen könnten, um den Gegensatz zu veranschaulichen.

»I'm a Mac, I'm a PC« ist zum Beispiel solch ein Konflikt, der auch in einem Bild verständlich wird. Ebenso konnte das ›Rolling Stone Magazin‹ in den 1980er Jahren alleine mit simplen Kontrasten seine Werbekunden davon überzeugen, dass seine Leserschaft nicht unbedingt, wie angenommen, aus Marihuana-rauchenden, armen Hippies bestand.

Abb. 11.3: Rolling-Stone-Kampagne aus den 1980ern

Eine subtilere, aber dennoch psychologisch wirksame Methode, Konflikte darzustellen, sind Farben. Wie Sie wissen, haben unterschiedliche Farben entsprechende Wirkungen auf unser Empfinden. Gegensätzliche Botschaften können daher auch schon allein mit diesem Stilelement gegeneinander antreten.

Mit seiner Kampagne »Highlight the Remarkable« legt Stabilo mit einem ganz einfachen Kontrast-Kniff seinen Fokus auf Female Empowerment. Während Frauen vorgestellt werden, die Erstaunliches bewirkt, Wesentliches verändert und Zukunftsweisendes ins Leben gerufen haben, dient der Textmarker der Stabilo-Serie als metaphorischer Highlighter. Auf einem historischen Schwarz-Weiß-Foto hebt dieser im bekannten Marker-Gelb die Person hervor, die nicht übersehen werden darf. Im Rampenlicht steht nicht das Schreibutensil, sondern die beeindruckenden Lebensläufe der Pionierinnen.

Auf der Website des Unternehmens lassen sich Geschichten lesen, in denen Visionärinnen gegen Klischees angekämpft und gewonnen haben oder auch männerdominierte Branchen revolutionierten. Tracy Edwards beispielsweise stellte 1989 eine rein weibliche Crew bei einer Regatta zusammen, die das Rennen entgegen allen Erwartungen als Zweitplatzierte abschloss. Die Leidenschaft und Entschlossenheit der Frauen ist beachtenswert, Stabilo hebt sie mithilfe von einfachem visuellen Storytelling hervor. Zugleich richtet das Unternehmen den Appell an die heutige weibliche Generation, den vorgestellten Heldinnen nachzueifern. Sie werden dazu aufgerufen, ihre Kreativität, Leidenschaft und Individualität auszuleben, Mut zu fassen und ihre Ideen umzusetzen.

> **Do it yourself**
> - Welche Gegensätze gibt es zu der von Ihnen definierten visuellen Welt?

Welches Ziel haben Auge und Held?

Wonach strebt der Held? Worauf soll unser Auge gelenkt werden? Diese zwei Fragen sind beim visuellen Storytelling sehr eng aneinandergekoppelt. Schließlich haben Bilder häufig viele Details. Wie schaffen wir es also, unseren Zuschauer genau dahin zu lenken, was die Geschichte ausmacht? Vier einfache Mittel können schon helfen, die Aufmerksamkeit auf einen ganz bestimmten Punkt zu lenken.

Abb. 11.4: Iwo Jima

Ein Kind, das zu einem bestimmten Menschen rennt, ein Mann, der nach etwas auf einem Regal greift, ein Hund, der aufgeregt an den Zaun gerannt kommt – all diese Szenen sind von Bewegung und Dynamik geprägt. Die Geschichte ist im Fluss, ein Akteur ist auf dem Weg von Punkt A nach Punkt B. Und wie es im Storytelling ebenso der Fall ist, ist das Publikum eher daran interessiert, wohin der Protagonist geht, als woher er kommt. Somit kann der Blick auf das Ziel gerichtet werden. Gleichzeitig kann das Bild aber auch Elemente davon enthalten, wo der Anfang der Geschichte ist oder was evtl. im Weg steht.

Ein weiteres Mittel, zwei Szenen in ein Bild zu integrieren, ist der Fokus. Bei einem Foto von einem Konditor kann der Fokus zum Beispiel entweder auf seinen Händen liegen, wie sie gerade ein Törtchen verzieren. Statt den Prozess des Verzierens in den Mittelpunkt zu stellen und eher das fertige Ergebnis zu feiern, kann der Fokus entsprechend auf die ebenfalls im Bild zu sehenden fertigen Törtchen liegen. Mit dieser subtilen Methode ist der Blick des Zuschauers in der Hand des Geschichtenerzählers, ohne dass etwas ausgelassen werden muss.

Kapitel 11
Visuelles Storytelling

Abb. 11.5: Welches Motiv ist im Fokus?

Ein noch subtilerer, aber nicht weniger erprobter Weg ist die »Rule of Thirds«/ Drittel-Regel, bei der es um die Aufteilung eines Bildes geht. Wenn man dieses horizontal und vertikal mit Linien in drei gleiche Teile spaltet, ist es einfacher, den Blick tendenziell immer zu einer der vier Schnittstellen zu lenken.

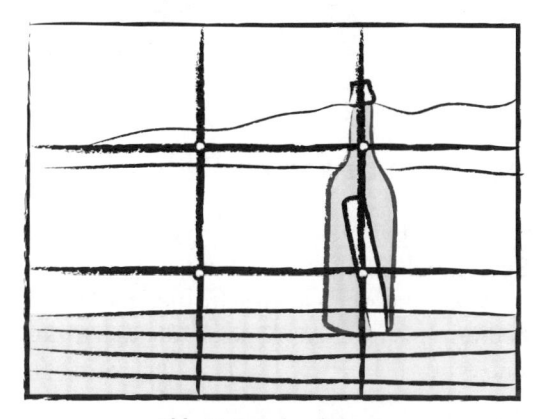

Abb. 11.6: Rule of Thirds

Zu guter Letzt können wir durch die Perspektive, die wir wählen, das Ziel des Helden unterschiedlich darstellen und somit auch den Blick darauf. Gegensätzliche Perspektiven können den Unterschied zwischen Geben und Nehmen oder auch Handeln und Zuschauen ausmachen.

Ein fantastisches Beispiel ist die Fotoserie des russischen Fotografen Murad Osmann. Dieser fotografierte seine Reisefotos dabei so, dass seine Frau als Heldin im Mittelpunkt stand, die ihrem Ziel entgegenläuft und dabei gleichzeitig ihren Mann an die Hand nimmt bzw. ihn mitnimmt. Während die Pose dabei immer die gleiche ist (man sieht ihren Rücken und die nach hinten ausgestreckte Hand, die seine hält), ändern sich nur die Reisemotive am Horizont, vom Kanal in Venedig

Kapitel 11
Visuelles Storytelling

Beispiel

über den Eingang zu Disneyland bis hin zu Wasserfällen im Dschungel. Allein durch die Perspektive wird eine ganz andere Intimität geschaffen und das Thema Vertrauen mit der Leidenschaft fürs Reisen verbunden. Ein Beispiel eines anderen Paares, das ebenfalls zusammen reist, jedoch aus der Beobachterperspektive von außen fotografiert, hat im Gegensatz dazu einen ganz anderen emotionalen Effekt.

Abb. 11.7: Fotoserie von Murad Osmann

Visuelles Storytelling in bewegten Bildern

Die meisten der Storytelling-Beispiele, die bis zu dieser Stelle bereits gezeigt wurden, basieren auf Bewegtbild-Inhalten. Das Fundament erfolgreicher Video-Kampagnen ist daher vor allem die richtige Geschichte. Zusätzlich gibt es jedoch bei diesem visuellen Medium noch weitere Aspekte, die die Wirkung beim Publikum beeinflussen können.

Welches Format hat der Clip?

Bei Videos gibt es im Gegensatz zu statischen Bildern eine weitaus größere Auswahl an Storytelling-Formaten. Zu den in der Unternehmenskommunikation geläufigsten zählen dabei:

- emotionale Werbekampagnen
- informative Erklärvideos
- Unternehmensvorstellung/Image-Film/Recruiting-Video
- Interviews
- Reportage/Hinter den Kulissen
- kurze, unterhaltsame Story-Schnipsel, zum Beispiel auf Instagram oder TikTok

Format ist jedoch nicht nur ein inhaltlicher, sondern auch ein technischer Faktor. Leider lautet die schlechte Nachricht, dass die Vielfalt der Kanal-abhängigen Kriterien, die ein Video erfüllen sollte, immer größer wird. Vom üblichen horizontalen Format, wie man es von YouTube kennt, weichen immer mehr Kanäle ab. Auf TikTok und Instagram überwiegt bereits das Hochformat. Auch bei der Länge des Videos und den damit verbundenen Storytelling-Möglichkeiten muss man sich ja nach Plattform an den jeweiligen Beschränkungen orientieren.

Ganz wichtig für alle Kanäle abseits von YouTube ist es auch, zu bedenken, dass viele Videos im lautlosen Modus auf dem Handy konsumiert werden. Suchen Sie sich also ein gutes Tool aus, mit dem Sie schnell und sauber Untertitel erstellen können, oder probieren Sie sich in Story-Ideen aus, die gar keine Sprache benötigen!

Wer erzählt die Geschichte und wer ist der Held?

Bei Videos kann die Perspektive durch zwei zentrale Akteure beeinflusst werden: Wer ist der Erzähler und welche Person wird als Protagonist dargestellt? Neben einem neutralen Sprecher oder der Geschäftsführung als Erzählerin kann auch der eigentliche Held, d.h. der Mitarbeiter oder die Kundin, die Kamera in die Hand bekommen und durch eigene Augen seine Geschichte erzählen.

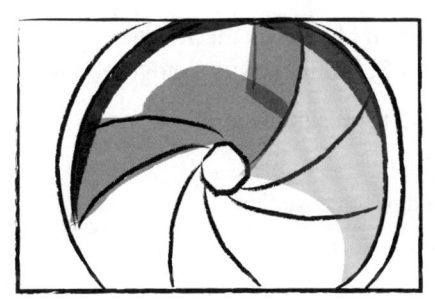

Abb. 11.8: Linse

Meist ist es eine Mischung aus professioneller Kameraführung und den Erzählstimmen der Testimonials. Wer und was genau im Video dargestellt wird, hängt weiterhin von der bereits definierten Geschichte und den zentralen Charakteren ab. Wird die Story über einen Schauspieler und einen fiktiven Plot erzählt? Oder handelt es sich um echte Erfahrungen, Meinungen und Erlebnisse, die von echten Nutzerinnen und Mitarbeitenden wiedergegeben werden? Oder geht es eher darum, ein gewisses Lebensgefühl, z.B. ein bestimmtes Wachstumsbedürfnis, darzustellen, wo eher eine Collage verschiedener Szenen mit und ohne Darsteller eingesetzt wird?

Welcher Ton macht die Musik?

Nicht zu unterschätzender Begleiter einer visuellen Geschichte ist die Musik und der Ton. Über den Einfluss bestimmter musikalischer Merkmale auf die Stimmung gibt es etliche Studien. Jedoch haben die meisten von uns bereits durch Filme und Hörspiele eine ausgeprägte Erfahrung mit Soundtracks und Geräuschen. Dank des Imperialen Marsches wissen wir schon, dass Darth Vader unterwegs ist, bevor wir ihn überhaupt sehen. Und auch der Weiße Hai kündigt sich bereits auditiv an.

Abb. 11.9: Der Weiße Hai (Titelbild)

Die Auswahl der passenden Musik ist entscheidend für die Wirkung der gesamten Geschichte und kann als Stilmittel bewusst eingesetzt werden, um:

- Kontraste und Konflikte zu signalisieren
- Spannung aufzubauen
- Harmonie und Frieden herzustellen
- Aufregung und Freude zu zeigen
- Vorfreude bzw. Vorahnung anzudeuten

Musik ist außerdem sehr effektiv, wenn man eine universelle, internationale Geschichte erzählen möchte, die unabhängig von der gesprochenen Sprache ist. Dass dies auch im 21. Jahrhundert funktioniert, zeigte bereits eindrucksvoll der moderne Stummfilm »The Artist« (2011). Warum sollten dann nicht auch Brands davon Gebrauch machen? Nicht zu unterschätzen ist jedoch auch das Gegenteil, die Wirkung absoluter Stille.

Beispiel

Ebenso wichtig sind auch der Einsatz und die Qualität von Ton und Geräuschen. Der Online-Marktplatz Etsy, auf dem vor allem Selbstgemachtes verkauft wird, stellt in seiner Video-Serie »Handmade Portraits« unter anderem einen Schwertmacher, eine Schreibmaschine für iPads und eine Uhrenmanufaktur in Brooklyn vor. In all diesen Videos spielt der Ton eine sehr wichtige Rolle. Man hört die Präzision der Werkzeuge und der liebevoll hergestellten Produkte so gut, dass man dadurch ganz nah an die Macher und den Prozess kommt.

Ein weiteres Beispiel ist der Spot »Drop Science – Matthew Dear + The Sounds Of GE«. Aus allen Geräuschen, die aus den unterschiedlichsten von General Electric hergestellten Maschinen und Motoren entstehen, wurde ein in sich harmonischer Remix komponiert. Dazu heißt es in der Videobeschreibung:

> »Every machine has its own acoustic signature – a precise frequency that indicates whether that machine is operating at peak performance. GE engineers monitor and record these sounds to perform real-time diagnostics on airplane engines, locomotives, power turbines, and medical equipment.«

> (Jede Maschine hat ihre eigene akustische Signatur – eine präzise Frequenz, die signalisiert, ob diese Maschine auf höchster Leistung läuft. GE-Ingenieure beobachten diese Töne und zeichnen sie auf, um Motoren von Flugzeugen, Zügen, Powerturbinen und medizinischem Equipment in Echtzeit diagnostizieren zu können.)

Beispiele

Markenmanual des Tourismusportals der Stadt Wien:
https://b2b.wien.info/de/strategie-marke/marke-wien

Patagonia-Blog: http://www.thecleanestline.com/

»Visuelles Storytelling im Gender-Kontrast« DAX-30-Studie von Mashup Communications: https://www.mashup-communications.de/portfolio/visuelles-storytelling-im-gender-kontrast/

»Highlight the Remarkable« von Stabilo:
https://www.stabilo.com/de/stories/highlight-the-remarkable/

Instagram-Profil des Fotografen Murad Osmann:
https://www.instagram.com/muradosmann/

»Handmade Portrait«-Serie von Etsy:
https://www.youtube.com/watch?v=PSZKGzGq0t0&ab_channel=Etsy

»The Sounds of GE« von General Electrics:
https://www.youtube.com/watch?v=1KPGnkJtG6g

Kapitel 12

Storytelling mit Daten

Eine Umfrage unter 23.000 Mitarbeitenden über verschiedene Firmen und Branchen hinweg hat unter anderem folgende Ergebnisse geliefert:

- Nur 37 Prozent sagen, dass sie eine gute Vorstellung davon haben, was ihre Organisation erreichen möchte und warum.
- Jeder Fünfte ist von den Zielen seines Teams und seines Unternehmens überzeugt und begeistert.
- Jeder Fünfte sieht eine klare Blickrichtung zwischen den eigenen Aufgaben und den Zielen seines Teams und Unternehmens.
- Nur 15 Prozent denken, dass ihre Organisation sie komplett dazu ermächtigt, ihre wichtigsten Ziele zu erreichen.
- Nur 20 Prozent vertrauen dem Unternehmen, für das sie arbeiten, komplett.

Wie drastisch die Auswirkungen dieses Zustandes tatsächlich sind, lässt sich zwar erahnen, aber erst eine Analogie mit einem uns viel vertrauterem Bild führt dies ans Tageslicht, wie der Autor Stephen Covey in seinem Buch »The 8th Habit« veranschaulicht:

Wenn die Befragung eines Fußballteams die gleichen Ergebnisse liefern würde, bedeutete dies, dass

- nur vier von elf Spielern auf dem Feld wüssten, welches Tor das ihrer Mannschaft ist
- nur zwei von elf das überhaupt kümmern würde
- nur zwei von elf wüssten, auf welcher Position sie spielen und was genau sie dort zu tun hätten
- alle außer zwei Spielern auf die ein oder andere Art eher gegen ihr eigenes Team statt gegen den Kontrahenten kämpfen würden

Die neue Herausforderung im Spannungsfeld von Big Data und Storytelling ist, aus einem Übermaß an Informationen die Essenz herauszuziehen und diese so zu präsentieren, dass sie Verständnis, Emotion und Handeln bewirkt. Wie das Eingangsbeispiel zeigt, ist dies auch nicht unmöglich. Dennoch haben Forschende, Journalisten und Journalistinnen und zunehmend auch Unternehmen immer noch ein Problem damit, mit dem Wissen, auf dem sie sitzen, eine Geschichte zu erzählen.

Abb. 12.1: Verzweifelter Fußballspieler

Einer der renommiertesten Datenforscher der USA, Thomas H. Davenport, Autor von »Big Data at Work« und »Competing on Analytics« setzt sich ebenfalls sehr für Daten-Storytelling ein. Der Professor für IT und Management nennt gleich fünf Gründe, warum das wichtig ist:[1]

Daten-Geschichten geben Erkenntnisse weiter

Geschichten sind seit jeher eines der effizientesten Mittel, menschliche Erfahrungen auszutauschen und weiterzugeben. Geschichten, die mit Daten und Analysen gefüttert sind, stellen nur eine relativ junge Weiterentwicklung dar. Narration hilft uns, die komplexe Welt zu vereinfachen. Geschichten liefern Kontext, Erkenntnisse und Interpretationen – all die Dinge, die auch Daten einen Sinn geben und Analysen interessanter und relevanter machen.

Daten-Geschichten bewirken handeln

Das Ziel von Datenanalysen ist in der Regel, Einfluss auf zukünftige Entscheidungen oder Handlungen zu nehmen. Die Macht der Fakten soll dazu eingesetzt werden, andere zu überzeugen, zu inspirieren, Vertrauen zu erzeugen und Veränderungen zu bewegen. Wie Sie bereits gesehen haben, stellen Geschichten eine Generalprobe für das eigene Handeln dar. Unabhängig davon, wie beeindruckend der Datenpool oder welch hohe Qualität dessen Auswertung hat: Erst wenn die Zielgruppe diese versteht, kann sie dazu motiviert werden, daraus entsprechende Konsequenzen abzuleiten.

---

1 Davenport, John – Why Data Storytelling is so Important – And Why We're so Bad at It: http://dupress.com/articles/data-driven-storytelling/ (2015)

Persönliche Perspektiven kombiniert mit Daten sind am wirkungsvollsten

Auch wenn die meisten Menschen die Feinheiten von Datenanalysen nicht verstehen, wollen sie trotzdem in vielen Situationen Zahlen als Beweise sehen. Geschichten wiederum bestehen meist aus ganz persönlichen Anekdoten und Erfahrungen. Die wirkungsvollsten Geschichten in unserer heutigen Zeit sind jedoch solche, die Daten mit den Perspektiven echter Menschen oder Organisationen kombinieren.

Daten-Geschichten bringen komplexe Situationen auf den Punkt

Die Aufbereitung von Daten ist meist sehr zeitintensiv. Jedoch wird eigentlich nur eine Veranschaulichung benötigt, die kurz und knapp ist. Alle vorhandenen Details der Zielgruppe zur Verfügung zu stellen, würde diese nur unnötig Zeit und Nerven kosten, den Kern der Auswertung zu erkennen. Geschichten bieten eine Lösung für dieses Problem.

Daten-Plots geben Orientierung im Meer der Statistiken

Wie bereits gesehen, gibt es im Storytelling verschiedene Plot-Typen. Das Gleiche gilt auch für Daten-Geschichten. Je mehr Datenforschende lernen, standardisierte Plot-Typen anzuwenden, desto einfacher ist es für das Publikum, diese jeweilige Visualisierung oder Daten-Geschichte einzuordnen und somit die Erkenntnisse schneller herauszufiltern. Wenn wir zum Beispiel bei klassischen Geschichten schnell erkennen, dass es sich um eine Komödie handelt, dann fällt es uns auch einfacher, die jeweiligen Charaktere, Symbole und Handlungen in das Geschehen einzuordnen. Dieses Argument für Storytelling mit Daten untermauert Davenport zusätzlich mit einer Kategorisierung, anhand derer er die meisten Datenauswertungen narrativ verordnen würde.

Typen von Daten-Geschichten

Storytelling ist also ein wichtiges Mittel, um analytische Inhalte an ein nicht-analytisches Publikum zu vermitteln. Diese Erkenntnis allein hilft jedoch Analytikern und Analytikerinnen nur bedingt weiter. Gerade weil viele analytisch begabte Menschen nicht unbedingt zu den emotionalsten Geschichtenerzählern gehören, ist ein Gerüst für sie sehr hilfreich, aber auch für die eigentlichen Kommunikationsverantwortlichen in Unternehmen. Daten können unterschiedliche Geschichten erzählen, und wer weiß, welche Geschichte er erzählen möchte, wird eher damit Erfolg haben.

Zehn Story-Typen von Davenport

Laut Davenport[2] gibt es vier grundlegende Dimensionen, die beeinflussen, welcher Story-Typ für welche Datenauswertung infrage kommt.

---

2   aus dem Englischen transkribiert: Davenport, John – 10 Kinds of Stories to Tell with Data, https://hbr.org/2014/05/10-kinds-of-stories-to-tell-with-data/ (2014)

Bericht (reporting)

Auf der zeitlichen Dimension können analytische Geschichten von der Vergangenheit, Gegenwart oder Zukunft handeln. Am häufigsten beschäftigen sich Daten jedoch mit der Vergangenheit. Auf Basis beschreibender Analysen geben sie einen Bericht (reporting) darüber, was in der letzten Woche, im letzten Monat, Quartal oder Jahr passiert ist. Auch die meisten Visualisierungen sind von dieser Sorte. Sie mögen nicht unbedingt die wertvollste Geschichte sein, jedoch geben sie Erfahrungen aus der Vergangenheit weiter, was sehr nützlich sein kann.

Erklärende Umfragen (explanatory survey)

Geschichten über die Gegenwart beinhalten in vielen Fällen Umfragen, d.h. Auswertungen darüber, was Menschen derzeit beschäftigt. Neben der direkten Befragung gibt es auch statistische Modelle, die helfen, Einflussfaktoren zu verstehen.

Vorhersagen (prediction)

Der letzte Typ in der zeitlichen Dimension sind Daten-Plots über die Zukunft: Vorhersagen (prediction), die naheliegend, auf Vorhersageanalysen beruhen. Da Daten aus der Zukunft selbst äußerst selten sind, werden Zahlen aus der Vergangenheit zugrunde gelegt, die auf Basis statistischer Modelle ein Bild über die Zukunft geben können. Was werden Konsumentinnen im nächsten Jahr wohl kaufen? Wie wahrscheinlich ist es, dass Ereignis X oder Y eintrifft? Wie werden sich die wirtschaftlichen Verhältnisse verändern? Die grundlegende Annahme ist zwar, dass die Zukunft mit einer gewissen Wahrscheinlichkeit ähnlich verlaufen wird wie die Vergangenheit, jedoch lässt sich auch der Grad dieser Wahrscheinlichkeit in gewissem Maße in die Vorhersagen hineinberechnen.

Was-Geschichten (What)

Was-Geschichten beziehen sich wie die zwei folgenden Typen darauf, worauf wir uns thematisch fokussieren. Sie sind den Berichten sehr ähnlich und dokumentieren, was das Problem ist, was passiert ist.

Warum-Geschichten (Why)

Warum-Geschichten beschäftigen sich mit den zugrunde liegenden Faktoren, die das Problem verursacht haben.

Wie-Geschichten (how to address the issue)

Die Erkenntnisse aus dem Was und dem Warum wiederum werden in dem Wie-Plot, wie das Problem angegangen wird, ausgewertet. Eine wirklich vollständige Geschichte umfasst alle drei Aspekte.

Tatort-Untersuchung (CSI)

Analytische Geschichten unterscheiden sich auch darin, wie tief die Probleme begraben liegen. Manche Auswertungen konzentrieren sich dabei wie bei einer Tatort-Untersuchung (CSI) auf eine relativ überschaubare, kurzfristige Investigation, um herauszufinden, warum etwas suboptimal ist. Davenport nennt ein Beispiel von Expedia, wo man herausfinden wollte, warum manche Kunden und Kundinnen aus Irland Online-Transaktionen abgebrochen haben, wenn sie in einem Formular um ihre Postleitzahl gebeten wurden. Es stellte sich heraus, dass einige sehr abgelegene Gebiete in Irland einfach keine Postleitzahl haben. Die Ermittlung löst das Problem meist in kurzer Zeit.

Heureka-Geschichten (Eureka)

Alternativ spricht er von Heureka-(Eureka-)Geschichten, die auf einer langwierigen Suche nach einer Lösung für ein sehr komplexes Problem basieren. Diese Suche beinhaltet meist viele Fehlstarts, die Anwendung verschiedener Analyse-Methoden, ein hohes Budget und viel Zeit. Die Unterstützung der Stakeholder ist daher sehr entscheidend, wenn das Ziel unter all diesen erschwerenden Bedingungen erreicht werden soll.

Wechselbeziehungen (correlation)

Zu guter Letzt gibt es noch eine Unterscheidung anhand der analytischen Methoden, die eingesetzt wurden. Geht es um eine Geschichte, in der zwei oder mehr Variablen zur gleichen Zeit einen Auf- oder Abschwung erfahren?

Kausalbeziehungen (causation)

Geht es um eine Geschichte von Kausalbeziehungen, mit denen man aufzeigen möchte, wie eine Variable eine andere beeinflusst, spricht man von Kausalbeziehungen. Besonders schlechte Geschichten entstehen dabei jedoch häufig, wenn die Zusammenhänge zwischen Korrelation und Kausalität verwechselt werden.

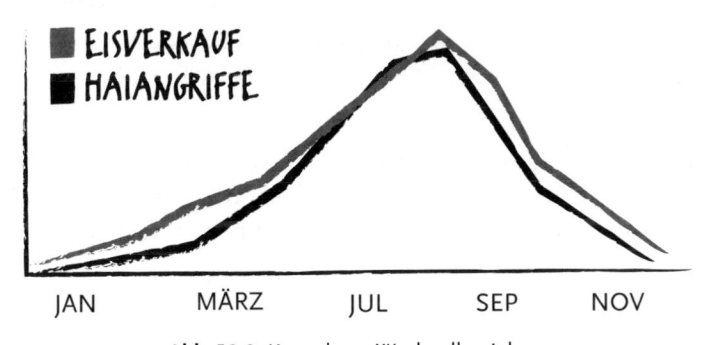

Abb. 12.2: Kausal- vs. Wechselbeziehung

Diese zehn Arten von Daten-Geschichten müssen sich gegenseitig nicht ausschließen. Auch heißt das nicht, dass sie die einzigen Typen sind. Jedoch stellen sie die wichtigsten Kategorien für die überwältigende Mehrheit an Datenanalysen dar.

> **Do it yourself**
>
> - Welche Daten stehen Ihnen zur Verfügung bzw. können Sie selbst erheben?
> - Gibt es eine zeitliche Ebene, über die Sie eine Geschichte mit Daten erzählen können?
> - Welchen thematischen Fokus wählen Sie: Was, Warum und/oder Wie?
> - Stehen die Daten in einer Wechsel- oder Kausalbeziehung und welche Auswirkung hat dies auf Ihre Geschichte?

Sieben Story-Typen von Jones

Ben Jones, Product Marketing Manager von Tableau Public, einer Software-Firma, die auf Datenvisualisierung spezialisiert ist, hat als Alternativvorschlag sieben Typen von Daten-Geschichten identifiziert:[3]

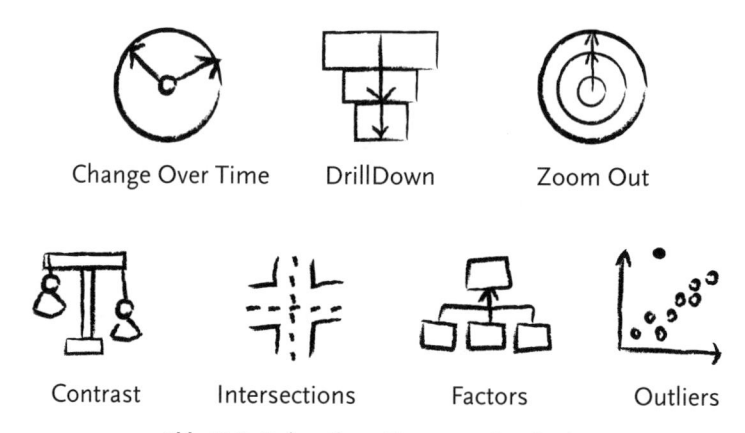

Abb. 12.3: Sieben Story-Typen von Ben Jones

(Change Over Time, DrillDown, Zoom Out, Contrast, Intersections, Factors, Outliers)

Change over Time

»Change over Time« folgt der Zeit-Dimension von Davenport, beschränkt sich dabei jedoch nicht unbedingt auf Vergangenheit, Gegenwart oder Zukunft. Bei diesem Daten-Plot kann man vor allem die Transformation thematisieren, der Weg

---

[3] Jones, Ben – Seven Data Story Types,
http://dataremixed.com/2015/03/tapestry-2015-seven-data-story-types/ (2015)

von der alten in die neue Welt, mögliche Gründe, Wendepunkte oder Prognosen zum Ausgang der Geschichte.

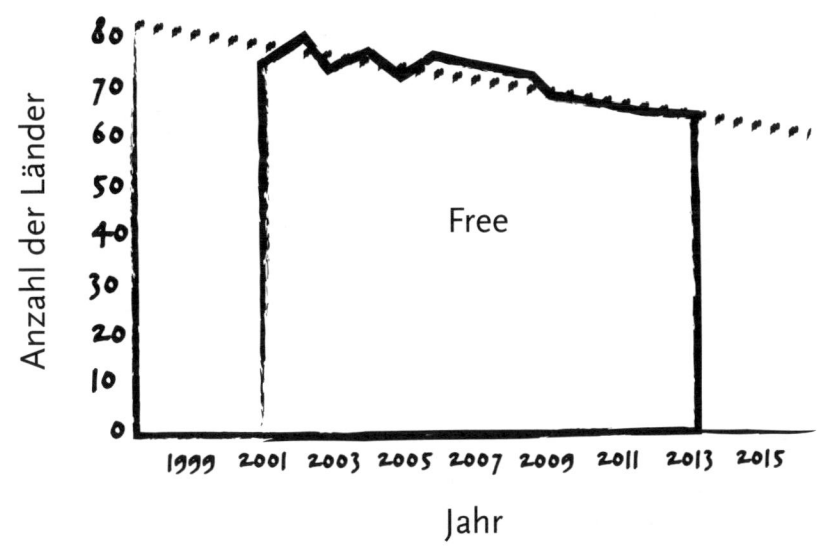

Abb. 12.4: Zeitverlauf

Drill-down

Bei der »Drill-down«-Geschichte bohren wir uns wie ein Detektiv immer tiefer in die Details. Wie bei einem Quest suchen wir nach der Essenz der Wahrheit. So ließe sich zum Beispiel ein Score für Pressefreiheit im Ländervergleich erst auf einer Weltkarte darstellen, auf der man dann interaktiv in die jeweiligen Kontinente, Regionen und Länder hineinzoomen kann.

Zoom-out

Dies ist das Gegenteil von Drill-down. Man geht vom Speziellen zum Allgemeinen und erkennt somit das »Big Picture«. Mit dem Blick auf das Globale bzw. Übergeordnete können wir die Detailinformationen besser einordnen oder sehen, welchen Einfluss kleine Veränderungen auf das Gesamte haben können.

Kontrast

Der Kontrast stellt den direkten Vergleich zwischen zwei oder mehreren Protagonisten in den Fokus. Ein beliebtes Mittel dafür sind zum Beispiel Rankings, die sich auch visuell so darstellen lassen, dass der Kontrast leicht zu erkennen ist. Dabei muss es sich nicht zwangsläufig um Gegner handeln. Dennoch bilden beim Kontrast, wie der Name sagt, die Unterschiede die Ausgangslage für die Geschichte, mehr als die Gemeinsamkeiten.

Kapitel 12
Storytelling mit Daten

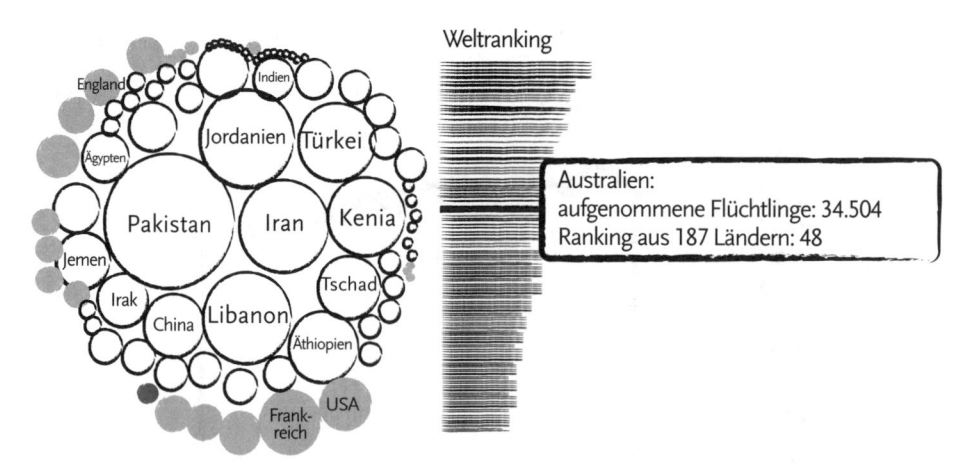

Abb. 12.5: Kontrast zwischen mehreren Protagonisten

Intersection

Die Dramaturgie der Kreuzung rührt daher, dass zwei oder mehr Protagonisten aus unterschiedlichen Richtungen kommen und sich an einer bestimmten Stelle treffen (und dort auch meist wieder in entgegengesetzte Richtungen weiterziehen).

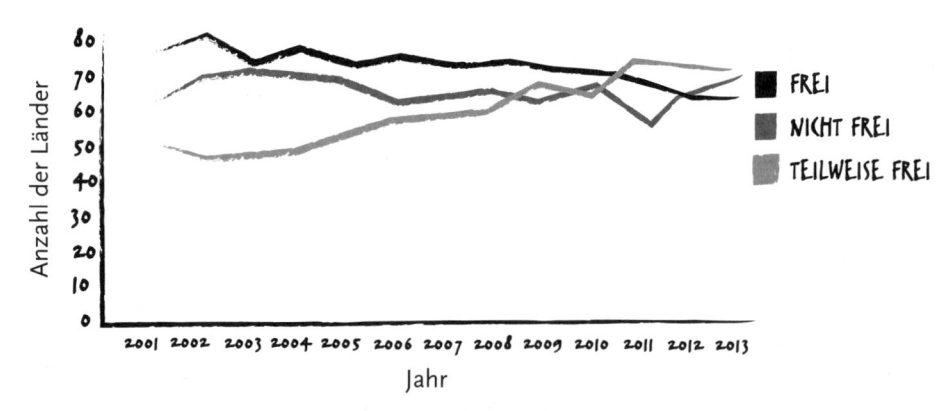

Abb. 12.6: Entwicklungen kreuzen sich.

Faktoren

»Faktoren« bringen mehrere Handlungsstränge zusammen, die alle gemeinsam eine große Kausalwirkung haben. Als Beispiel führt Jones den Grad der Pressefreiheit an, der sich aus drei Komponenten zusammensetzt: rechtlich, wirtschaftlich und politisch. Der Einfluss und die Veränderung aller drei Faktoren über die Zeit hinweg wiederum geben ein Gesamtbild, wie sich die Pressefreiheit verändert und welcher Faktor mit am ausschlaggebendsten dafür ist.

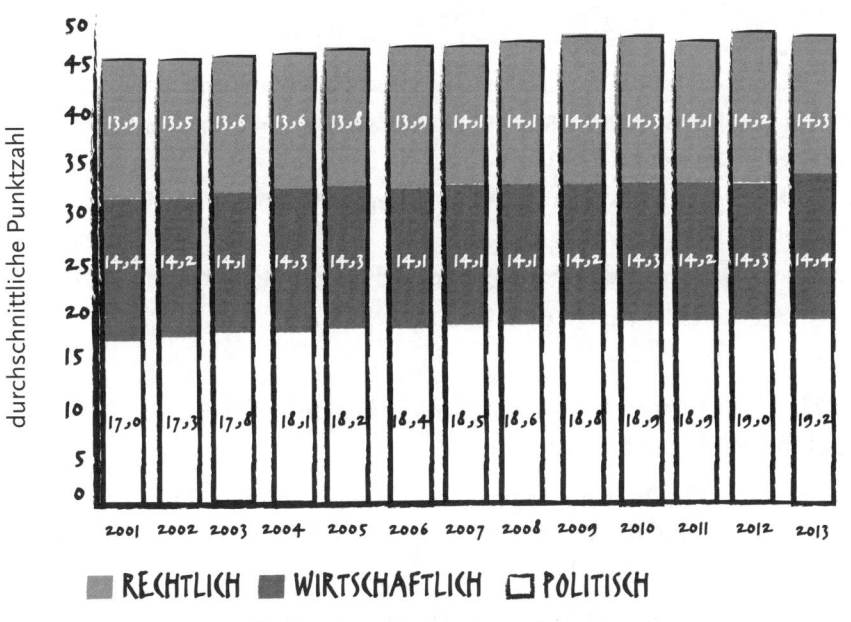

Abb. 12.7: Faktoren von Pressefreiheit

Outlier

Zu guter Letzt bietet auch der Ausreißer bzw. Sonderfall eine exzellente Möglichkeit, eine spannende Geschichte von einer Heldin zu erzählen, die gänzlich anders als alle anderen ist. Während solche Ausreißer in vielen Statistiken gerne auch einmal bereinigt werden, erkennen Geschichtenerzähler die Chance für ganz besondere Inhalte.

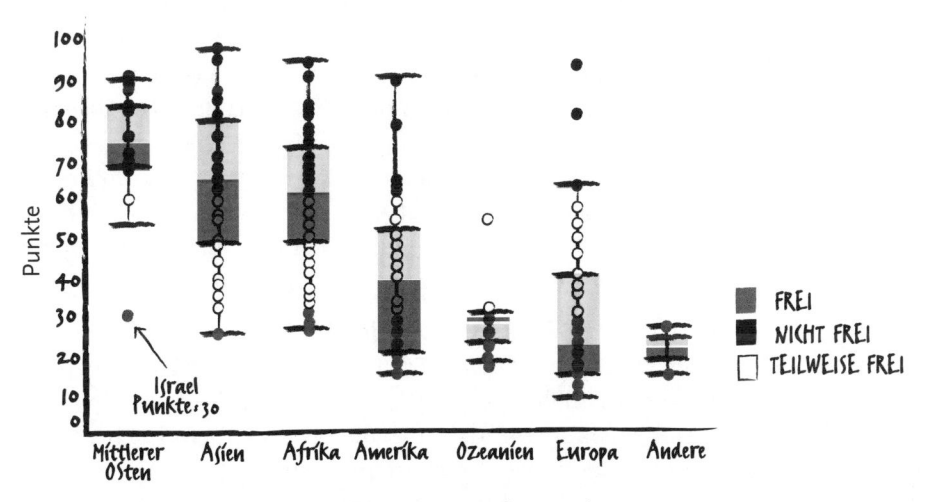

Abb. 12.8: Ausreißer Israel

> **Do it yourself**
>
> - Können Sie mithilfe von Daten eine chronologische Geschichte erzählen?
> - Wie detailliert sind Ihre Statistiken? Können Sie an entscheidenden Punkten herein- oder herauszoomen?
> - Gibt es spannende Wendepunkte (Intersections), die den Fortlauf der Geschichte ändern?
> - Welche Gründe und Faktoren gibt es für bestimmte Entwicklungen?
> - Welche Geschichten können Ausreißer erzählen?

Beispiel

Die Tiefen des Ozeans per Infografik erkunden und dabei taube Finger bekommen

»The Depth of the Problem« ist eine herausragende und dennoch einfache Infografik der Washington Post anlässlich des Verschwindens des Malaysia Airlines Fluges 370 am 08. März 2014.

Als das australische Schiff »Ocean Field« vermeintliche Signale der Blackbox in den Tiefen des Pazifischen Ozeans empfang, ließen die Suchbeauftragten verlautbaren, dass man glaube, im richtigen Gebiet zu suchen und es sich nur um ein paar Tage handeln könne, bis die verschollene Maschine gefunden wird. Erst 508 Tage nach Verschwinden fand man jedoch zufällig das erste Trümmerteil auf der Insel La Réunion.

Mit »The Depth of the Problem« hat die Washington Post auf sehr eindringliche Art und Weise veranschaulicht, dass das Versprechen des baldigen Bergens von vornherein nicht eingehalten werden konnte, selbst wenn man an der richtigen Stelle suchte. Denn an dieser Stelle ist der Ozean knapp 4,5 Kilometer tief. Da die meisten Menschen nur eine vage Vorstellung davon haben, wie tief das ist, erstellte die Washington Post eine Infografik, die das Publikum sowohl visuell als auch haptisch mit auf die Reise in die Tiefen des Ozeans nahm. Der Ausgangspunkt der Grafik ist die Meeresoberfläche, auf der die Ocean Shield zu sehen ist. Durch Herunterscrollen geht es hinunter ins Meer. Dabei kann man zum Beispiel mit bekannten Gebäuden vergleichen, wie tief man sich nun im Ozean befindet. So sieht man, dass man selbst bei dem weltweit höchsten Gebäude, dem Burj Khalifa in Dubai, noch längst nicht am Meeresboden angekommen ist.

Also heißt es, weiter das Mouse-Rädchen oder die Handyoberfläche zu bedienen, um immer tiefer in den Ozean zu gelangen. Da es nun keine von Mensch gemachten Vergleichsmöglichkeiten mehr gibt, kommen andere Fakten ins Spiel. Bei knapp einem Kilometer erfahren wir, dass das die weiteste Tiefe ist, bis zu der Pottwale tauchen können. Bei drei Kilometern sind wir an der Stelle angekommen, bis zu der das am tiefsten tauchende Säugetier, der Cuvier's Schnabelwal, kommt. Man scrollt und scrollt weiter, bis man bei 3,81 Kilometern an der Dimension angekommen ist, bis wohin die Titanic gesunken ist. Diese zu finden hat 73 Jahre gedauert. Schlussendlich gelangt man am Meeresboden an, wo das Signal der Blackbox vermeintlich herkam.

Die Infografik ist so lang, dass sie hier oder woanders kaum abgedruckt werden kann. Offensichtlich war dies auch nicht die Intention. Denn die Botschaft, die man dem Publikum vermitteln wollte, ist eine Erkenntnis, die es durch das ermüdende Scrollen und die endlos scheinende Grafik, in der zeitweise auch einfach nichts zu sehen war, am eigenen Leibe nachempfinden konnte. So konnte man verstehen, warum es so schwer ist, das Flugzeug zu orten, geschweige denn, es zu bergen.

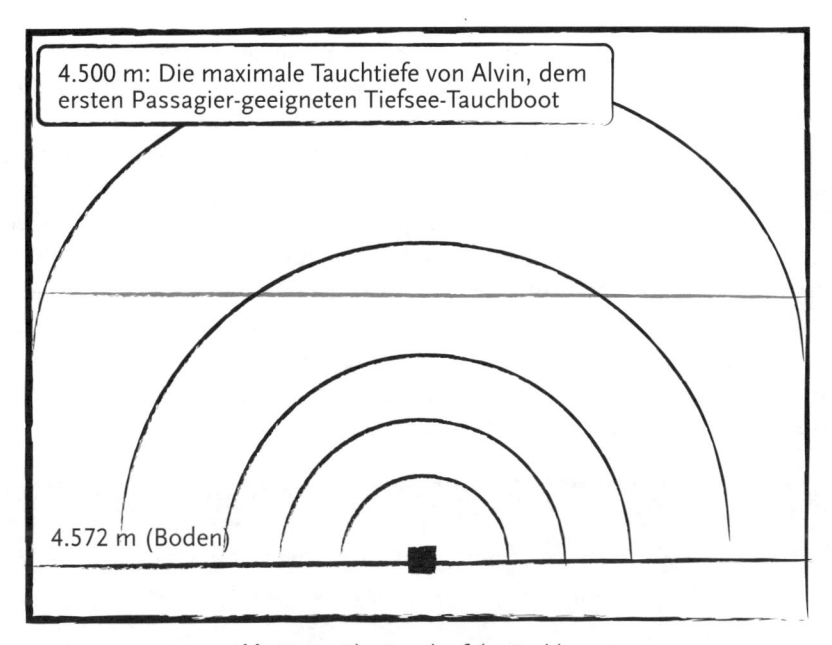

Abb. 12.9: »The Depth of the Problem«

Wie Daten Geschichten erzählen

Das größte Manko vieler Datenanalysten, Forschenden oder auch Excel- und PowerPoint-vernarrten Marketingverantwortlichen ist, dass sie ihre Expertise mit möglichst komplexen und kompakten Ergebnissen untermauern wollen. Bei der Frage, wie Datenauswertungen und -visualisierungen ins Storytelling-Zeitalter integriert werden können, geht es jedoch nicht darum, gelernte Muster wie Balken-, Kreis- oder Liniendiagramme komplett infrage zu stellen. Das Ziel ist eher, wie bei anderen Storytelling-Formaten auch, dass die Inhalte vom Publikum verstanden und emotional verinnerlicht werden, dass es dazu bewegt wird, sich interaktiv mit den

Geschichten zu beschäftigen, und zum Handeln ermächtigt und motiviert wird. Komplizierte Daten bewirken jedoch meist das Gegenteil.

Dabei bieten sie eine großartige Möglichkeit, das Publikum mit auf eine Reise zu nehmen, weg aus der gewohnten Welt bekannter Informationen, hin zu Mysterien und Erkenntnissen, die ihnen die Augen für neue Perspektiven öffnen. Statt sich von oben herab belehren zu lassen, kann das Publikum zum Beispiel bei interaktiven Drill-down- oder Zoom-out-Grafiken wie ein Detektiv Datenwelten selbst erkunden und viel tiefer ins Geschehen involviert werden. Durch Metaphern und Analogien wie bei dem Fußball-Beispiel können neue Erkenntnisse mit bekannten Erfahrungen verknüpft und somit viel einfacher eingeordnet werden.

Auch auf Daten lassen sich also die wesentlichen Storytelling-Mechanismen anwenden, zum Beispiel:

Jede Auswertung hat einen Anfangs-, Mittel- und Endteil. Der Anfangsteil legt die Basis für den Kontext, auf den sich die Daten beziehen und der das Publikum abholt. Was sind die Annahmen für eine Vorhersage? Warum schauen wir uns gerade diesen Rückblick an? Was ist der Anlass, sich mit diesen Zahlen zu beschäftigen? Beim Mittelteil geht es um die Erkundungsreise. Wo treten Konflikte auf, wo tauchen Zahlen auf, die unsere bisherigen Annahmen infrage stellen? Welche Erkenntnisse könnten einen direkten Einfluss auf das Leben des Publikums haben? Der Endteil schließt mit dem Fazit. Welche Auswirkung haben die eben präsentierten Inhalte und Kapitel? Was ist die Botschaft? Welche Meinung bzw. Moral von der Geschichte kann man mitnehmen? Bei der Aufbereitung der Informationen hilft es, das Ende bereits vor Augen zu haben, damit die Daten nicht nur diffus im Raum stehen, sondern eine Bedeutung haben.

Do it yourself

- Wie soll Ihr Publikum als Reaktion auf die Auswertung handeln?
- Was muss Ihr Publikum wissen, um so zu handeln?
- Was sollte es fühlen?

Dafür ist es natürlich unerlässlich, sein Publikum genauer zu kennen. Bei faktenreichen Inhalten geht es daher auch darum, zu wissen, bei welchem Wissensstand man seine jeweilige Zielgruppe abholt: Einsteiger stoßen zum ersten Mal auf ein Thema. Generalistinnen kennen das Thema, aber wollen nur einen groben Überblick. Managerinnen brauchen umsetzbare Insights, die auch in die Tiefe gehen können, und müssen die Zusammenhänge gut verstehen können. Experten sind auf der Suche nach kleinsten Details, die einen Unterschied bei ihrem bereits extrem guten Verständnis von einem Thema machen können.

> **Do it yourself**
>
> - Was weiß Ihr Publikum bereits über das Thema?
> - Welche Fehlannahmen hat es eventuell sogar darüber?
> - Womit kann es überrascht werden?

Statt eines abstrakten Themas kann man sich auch die Frage stellen, wie man dem Inhalt einen persönlichen Blickwinkel oder Alltagsbezug geben kann, mit dem sich die Zielgruppe identifiziert. Eine Grafik zur »Lage des Gesundheitssystems« könnte stattdessen auch mit dem Aufhänger bzw. dem Titel beginnen: »Warum nehmen wir immer mehr Medikamente?«

Spotifys Liebe für Ausreißer

»Dear person who played ›Sorry‹ 42 times on Valentine's Day, what did you do?« (Liebe Person, die am Valentinstag 42 Mal »Sorry« gespielt hat, was hast du getan?), fragt am 28. November 2016 ein riesiges Plakat am Times Square in New York City. Darunter ein Logo von Spotify mit dem Fazit. »Thanks 2016, it's been weird« (Danke 2016, es war seltsam).

Der Streaminggigant sitzt auf einem riesigen Haufen an Daten. Daraus knackige, auffallende Botschaften zu generieren, ist zumeist eine größere Herausforderung als mit wenigen, gezielten Daten. Nichtsdestotrotz schaffte es das Team von Spotify, die besonderen Ausreißer ausfindig zu machen und mit ihnen Geschichten in unseren Köpfen entstehen zu lassen.

Gleichzeitig waren die Beispiele auch stark geografisch zugeschnitten und somit noch einmal relevanter für Passanten und Passantinnen, wie zum Beispiel: »Dear 3,749 people who streamed ›It' The End Of The World As We Know It‹ the day of the Brexit Vote. Hang in There.« (Liebe 3.749 Menschen, die am Tag des Brexit-Votums »It's The End Of The World As We Know It« gestreamt haben. Haltet durch.)

Die Kampagne war so erfolgreich, dass sie als Blaupause für die kommenden Jahre immer wieder herangezogen wurde. Ende 2017 standen alle Ausreißer-Storys unter dem Motto positiver Neujahrsvorsätze. So hieß es auf einem der Plakatmotive zum Beispiel: »2018 Goals: Be as loving as the person who put 48 Ed Sheeran songs on their ›I love gingers' playlist‹.« (Ziele für 2018: So liebevoll sein wie die Person, die 48 Ed-Sheeran-Songs auf ihre »I love gingers«-Playlist gesetzt hat.)

Grundlagen visueller Datenaufbereitung für Storytelling

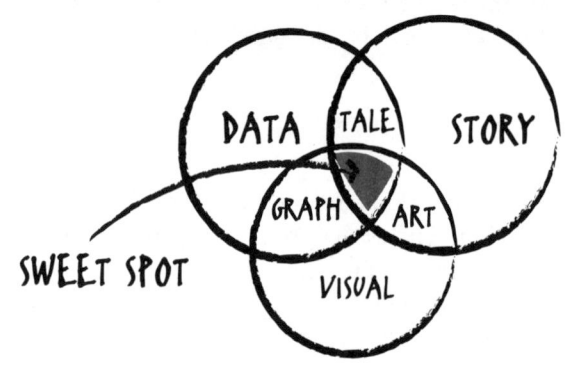

Abb. 12.10: Sweet Spot von Daten-Geschichten

In ihrem Booklet »Data Stories«[4] fasst die Daten-Expertin Miriam Gilbert hilfreiche Tipps zusammen, mit denen aus Daten anschauliche Grafiken werden, die dadurch wiederum Unternehmensgeschichten erzählen oder unterstützen können.

- Visuelle Informationen, die nicht zur Botschaft gehören, sollten entfernt werden: Damit ist nicht das Auslassen von Daten gemeint, die eventuell im Widerspruch zu der intendierten Message stehen könnten. Eher geht es um überflüssige visuelle Details, wie 3D-Effekte, Gitternetzlinien etc.

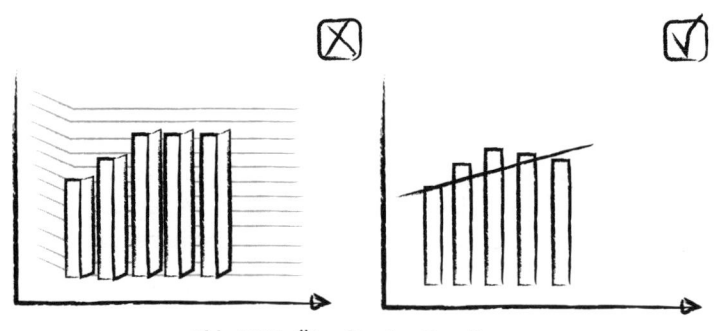

Abb. 12.11: Überflüssige Details

- Grafische Unterschiede werden als Daten-Unterschiede interpretiert. Daher sollten Farben zum Beispiel bewusst eingesetzt werden, um Ähnlichkeiten zu signalisieren, nicht um hauptsächlich jedes Element in der Grafik unterschiedlich zu kolorieren.

---

4 Gilbert, Miriam – Data Stories: Creating Compelling Stories with Data, http://de.slideshare.net/miriamgilbert08/data-stories-workshop-34390209 (2014)

Kapitel 12
Storytelling mit Daten

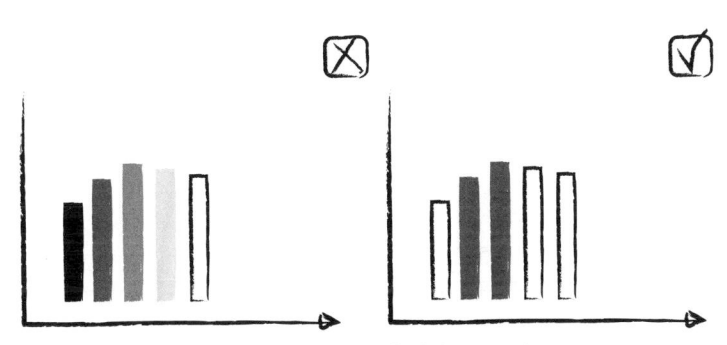

Abb. 12.12: Unterschiede grafisch herausarbeiten

- Die grafischen Unterschiede zwischen zwei Daten sollten proportional zu der tatsächlichen Differenz sein. Hauptsächlich, wenn sich zwei Achsen in einem Diagramm nicht bei 0 treffen, entstehen signifikante Verzerrungen.

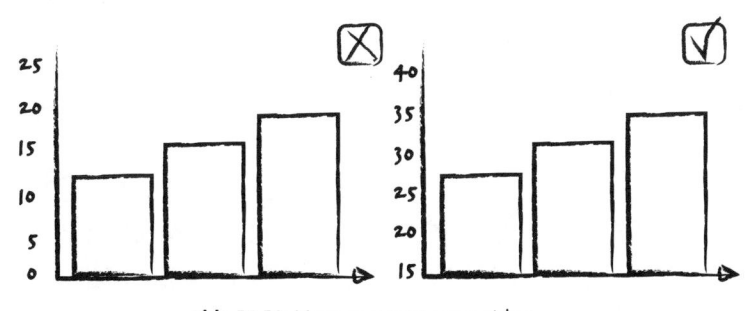

Abb. 12.13: Verzerrungen vermeiden

- Wenn zwei Werte grafisch verknüpft werden, impliziert dies, dass es eine direkte Beziehung zwischen diesen beiden Datenpunkten gibt. Wenn dies nicht der Fall ist, sollten eher Balkendiagramme verwendet werden.

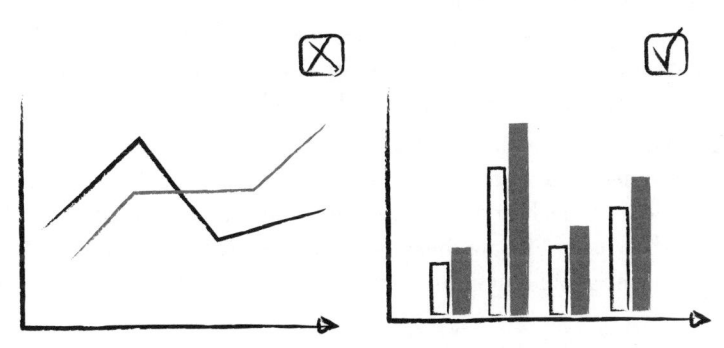

Abb. 12.14: Beziehungen zwischen Datenpunkten

- Man kann die Aufmerksamkeit des Publikums auf bestimmte Punkte lenken, wenn man diese stärker betont.

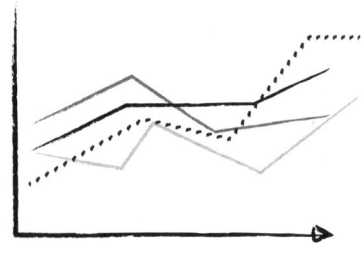

Abb. 12.15: Betonungen

- Nur weil einige Visualisierungen beliebt sind, heißt es nicht, dass sie immer nützlich sind. So vergessen viele Leute, dass Kuchendiagramme nicht für Umfrageergebnisse mit mehreren Antwortmöglichkeiten geeignet sind, da diese grafische Form impliziert, dass das Ergebnis immer 100 Prozent ist. Auch werden sie schnell unübersichtlich, wenn mehr als vier Kategorien dargestellt werden sollen.

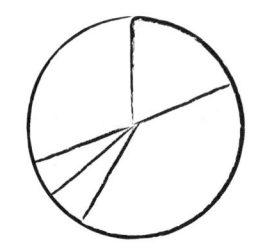

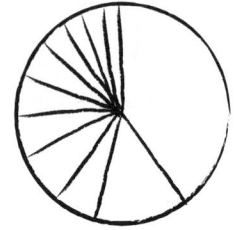

Abb. 12.16: Kuchendiagramme

Außerdem sind die meisten Menschen ziemlich schlecht darin, Winkel genau einzuschätzen. Das heißt, in vielen Fällen schaut man sich als Publikum bei Kreisdiagrammen eigentlich direkt die Zahlen an, was die Visualisierung – zumindest in dieser Form – überflüssig macht.

- Zu viele visuelle Informationen auf gleichem Raum mindern die Aussagekraft jedes einzelnen Elements. Viele Leute machen den Fehler, dass sie die Bedeutung von leeren Flächen nicht erkennen und diese meist füllen wollen. Dabei kann der bewusste Einsatz dieser Leerflächen dafür sorgen, das Auge auf das wirklich Wichtige zu lenken und eine klare Botschaft zu kommunizieren.

Kapitel 12
Storytelling mit Daten

Abb. 12.17: Bedeutung von leeren Flächen

Beispiele

»Depth of the Problem« – Artikel der Washington Post zum verschwundenen Air-Malaysia-Flug: https://www.informationisbeautifulawards.com/showcase/557-the-depth-of-the-problem

»Thanks 2016. It's been weird« – Plakatkampagne von Spotify: https://wevetoblog.wordpress.com/2017/10/20/case-study-spotify-thanks-2016-its-been-weird/

Teil III

Welche weiteren Anlässe für Storytelling gibt es?

In diesem Teil:

- **Kapitel 13**
  Storytelling für Technik- und B2B-Themen 219

- **Kapitel 14**
  Employer Branding 231

- **Kapitel 15**
  Leadership Storytelling 241

Kapitel 13

Storytelling für Technik- und B2B-Themen

Was hat die weltweit größte Containerschiff-Reederei, Maersk, und eine der bekanntesten Trinkwasser-Brands, evian, gemeinsam? Sicherlich hätten beide ohne das Element Wasser keine Daseinsberechtigung. Was sie im Sinne dieses Buches jedoch trotz aller Unterschiede gemeinsam haben, ist ein Storytelling-Ansatz, der beiden insgesamt über 4,5 Millionen Facebook-Fans beschert. Da Trinkwasser ein Thema ist, das 100 Prozent der Bevölkerung beschäftigt, ist die hohe Zahl der Evian-Fans nicht verwunderlich. Doch warum zieht das Thema Frachtschiffe dieses doch recht beachtliche Publikum an, wenn man damit als Endverbraucher meist wenige Berührungspunkte hat? Einer der Gründe ist mit Sicherheit, dass die Maersk-Gruppe beim Thema Storytelling sehr vieles richtig macht und damit ein Vorbild für viele Unternehmen ist, die meinen, ihr Produkt sei nicht für Storytelling geeignet. Denn auch technisch anspruchsvolle Themen oder Business-to-Business-Branchen können durch Geschichten eine weitaus höhere Anziehungskraft auf ein größeres Publikum als angenommen entwickeln.

Schauen wir uns kurz an, wie das vermeintlich unattraktive Thema der Containerschiffe mithilfe von Storytelling zum Leben erweckt wird. Geht man auf die »About«-Seite, sieht man in großer Schrift »ALL THE WAY«, das große Warum, das sich Maersk als Unternehmenszweck auf die Stirn geschrieben hat. Neben ihren Unternehmenskunden wird eine weitere Zielgruppe hervorgehoben: die Gesellschaft:

> »We are determined to lead the change in our industry towards a carbon-neutral future. Change demands action, and our commitments to decarbonisation are firm and clear: a 60% relative reduction in CO_2 emissions by 2030 compared to 2008 levels, net-zero vessels on the water by 2030, and net-zero CO_2 emissions from our own operations by 2050. Our climate commitments also extend to supporting our customers' carbon targets. We continue testing and launching new products – such as Maersk ECO Delivery – as we work to accelerate the uptake of carbon-neutral products and services across our industry. It's just one of the ways that we go all the way to drive sustainability in our customers' supply chains.«
>
> (Wir sind entschlossen, den Wandel in unserer Branche hin zu einer CO_2-neutralen Zukunft anzuführen. Veränderungen erfordern Taten, und unsere Verpflichtungen zur Dekarbonisierung sind fest und klar:

Beispiel

eine relative Senkung der CO_2-Emissionen um 60 Prozent bis 2030 im Vergleich zu den Werten von 2008, Netto-Null-Schiffe auf dem Wasser bis 2030 und Netto-Null-CO_2-Emissionen aus unserem eigenen Betrieb bis 2050. Unser Engagement für den Klimaschutz erstreckt sich auch auf die Unterstützung der Kohlenstoffziele unserer Kunden. Wir testen und lancieren weiterhin neue Produkte – wie zum Beispiel Maersk ECO Delivery – und arbeiten daran, die Akzeptanz von klimaneutralen Produkten und Dienstleistungen in unserer Branche zu beschleunigen. Dies ist nur eine der Möglichkeiten, wie wir die Nachhaltigkeit in den Lieferketten unserer Kunden vorantreiben können.«)

Die Rolle von Maersk als Mentor könnte dabei als eine Mischung aus Architekt und, zu keiner Überraschung, Kapitän gesehen werden.

Abb. 13.1: Kapitän von Maersk

Beständige Sorgfalt, Bescheidenheit, Aufrichtigkeit, unsere Mitarbeitenden, unser Name – die fünf Werte, die die Unternehmenskultur bestimmen, sind nicht nur ausführlich beschrieben. Es wird auch mit Zitaten der Gründer oder individuellen Geschichten aus allen Ebenen des Unternehmens erklärt, warum es gerade diese Werte sind, woher sie kommen und wie sie gelebt werden. Auf dem Business-Netzwerk LinkedIn scheint dies über 1,1 Millionen Interessenten zu überzeugen, die der Company-Seite dort folgen.

Über die fünf größten Social-Media-Kanäle (Facebook, LinkedIn, Twitter, Instagram und YouTube) werden die Inhalte weiterverarbeitet. Von der visuellen Sprache her steht meist ein voll beladenes Frachtschiff auf dem weiten Ozean im Mittelpunkt. Für immerhin über 266.000 Instagram-Abonnenten ist diese Bilderwelt faszinierend.

Doch lohnt sich Storytelling, wenn es um ein Produkt geht, für das es weltweit nur 150 mögliche Käufer gibt? Auch hierfür gibt es eine Inspiration: Der deutsche Baumaschinenhersteller Liebherr hatte sich zur Markteinführung seines zwei Millionen Euro teuren Spezialtiefbaugeräts ebenfalls an den Grundpfeilern des Storytelling orientiert.

Kapitel 13
Storytelling für Technik- und B2B-Themen

Abb. 13.2: Maersk-Bildmotiv

Da die Zielgruppe so spitz war, hatte das Unternehmen den Mittelpunkt der Geschichte direkt dorthin verlegt, wo diese am einfachsten zu finden und anzusprechen waren. In dem Online-Business-Netzwerk LinkedIn wurden dann jedoch nicht Geschichten rund um dieses Gerät in Form von Artikeln aus dem Unternehmen oder durch besonders emotionale Kontaktmails verbreitet. Stattdessen wurde der »LB 44« im Vorfeld der amerikanischen Baumesse Conexpo zum eigenen Charakter verwandelt. Mit dem wesentlich griffigeren Namen »Mister Torque« bekam es ein eigenes LinkedIn-Mitgliedsprofil, mit den üblichen Kategorien wie Berufsbezeichnung, Herkunft, Erfahrung, Referenzen, Sprachkenntnissen, Empfehlungen etc.

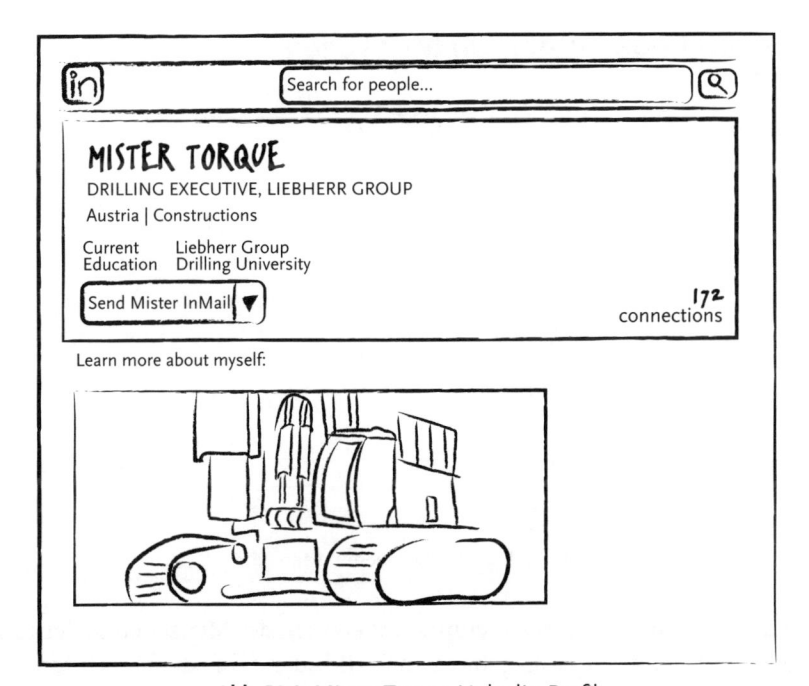

Abb. 13.3: Mister-Torque-LinkedIn-Profil

Kapitel 13
Storytelling für Technik- und B2B-Themen

Beispiel

Der Name selbst erspart bereits einiges an Erklärungsbedarf, da er eine der wichtigsten Fähigkeiten, den Drehmoment, bereits im Titel trägt. Mit dem Hashtag #MrTorque wurden vorab zudem kurze Videos gestreut, die mit Detailaufnahmen und Spannung aufbauten, worum es bei dem Gerät genau geht. Zum Start wurde dann unter anderem auf der Facebook-Seite von Liebherr ein ausführliches Vorstellungsvideo gepostet. Mit der Ankündigung »Huge. Strong. Powerful. Solid. Mobile. Time to Face Mr. Torque!« wurden sowohl der Hashtag als auch das LinkedIn-Profil eingeführt. Das Video wurde knapp 7.000 Mal geteilt. Insgesamt 170 LinkedIn-Kontakte seien durch diese Kampagne zustande gekommen, darunter auch Anfragen für ein Treffen auf der Conexpo. Von 20 Verkäufen waren drei Firmen direkt mit Mister Torque auf LinkedIn vernetzt. Drei Kontakte, die sechs Millionen Euro wert sind.

Ob General Electric, Bosch, Liebherr oder Maersk – es gibt kein Thema, das zu erklärungsbedürftig oder unsexy wäre, um Storytelling anzuwenden. Die Kampagne »Childlike Imagination – What my mom does at GE« spricht genauso universelle Werte an wie die Real-Beauty-Kampagne von Dove. Auch bei Kondomen hätte man bezweifeln können, ob man sie jemals ernsthaft und glaubwürdig in Chipstüten verkaufen könnte. Mit der passenden Geschichte geht auch das. Es ist nicht so, dass man ein attraktives Produkt haben muss, um Storytelling einsetzen zu können, sondern dass Storytelling Produkte attraktiv macht. Um die richtige(n) Geschichte(n) zu finden, können auch B2B-Unternehmen alle zuvor genannten Storytelling-Elemente und -Fragen mit dem gleichen Effekt auf sich beziehen.

Es geht am Ende immer um Menschen

Abb. 13.4: Menschen helfen Menschen.

Während man beim Kauf eines Joghurts mit keinem der Menschen in der Produktionskette in Kontakt kommt, geht es in B2B- oder sehr kleinen Unternehmen noch viel mehr um die persönliche Interaktion zwischen Käufer und Verkäuferin, zwischen Beraterin und Kunde oder zwischen Dienstleister und Auftraggeber.

Dass das Vertrauen der Kunden zu den Mitarbeitenden aufgebaut wird, ist daher für solche Unternehmen von besonders großer Bedeutung. Dabei haben gerade diese Firmen die Möglichkeit, direkt auf die menschlichen Begegnungen und Beziehungen zuzugreifen, die tagtäglich im Unternehmeralltag stattfinden.

Sie können, wie das amerikanische Logistik-Unternehmen Penske es mit einer Video-Serie getan hat, die Geschichten ihrer Kunden erzählen, wie zum Beispiel die von Bill Covaleski, Mitgründer und Braumeister der Victory Brewing Company:

> »We have two bright beer tanks, each of a thousand barrels. So when I stand there and I look at those tanks that are outputting beer to the bottling line, which will hit the road on Penske trucks, I marvel at the fact that those two tanks equal more than the beer we produced in our first year of operations in 1996.«
>
> (Wir haben zwei leuchtende Bier-Tanks, jeder umfasst 1.000 Fässer. Wenn ich hier stehe und sehe, wie diese Tanks Bier zum Abfüllen schicken, das mit den Penske-Trucks auf die Straßen gebracht wird, erstaunt mich immer wieder die Tatsache, dass diese zwei Tanks mehr Bier enthalten, als wir im gesamten Jahr unserer Gründung 1996 gebraut haben.)

Eine andere Perspektive und Vertrauen bekommt man von außen auf das Unternehmen, indem man die Geschichten der Mitarbeitenden erzählt. Der Frischelogistiker Meyer Logistik stellt ebenfalls in einem Video unterschiedliche Menschen aus den verschiedenen Abteilungen in der Konzernzentrale in Friedrichsdorf im Taunus vor, zum Beispiel Mario Banzet, Disponent bei Meyer Logistik:

> »Ich bekomm' zweimal am Tag die Touren. Ich bin verantwortlich für 18 Fahrer und acht LKW. Ich verreise sehr gern. Ein Highlight war der Kilimandscharo, den wir auch tatsächlich geschafft haben, zu besteigen. Mit großem Willen und Ehrgeiz. Und so muss man auch eigentlich jeden Tag hier an unseren Job rangehen.«

Ob Frachter, Quantencomputer oder Tiefbaugeräte – auch wenn nur wenige Menschen mit diesen Produkten in Berührung kommen, geht es am Ende auch bei ihnen darum, welchen Einfluss sie auf das alltägliche Leben von uns allen haben. Genauso wie es Maersk adressiert, sollte auch Unternehmen 1, das sich wiederum an Unternehmen 2 richtet, die Frage beantworten können, wie die Endkunden von Unternehmen 2 von dem Service oder Produkt indirekt profitieren. Am Ende geht es immer um eine Human-to-Human-Interaktion.

Einfach und emotional statt Business und Buzzwords

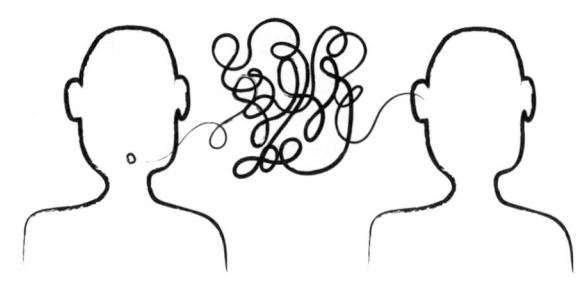

Abb. 13.5: Fachchinesisch vermeiden

Viele B2B-Unternehmen gehen davon aus, dass ihre Kunden die gleiche Sprache sprechen. Und sicherlich braucht eine Marketing-Verantwortliche auf der Suche nach einer Werbeagentur keinen Übersetzer. Nur sprechen Werbeagenturen (und ebenso viele andere Firmen) auch Geschäftsführer und -führerinnen an, die eher generalistisch sind, und ebenso auch zukünftige Mitarbeitende oder andere Stakeholder. Der Vorteil an Fach- und Fremdwörtern ist, dass sie viele Informationen in einem Wort zusammenfassen können. Der Nachteil ist, dass es ebenso lange braucht, bis das Publikum diese Bedeutungen wieder entschlüsselt. Sie aktivieren eben nur die Sprachverständnis-Gegenden im Gehirn, nicht das limbische System, nicht all die Reaktionen, die Empathie, Aufmerksamkeit und Motivation zum Handeln bewirken. Und das ist doch eigentlich das Ziel einer Business-Transaktion.

In ihrem Buch »Made to Stick« verweisen die Brüder Chip und Dan Heath immer wieder auf den »Fluch des Wissens«, den wir überlisten müssen, um verstanden, respektiert und erinnert zu werden. Ihre Formel dafür lautet: Simple, Unexpected, Concrete, Credible, Emotional und Story (SUCCESs). Unter »simple«, also einfach, ist dabei jedoch nicht zu verstehen, dass man wie ein Kleinkind sprechen sollte. Es geht vor allem darum, den Kern einer Idee zu formulieren, das Warum, auf eine Art und Weise, die es uns möglichst einfach macht, etwas zu verstehen. Kommunikation, die hängen bleibt, sollte kompakt und trotzdem tiefgehend sein.

»Die Vereinigten Staaten sollten sich das Ziel setzen, noch vor Ende dieses Jahrzehnts einen Menschen auf dem Mond landen zu lassen und ihn wieder sicher zur Erde zurückzubringen«, verkündete John F. Kennedy am 25. Mai 1961 in seiner ersten Rede an den amerikanischen Kongress. Die Gebrüder Heath sagen, dass die meisten CEOs diese Idee jedoch folgendermaßen formuliert hätten: »Unsere Mission ist es, durch Team-zentrierte Innovation und strategisch gezielte Luftfahrt-Initiativen in der Raumfahrtindustrie international führend zu werden.« Die gleiche Aussage, die einmal hängen bleibt und einmal verdammt vom Fluch des Wissens ist.

Kapitel 13
Storytelling für Technik- und B2B-Themen

Abb. 13.6: Vision von John F. Kennedy: einen Menschen auf dem Mond landen zu lassen

Ein sprachliches Mittel, um Ersteres zu erreichen, sind unter anderem Metaphern und Analogien. Indem wir auf die Dinge verweisen, die wir bereits kennen, können wir neue Konzepte und Ideen schneller und besser einordnen. Eine Pampelmuse kann man zum Beispiel als große Zitrusfrucht mit einer dicken, weichen Schale bezeichnen, dann weiß man jedoch immer noch nicht, ob man das zusammen mit Orangensaft zum Beispiel schmecken würde. Oder man sagt einfach, dass es eine etwas größere Grapefruit mit dickerer Schale ist. Bei der letzten Beschreibung kann man sich sogar den Geschmack vorstellen. Ähnlich kann man es sich auch beim sogenannten »Hollywood Pitch« abschauen, bei dem »Speed« als »Stirb langsam« in einem Bus oder »Alien« als »Der Weiße Hai« in einem Raumschiff verkauft werden kann.

Abb. 13.7: Analytischen Hut abnehmen, Empathie-Hut aufsetzen

Emotionale Kommunikation wiederum heißt auch nicht, das Publikum zum Weinen zu bringen. Das Ziel ist vor allem, das Publikum dazu zu bringen, dass es sich überhaupt damit beschäftigt. Um den Empathie-Hut aufsetzen zu können, muss jedoch erst der analytische Hut abgenommen werden. Dieser Punkt sollte gerade bei fachlichen Themen berücksichtigt werden. Die Geschichte eines konkreten, persönlichen Beispiels wirkt meist besser als gesichtslose Statistiken. Für eine Studie, bei der es um Spenden für Kinder in Afrika ging, wurde ein Spendenaufruf, der sich auf Statistiken berief, mit einem Aufruf, der auf dem Schicksal eines einzelnen Kindes basierte, verglichen. Natürlich brachte Letzteres mehr Einnahmen. Die eigentliche Überraschung war jedoch, dass die Spenden generell weniger wurden, je mehr rationales Denken involviert war, auch wenn zum Beispiel nur eine einfache Rechenaufgabe danach gestellt wurde. Emotionales Storytelling stellt den Nutzen für den Kunden in den Vordergrund, nicht die Features des Produkts. Statt zu betonen, wie gut die Saat ist, lässt sich das Publikum mit solchen Aspekten begeistern, die ihr persönliches Interesse widerspiegeln, nämlich dass sie damit den schönsten Garten haben werden.

Wie schaffen Finanzgurus, das Rationale mit dem Emotionalen zu vereinen? So zum Beispiel:

Beispiel

»Erfolgsgeschichten gibt es in ganz Amerika zuhauf. Seit den Anfängen unseres Landes haben Menschen mit einer Idee, Ehrgeiz und oft nur wenig Kapital mehr Erfolg, als sie sich erträumt haben, indem sie etwas Neues geschaffen oder die Erfahrungen der Kunden mit etwas Altem verbessert haben.

Charlie und ich sind durch das ganze Land gereist, um uns mit vielen dieser Menschen oder ihren Familien zu treffen. An der Westküste begannen wir 1972 mit dem Kauf von See's Candy mit unserer Arbeit. Vor einem ganzen Jahrhundert machte sich Mary See daran, ein uraltes Produkt anzubieten, das sie mit speziellen Rezepten neu erfunden hatte. Zu ihrem Geschäftsplan gehörten auch malerische Läden mit freundlichem Verkaufspersonal.

Aus ihrer ersten kleinen Filiale in Los Angeles entstanden schließlich mehrere Hundert Läden, die über den ganzen Westen verteilt waren. Auch heute noch erfreuen die Kreationen von Mrs. See die Kunden und bieten Tausenden von Frauen und Männern eine lebenslange Beschäftigung.

Berkshires Aufgabe ist es einfach, sich nicht in den Erfolg des Unternehmens einzumischen. Wenn ein Unternehmen ein nicht lebensnotwendiges Konsumgut herstellt und vertreibt, ist der Kunde König. Und nach

100 Jahren ist die Botschaft des Kunden an Berkshire immer noch klar: Leg dich nicht mit meinen Süßigkeiten an!«

Diese Erzählung ist kein Tagebucheintrag, sondern eine Passage des offiziellen Shareholder-Reports für das Jahr 2020, aus der Feder des Berkshire-Hathaway-CEOs Warren Buffett persönlich. Sein Ansatz ist dabei so simpel wie auch revolutionär in der Finanzkommunikation. Um seine Ausführungen verständlich wie auch informativ zu halten, stellt er sich vor, dass er den Financial Report als Brief an seine zwei Schwestern schreibt. »Am Anfang steht ›Dear Doris and Bertie‹ und am Ende nehme ich das weg [...] Ich tue so, als wären sie ein Jahr lang weggewesen und ich berichte ihnen über ihre Investitionen.«

Glaubwürdig und gezielt eine Nische besetzen

Gerade kleine oder sehr spezialisierte Unternehmen stellen sich ab und zu die Frage, wie sie mit wenigen Mitteln ein großes Publikum erreichen können. Die Frage ist jedoch in vielen Fällen, ob sie das überhaupt müssen. Wie das Beispiel von Liebherr gezeigt hat, reicht in extremen Fällen auch schon ein Kanal und eine Zielgruppe von wenigen Hunderten, um Geschichten erzählen zu können. Die Tatsache, dass ein Unternehmen in einer Nische tätig ist, macht es sogar einfacher fürs Storytelling. Man kennt sein Publikum in vielen Fällen auch persönlich und weiß, welche Bedürfnisse, Probleme und Fragen sie haben.

Eine Nische mit Expertise und Geschichten zu besetzen, ist besonders für kleinere Organisationen eine gute Chance, Gehör bei ihrem Publikum zu finden. Wissen und Erfahrungen zu teilen, heißt auch, Kunden zu befähigen, seine Ziele besser zu erreichen. Seine Expertise unter Beweis zu stellen, schließt sich auch nicht mit den früheren Punkten aus. Die wichtigste Frage ist meist, wie dieses Wissen präsentiert wird. Wie das Beispiel mit der Mitarbeiterbefragung und dem Fußballspiel oder die Hinweise zu Daten-Visualisierungen gezeigt haben, ist Storytelling sogar ein sehr gutes Werkzeug, Wissen zu vermitteln.

Wenn es um die Kanäle geht, bieten sich bei B2B-Unternehmen noch viel mehr die eigenen Medien wie zum Beispiel ein Corporate-Blog an. Während man nicht die Website von Coca-Cola besuchen würde, um eine Flasche zu kaufen, wendet man sich bei Dienstleistern oder Lieferanten schon häufiger an eine zentrale (Online-)Anlaufstelle, um mit ihnen in Kontakt zu treten. So generieren B2B-Unternehmen mit einem eigenen Blog im Schnitt 67 Prozent mehr Leads als ohne. Storytelling auf der eigenen Plattform hilft zudem gerade bei spezialisierten Themen, die Sichtbarkeit in Suchmaschinen zu verbessern.

Kapitel 13
Storytelling für Technik- und B2B-Themen

The Epic Split

Abb. 13.8: »Epic Split« von Volvo Trucks

50 Prozent der B2B-Käufer sind eher bereit, ihr Geld auszugeben, wenn sie eine emotionale Bindung zu einer Marke spüren.[1]

Eine der erfolgreichsten viralen Geschichten, die zeigt, dass B2B-Storytelling nicht rational sein muss, sondern emotional, einfach und glaubwürdig gleichzeitig sein kann, wurde am 13. November 2013 auf YouTube hochgeladen. Ohne weiteres Media-Budget verbreitete sich der Spot von Volvo Trucks in Windeseile und wurde bis heute über 113 Millionen Mal angeschaut. In einer Minute und 16 Sekunden schafft es der Clip, so ziemlich alle Erfolgsrezepte des Storytelling zu vereinen.

In dem Video sehen wir Jean-Claude Van Damme vor einem Sonnenuntergang im Hintergrund. Er hat seine Augen geschlossen und wir hören seine Stimme aus dem Off:

> »I've had my ups and downs. My fair share of heavy winds. That's what made me what I am today. Now I stand here before you.«

> (Ich hatte meine Höhen und Tiefen, meinen fairen Anteil schwerer Stürme. Das hat mich zu dem gemacht, der ich heute bin. Jetzt stehe ich hier vor euch.)

Der Held wird etabliert. Auch wenn man selbst kein Martial-Arts beherrscht, was wohl für die meisten von uns gilt, kann man sich mit diesen Aussagen identifizieren. Erst an dieser Stelle zoomt die Kamera heraus und wir werden in eine neue Welt mitgenommen, die wesentlich gefährlicher ist, als der Anfang es vermuten ließ. Wir sehen zwei Volvo-Trucks, die mühelos und präzise rückwärtsfahren,

---

1 2 Hague, Nick – B2B decision-making is getting very emotional https://www.b2bmarketing.net/en-gb/resources/blog/b2b-decision-making-getting-very-emotional

während Van Damme mit einem Fuß auf dem einen und mit dem zweiten Fuß auf dem anderen LKW steht.

»What you see is a body crafted to perfection, a pair of legs engineered to defy the laws of physics, and a mindset to master the most epic of splits.«

(Was ihr seht, ist ein perfekt gestählter Körper, ein Paar Beine, die dafür gemacht sind, den physikalischen Gesetzen zu trotzen, und eine Mentalität, die den epischsten aller Spagate ermöglicht.)

Das Quest ist angekündigt. Während Enyas Song »Who can tell« gespielt wird, steigt der Spannungsbogen, wenn wir sehen, dass die zwei Trucks sich immer weiter voneinander entfernen. Langsam gehen auch Van Dammes Beine auseinander, bis die Klimax erreicht ist und er im 180-Grad-Spagat zwischen den zwei LKWs, die weiterhin fahren, balanciert. Um die Dramatik dieser Situation zu unterstreichen und den Helden zu feiern, sieht man diesen Spagat mit einem leichten Kameraschwenk insgesamt 30 Sekunden, fast die Hälfte des Clips. Abschließend wird eingeblendet:

»This test was set up to demonstrate the precision and stability of Volvo Dynamic Steering.«

(Dieser Test wurde angelegt, um die Präzision und Stabilität des Volvo Dynamic Steering zu demonstrieren.)

Nachdem sich das Video weltweit verbreitet hatte, führte die verantwortliche Agentur eine Umfrage unter 2.000 LKW-Besitzern durch. Die Ergebnisse waren überwältigend: Fast die Hälfte aller, die den Clip kannten, sagten, dass sie bei ihrem nächsten Kauf Volvo bevorzugen würden. Ein Drittel aller Befragten ist sogar direkt zu einem Volvo-Händler oder auf die Website von Volvo gegangen.[2]

Do it yourself

- Was ist das Inspirierendste oder Spannendste an Ihrem Business?
- Was beschäftigt Ihre Kunden und/oder Mitarbeitenden? Welche Sorgen oder Ziele lassen sie nachts nicht schlafen?
- Wie verändert Ihr Business die Art und Weise, wie Menschen leben oder arbeiten?
- Was sagen Ihre besten Kunden über oder zu Ihnen?

---

2 Telcher, Jordan – The State of B2B Content Marketing https://contently.com/wp-content/uploads/2013/07/140729_State-of-B2B-Content-Marketing-1.pdf (2014)

Kapitel 13
Storytelling für Technik- und B2B-Themen

> **Beispiele**
>
> Website der Maersk-Gruppe: http://www.maersk.com/
>
> »Mr. Torque«-LinkedIn-Profil von Liebherr: https://www.internetworld.de/social-media-marketing/social-media-monitoring/so-verdiente-liebherr-linkedin-millionen-1058666.html
>
> »Stories that Move us« von Penske: https://www.youtube.com/watch?v=MH7rf6Kq3Hs
>
> »Kompetenz in Frische« von Meyer Logistik: https://www.youtube.com/watch?v=FCSTm24lr5o
>
> Financial Report von Berkshire Hathaway 2020: https://www.berkshirehathaway.com/letters/2020ltr.pdf
>
> »The Epic Split feat. Van Damme« von Honda Trucks: https://www.youtube.com/watch?v=M7FIvfx5J10

Kapitel 14

Employer Branding

Die Geburtsstunde des Employer Branding

René Heymann, Geschäftsführer der kreativen Markenberatung HEYMANN BRANDT DE GELMINI, berichtet aus dem Kreißsaal einer der ersten Storytelling-Kampagnen in Deutschland, die Corporate und Employer Branding vereinte:

> »Zwei Monate, bevor wir den Pitch für die externe Kommunikation der Berliner Stadtreinigung (BSR) Ende der Neunziger gewannen, hatten wir bereits den Etat für die interne Kommunikation der BSR bekommen. Damals gab es das Thema ›Employer Branding‹ noch gar nicht. Dieser Begriff wurde erst zwei Jahre später auf Basis einer Studie von McKinsey mit der Veröffentlichung des Buches ›War For Talents‹ ins Leben gerufen. Zu dem Zeitpunkt, als wir für die BSR gepitcht haben, nannte sich das in der Ausschreibung noch ›interne Kommunikation‹. Es ging in Bezug auf Lean Management um Effizienzprogramme, also darum, Mitarbeitende zu motivieren, noch besser und noch effizienter zu arbeiten. Das war der eigentliche Zweck der internen Kommunikation: Ich kommuniziere besser mit den Leuten, sie fühlen sich dadurch motivierter und leisten mehr.
>
> Nachdem wir auch die Kampagne für die externe Kommunikation gewonnen hatten, wurde seitens der BSR beschlossen, dass mit der ›We Care for You‹-Kampagne keine gesonderte interne Kommunikation mehr benötigt wird, da diese sowohl nach innen als auch nach außen wirkt. Die positive Stimmung der Bevölkerung übertrug sich auf jeden einzelnen Mitarbeiter. Plötzlich war jeder gerne Teil dieses stolzen BSR-Teams. Die Ausstrahlungskraft war gewaltig. Bis heute muss sich das Unternehmen über neues Personal keine Gedanken machen. Während man sich vor der Kampagne eher rechtfertigen musste, warum man ›Müllmann‹ geworden ist, war es schon elf Wochen später so, dass die Mitarbeitenden Kult waren: Man war stolz, ein Müllmann zu sein. Die Kampagne hatte das Unternehmen verändert, weil die Bevölkerung eine andere Sichtweise auf die Mitarbeitenden und damit auf das Unternehmen hatte.
>
> Das war die Geburtsstunde des Employer Branding in Deutschland, weil zum ersten Mal Human Ressources, Employer Branding und Corporate

Kapitel 14
Employer Branding

Beispiel

Branding in einem gebündelt wurden: Wenn zum Beispiel ein Supermarkt seine Mitarbeitenden schlecht behandelt oder sie durch Überwachungskameras beobachten lässt, dann bekommt das heutzutage durch das Internet jeder in der Öffentlichkeit mit. Wenn ich die Arbeitgebermarke attraktiver machen möchte, dann kriegen das auch Kunden mit, die das entweder gut oder schlecht finden. Auf jeden Fall hat das eine Auswirkung auf die Gesamtwahrnehmung. Das sieht man ganz deutlich bei VW, wo man nach der Krise Ende 2015 jetzt deutliche Probleme haben dürfte, Employer Branding zu betreiben, weil die Consumer-Marke im Begriff ist, komplett ihren Ruf zu verlieren. Employer Branding ist Corporate Branding und umgekehrt.

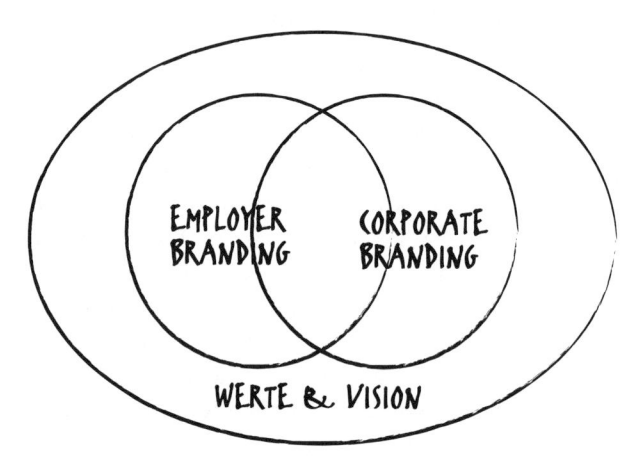

Abb. 14.1: Corporate und Employer Branding

Die meisten Unternehmen wissen zwar, dass sie sich als Arbeitgebermarke positionieren müssten. Das reicht aber nicht. Wichtig ist, wie kann die Employer Brand nachhaltig emotionalisiert werden, damit sie dauerhaft für die Mitarbeitenden und die zukünftigen Talente relevant bleibt. Da die HR-Abteilung oftmals aber nicht mit der Marketing-Abteilung und -Leitung gekoppelt ist, sondern immer noch ein Silo-Denken vorherrscht, werden meist nur sehr isolierte Lösungen herausgearbeitet, die temporär schmerzlindernd wirken, aber nicht die Ursache des Problems beheben. Unternehmen müssen sich daher davon lösen, Single-Lösungen für B2C-, B2B- oder B2E-Kommunikation zu entwickeln, sondern aus der DNS der Marke und seiner Vision zu agieren. Das Ziel ist es, Menschen in den verschiedenen Märkten in ihren Wünschen und Bedürfnissen zu berühren, also integrierte 365 Tage Human-to-Human-Kommunikation (H2H) integriert zu betreiben.

Beim Employer Branding geht es jedoch intern nicht nur darum, bestehende Mitarbeitende stärker an das Unternehmen zu binden, sondern auf Bewerber begehrlich zu wirken. Die Frage ist zum Beispiel, wie man die Aufmerksamkeit und die Partizipation von jemandem bekommt, der gerade gar keinen Job sucht. Was ist mit den Leuten, die so ein Kribbeln im Kopf haben – die latent unzufrieden sind? Die jährlich durchgeführte Gallup-Studie bestätigt: Durchschnittlich sind mindestens 60 Prozent in den Unternehmen, sowohl bei Konzernen als auch bei KMUs, unzufrieden. Diese Mitarbeitenden sind in ihrer Gedankenwelt noch nicht so weit, dass sie aktiv in die Jobsuche eintreten, aber irgendwann wird das für einen Teil davon der Fall sein. Um diese Menschen in ihrem Mindset zu erreichen, ist es wichtig, dass ich ihnen ein spannendes Kommunikationsangebot unterbreite. Falsch wäre hier, tolle Jobs anzubieten, da keine Jobs gesucht werden. Dann ist es wichtig, dass ich ihnen regelmäßig eine Attraktion anbiete, die ihre intrinsischen Motive antriggert. Und zwar nicht im Sinne von Push-Marketing, sondern mit dem Ziel, dass sie freiwillig auf mein Portal oder meine Website kommen und regelmäßig wiederkommen, ohne dass ich dafür Paid Media in Anspruch nehme. Deswegen müssen Unternehmen für ihre Arbeitgebermarke eine Story entwickeln, die durch ihre Serienfähigkeit immer wieder neue relevante Kommunikationsangebote enthält, die gerne konsumiert und geteilt werden.«

Werte sind wichtiger als Gehalt

80 Prozent aller Arbeitgeber weltweit haben Schwierigkeiten, qualifizierte und talentierte Kandidaten und Kandidatinnen zu finden.[1] Auf der anderen Seite würden 58 Prozent aller Studierenden sogar auf 15 Prozent ihres Gehaltes verzichten.[2] Wie passen diese beiden Entwicklungen zusammen? Berufseinsteiger würden mit weniger Gehalt leben können, solange eine Bedingung gegeben ist: wenn sie in einem Unternehmen arbeiten können, das die gleichen Werte vertritt wie sie selbst.

»Erschaffe eine inspirierende Welt, in der die Verbindung zwischen den Menschen zählt.« Auf der Karriere-Seite von airbnb werden Kandidaten mit diesem Leitbild empfangen, das vor allem das »Warum« in den Mittelpunkt stellt. Auf der Seite sind zwar noch keine konkreten Stellenangebote zu sehen, dennoch holt diese Vision eine bestimmte Zielgruppe mit ähnlichen Werten ab, egal ob Programmiererin, Kundenservice-Leiter oder juristische Mitarbeiterin.

Wo kommt ein Unternehmen her, wo will es hin, welche Hürden gilt es, zu überwinden, und welche Rolle wird es in einer neuen Welt spielen? All diese und viele

---
1 EB Insights, Universum Communications Sweden AB. Spring edition (2011)
2 Net Impact, Talent Report: What Workers Want in 2012 (2012)

weitere Fragen des Brand-Storytelling sind nicht nur für die Kundengewinnung wichtig, sondern auch fürs Recruiting. Die größte Herausforderung fürs Employer Branding hängt damit zusammen, wie die Unternehmenswerte am besten kommuniziert werden, um genau die richtigen Talente anzuziehen und die besten Mitarbeitenden zu halten.

Employee Storytelling

Abb. 14.2: Mitarbeitende erzählen Geschichten.

Mitarbeitende sind die wichtigsten Helden und gleichzeitig besten Erzähler, wenn es darum geht, ein authentisches und attraktives Bild als Arbeitgeber zu zeichnen. Durch ihre Brille ist es möglich, zukünftige Bewerber und Bewerberinnen auf Augenhöhe anzusprechen. Statt theoretischer Argumente für die Unternehmenskultur und die Qualität der Arbeitsplätze (Employer Value Proposition) geben Mitarbeitergeschichten diesen ein Gesicht. Um sich mit einer zukünftigen Stelle identifizieren zu können, ist es auch wichtig, sich in die Menschen, die an ähnlichen Projekten bereits arbeiten, hineinversetzen zu können. Und für die Menschen, die als Heldinnen und Erzählerinnen ins Rampenlicht gerückt werden, ist es eine wertschätzende Geste für ihre Rolle im Unternehmen und den entscheidenden Unterschied, den sie in diesem machen.

Doch was, wenn Mitarbeitende schlecht über ihr Unternehmen reden? Es gibt sicherlich gerade wegen dieser Angst auch einige Vorbehalte gegen das Employee Storytelling. Die Realität ist jedoch, dass Firmen erstens keine andere Wahl mehr haben, als ihre Angestellten gut zu behandeln. Arbeitgeber-Bewertungsplattformen wie zum Beispiel kununu vermitteln zukünftigen Talenten bereits ehrliche Einblicke in den tatsächlichen Alltag innerhalb eines Unternehmens. Zukünftigen

Mitarbeitenden – wie auch Kunden – lässt sich aufgrund der Social-Media-Transparenz kaum noch etwas vormachen. Employer Branding überhaupt zu betreiben ergibt daher meist nur Sinn, wenn die Umstände und Ziele für die Mitarbeitenden glaubhaft hervorzuheben sind. Und wenn dies der Fall ist, sollte keine Angst vor kritischen Geschichten bestehen. Zweitens: Mitarbeiter und Mitarbeiterinnen reden sowieso schon über ihr Unternehmen. Die erfreuliche Nachricht: Sie sind dabei meist sehr unterstützend: 69 Prozent sprechen gegenüber ihrer Familie und Freunden gut über ihren Arbeitgeber, 58 Prozent würden anderen ihren Arbeitgeber empfehlen. Angestellte reden jedoch nicht nur von Person zu Person über ihren Job: Die Hälfte aller Arbeitnehmer und Arbeitnehmerinnen posten ab und zu Nachrichten, Bilder oder Videos über ihren derzeitigen Arbeitgeber auf Social Media. 39 Prozent loben ihr Unternehmen offen und geben positive Kommentare. Wohingegen nur 16 Prozent ihren Arbeitgeber jemals online kritisiert oder negative Kommentare geteilt haben.[3]

Wer also aktiv die eigenen Mitarbeitenden in die Unternehmenskommunikation einbindet, kann diese positive Tendenz noch weiter stärken. Zusätzlich bewirkt das Employee Storytelling, dass sich Mitarbeitende mehr engagieren, da sie die persönliche Verbindung, die sie zu ihrem Arbeitgeber haben, auch selbst dadurch besser nach außen tragen können. Das Sprachrohr der Marke wird dadurch vielfältiger, reichhaltiger und authentischer. Mitarbeitergeschichten sind außerdem konkreter, persönlicher und emotionaler – alles das, was Storytelling erfolgreich macht. Und auch für Beschäftigte, die sich fragen, warum sie ihrem Unternehmen ihr Gesicht leihen sollten, bietet Employee Storytelling die Möglichkeit, ihre persönliche Reputation zu stärken, eine Dialogkultur zu fördern und dazu beizutragen, Kollegen und Kolleginnen zu finden, die sie am liebsten selbst ausgesucht hätten.

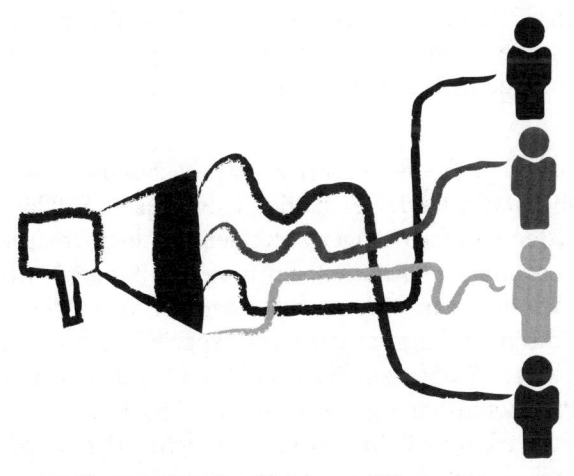

Abb. 14.3: Eine Geschichte – viele Perspektiven

---

3   Weber Shandwick

Wie findet man die besten Geschichten und Erzähler im Unternehmen? Eine erste Anlaufstation ist die Personalabteilung, da diese ständig in Kontakt mit den aktuellen Mitarbeitenden ist und weiß, welche Vakanzen gerade besonders wichtig sind. Außerdem kennt sie auch einige Geschichten von interessanten Karrieren im Team, wo zum Beispiel aus dem Neuling, der noch viel zu lernen hatte, ein Leader für eine gesamte Abteilung wurde. Auch die Führungsetage hat natürlich im Employer Branding eine Stimme, vor allem, wenn es darum geht, von der Vision und der Historie des Unternehmens zu erzählen und somit die vielen kleinen Testimonial-Geschichten in den größeren Kontext einzuordnen. Managerinnen und Teamleiter wiederum können aus ihrer Perspektive berichten, wie sie die Unternehmenskultur leben und weitergeben oder welche neuen Mitarbeiter-Benefits und -Programme zum Beispiel mit welcher Intention und entsprechenden Hürden durchgesetzt wurden. Natürlich kann man auf weiteren Stufen nicht bei jedem Mitarbeiter einzeln nach Geschichten und Anekdoten forschen. Hilfreich ist es, sich an Schlüsselcharakteren zu orientieren, die zum Beispiel am längsten im Unternehmen sind, die mit vielen anderen Mitarbeitenden und/oder Kunden zu tun haben, die bereits viele Abteilungen des Unternehmens kennengelernt haben, die in Teams sind, wo gerade besonders starker Rekrutierungsbedarf ist, oder auch die als Trainee nach ein paar Monaten einen ganz unvoreingenommenen, frischen Blick aufs Ganze haben.

Storytelling für Stellenbeschreibungen

Neben der Darstellung der Unternehmenswerte steht die Personalabteilung auch vor der Herausforderung, die vielen Rollen, die man innerhalb der Organisation einnehmen kann, zu veranschaulichen. Was steckt eigentlich hinter den ausgeschriebenen Stellen? Gerade Berufseinsteiger haben häufig nur eine vage oder manchmal gar falsche Vorstellung davon, welche Wege sie überhaupt wählen können, welche Talente dafür benötigt werden und welche Rolle sie für die Kunden spielen.

Beispiel: Die Wirtschaftsprüfungsgesellschaft PricewaterhouseCoopers, die in Deutschland allein rund 9.300 Mitarbeitende beschäftigt, hatte diesen Aufklärungsbedarf zum Beispiel. Die meisten Berufseinsteiger verbinden mit dem Unternehmen überwiegend Tätigkeitsbereiche wie Wirtschaftsprüfung und Steuern. Über die Karriereseite von PwC konnte man sich zuerst einer der folgenden drei Kategorien zuordnen, über die man dann wiederum zu speziell zugeschnittenen Karriere-Informationen gelangt: Studenten, Berufserfahrene und Schüler. Letztere Gruppe wurde zu dem PwC Jobmatcher geführt, der eine Mischung aus Erklärvideo, Jobmatching und Storytelling ist. In den vier Kapiteln »Die Entscheidung«, »Verstecktes Geheimnis«, »Der Neustart«, »Happy End?!« wurde die Geschichte vom Firmenzusammenschluss des fiktiven Autoherstellers Aiolos mit dem ebenfalls fiktiven Cloud-Daten-Service Cumulis erzählt.

Abb. 14.4: PwC-Jobmatcher-Video

Anhand der verschiedenen Herausforderungen und Veränderungen, die durch diesen Merger aufkommen, wurden insgesamt 14 Tätigkeitsbereiche bei PwC erklärt, wie zum Beispiel neben der Wirtschafts- und Steuerprüfung auch Risk-Management, IT-Beratung oder auch HR-Beratung. Nach dem Betrachten der maximal 150-sekündigen Video-Kapitel konnten die Zuschauenden sich dann auf einem Interessenbarometer bei den beschriebenen Bereichen verordnen. Am Ende der Geschichte wurden diese Barometer zu einem finalen Ranking zusammengeführt, auf dem der Schüler oder die Schülerin sehen konnte, welche Bereiche ihn oder sie am meisten interessiert hatten, und über das er oder sie dann zu entsprechend weiterführenden Informationen gelangte. Daneben wurde ein Ausbildungsblog von zwölf jungen PwC-Mitarbeitenden geführt, die ganz persönliche Einblicke in ihre Erlebnisse geben.

Wo werden Employer-Branding-Storys erzählt?

Wo und wie Unternehmen ihre Mitarbeiter- und Hintergrundgeschichten erzählen, ist ebenso wie beim Corporate Branding eine transmediale Fragestellung. Als sinnvoll und gelernt hat es sich erwiesen, eine zentrale Karriereseite als Anlaufstelle einzurichten, auf der alle anderen Kanäle zusammenlaufen. Welche Kanäle das sein können, hängt ebenfalls wieder von den Ressourcen ab und auch von der Frage, wie die Employee-Storys zum Beispiel am besten erzählt werden können: über Video-Interviews, Blogbeiträge, Fotos oder andere Mittel?

Beispiel

Mit dem Claim »Create the future you want« empfängt Microsoft zum Beispiel Besucher und Besucherinnen auf seiner Karriereseite. Diese bündelt neben den Stellenanzeigen einige Kanäle, auf denen fortwährend zu verschiedensten Themen Einblicke in das Unternehmen gegeben werden, zum Beispiel eine Informationsseite zum Thema Angestellte mit Behinderung, dedizierte Landingpages mit persönlichen Insights für Studierende und Berufserfahrene, Microsoft Life und die damit verbundenen Einblicke in die Unternehmenskultur sowie die gängigen Social-Media-Profile. Was auch immer bei Microsoft hinter den Kulissen im Team passiert, kann aus unterschiedlichen Perspektiven mitverfolgt werden. Wenn der Moment ansteht, sich tatsächlich einmal eine der ausgeschriebenen Stellen anzuschauen, weil die Zeit zum Wechsel gekommen ist, gelangt man von all diesen Pfaden zurück zur Karriereseite.

DAX-40-Ranking: Storytelling auf Karriereseiten

Für eine weitere Analyse hat meine Agentur Ende 2021 die vorrangig deutschsprachigen Karriere-Webseiten aller DAX-40-Unternehmen untersucht. Kennzeichen dazu wurden jeweils mit einer Punktzahl zwischen 0 und 2 bewertet. Die Kriterien wurden dabei jeweils den sechs Kategorien »Vision«, »Werte«, »UEP« (Unique Employment Proposition), »Storys«, »Visuell« und »Sprache« zugeordnet. Zudem wurden die Storytelling-Aspekte auf den Karriereseiten (vor allem Storys und Werte) etwas stärker gewichtet als die faktenbasierten UEPs. Die höchste Punktzahl, die erreicht werden konnte, war 40.

Den ersten Platz teilten sich zwei Unternehmen aus unterschiedlichen Welten. Zwei Jahre zuvor belegte der Hersteller von Konsumgütern Henkel noch Platz drei und steht 2021 nun zusammen mit der Lieferplattform Delivery Hero auf dem Siegertreppchen. Henkel spricht Kandidat und Kandidatinnen visuell, packend und emotional an. Gemeinsam katapultieren sie den Hautpflege-Konzern Beiersdorf auf den zweiten Platz – im ersten Report noch Erstplatzierter. Die gefühlvoll gestaltete Karriereseite von Henkel besticht mit aufwendig produziertem Videomaterial, außergewöhnlichen Mitarbeiter-Benefits und einer authentischen Kommunikation. Mit dem »Henkel-Spirit« schafft das Unternehmen mühelos den Spagat zwischen Tradition und Moderne. Bei Delivery Hero sind die Mitarbeitenden die Helden und Heldinnen und werden auf der gesamten Karriereseite immer wieder gezeigt und in den Fokus gestellt. Das Highlight ist hier der 360°-Rundgang durch das Berliner Büro. Die Jobsuche als multimediales Erlebnis – ein Trend, der im »New Talent Recruiting« entscheidend ist.

Überraschend ist das Schlusslicht E.ON. Der Energiekonzern belegte im früheren Storytelling-Report aus dem Jahr 2019 noch Platz elf und erfährt im Ranking aus dem Jahr 2021 eine Talfahrt. Den Grund zeigt die Karriereseite. Dort suchen Bewerberinnen und Bewerber vergeblich einen Claim und Erfahrungsberichte von Mitarbeitenden sind nicht aufzufinden. Potenzial liegt hier im Einsatz von Bildern – sowohl in der Quantität als auch in der Emotionalität. Das Biotechnologie-Unternehmen QIAGEN präsentiert sich ähnlich zurückhaltend. Einen Claim, Benefits, Werte sowie Emotionen finden Kandidaten und Kandidatinnen hier nicht. Komplexe Texte und eine fehlende eigene Handschrift sind ausschlaggebende Faktoren, weswegen das Unternehmen unter den letzten Drei landet. Der vorletzte Platz geht an Brenntag. Zwar überzeugt die Europäische Gesellschaft mit umfangreichen Mitarbeiter-Benefits und zeigt viele Bilder sowie Videos. Diese wirken allerdings wie Stockfotos und transportieren daher kein authentisches Gefühl für die Arbeitgebermarke.

Das Ranking zeigt, wie unterschiedlich die 40 größten Organisationen des Landes um die Gunst der Bewerbenden von heute buhlen. Die Karriereseite ist für Talente die erste Anlaufstelle und ihre Erwartungen steigen fortlaufend. Stellenausschreibungen müssen mehr als leere Worthülsen und abstrakte Buzzwords bieten, damit sie Kandidaten und Kandidatinnen überzeugen. Daher sollten die Konzeption und Gestaltung eine Herzensangelegenheit für jedes Unternehmen sein. Ausschlaggebend sind eine regelmäßige Aktualisierung und frischer Content. Eine gute Auswahl der Inhalte und visuellen Elemente ist genauso essenziell für die äußere Wahrnehmung. Eine weitere Herausforderung ist, dass die Erwartungen bei Talenten hinsichtlich Bezahlung, Benefits, Arbeitszeitmodellen, aber eben auch Sinnhaftigkeit und Werten zunehmen. Marken müssen heute um die Besten kämpfen und von sich überzeugen. So ist es an den Unternehmen, diesen Ansprüchen gerecht zu werden und ihre Alleinstellungsmerkmale glaubwürdig, transparent und einfühlsam zu kommunizieren.

Do it yourself

- Wofür stehen Sie als Unternehmen?
- In welche Richtung gehen Sie für die Zukunft?
- Wie ist es, bei Ihnen zu arbeiten?
- Welche Menschen werden in Ihrem Unternehmen glücklich arbeiten können?
- Was macht Sie als Arbeitgeberin interessant?
- Was ist Ihre Employer Value Proposition?
- Welche Berufsbilder und Tätigkeitsbereiche machen Ihr Unternehmen aus?
- Was motiviert Ihre Mitarbeitenden?
- Wie beschreiben Ihre eigenen Mitarbeitenden Ihr Unternehmen?
- Welche Schlüsselpersonen auf Führungs-, Teamleiter- und Angestellten-Ebene sind charismatische Testimonials?
- Auf welchen Kanälen können Sie Talente erreichen?
- Welche Ressourcen haben Sie, um Mitarbeitergeschichten zu erzählen? Welche Medien sind am besten geeignet?

> **Beispiele**
>
> »Jobmatcher« von PricewaterhouseCoopers:
> `http://blog.recrutainment.de/2015/10/22/der-pwc-jobmatcher-storytelling-kuesst-jobmatching-und-erklaert-so-einen-komplexen-arbeitgeber/`
>
> Karriereseite von Microsoft: `https://careers.microsoft.com`
>
> DAX-40-Ranking der Karriereseiten:
> `https://www.mashup-communications.de/2022/02/storytelling-ranking-dax-40/`

Kapitel 15

Leadership Storytelling

Unternehmen, die von CEOs geleitet werden, die das Vertrauen der Stakeholder stärken, werden sich am ehesten von der Corona-Pandemie erholen. So lautet das Ergebnis einer Umfrage von pwc aus dem Jahr 2021.[1] 49 Prozent aller Verbraucher und Verbraucherinnen kaufen eher bei einer Marke, der sie vertrauen. 44 Prozent haben aufgrund mangelnden Vertrauens sogar schon einmal ein Unternehmen boykottiert. Eine gute Geschichte ermutigt andere – Kunden wie auch Mitarbeitende – Ihrer Organisation zu vertrauen. Der Schlüssel zum Erfolg liegt also unter anderem darin, zu verstehen, wie Sie eine glaubwürdige Geschichte (sei sie persönlich oder beruflich) auf möglichst fesselnde Weise in unterschiedlichsten Führungs- und Management-Szenarien erzählen.

All jene Mittel, die die Kundenkommunikation durch Storytelling zum Erfolg führen, helfen Unternehmen auch intern, an einem Strang zu ziehen. Führungspersonen, die ihre Mitarbeitenden befähigen, motivieren und leiten wollen, müssen zu Geschichtenerzählern werden.

Jedoch geht es nicht nur um die heroischen Momente großer Reden, Präsentationen oder alljährlicher Tagungen der obersten Führungsliga. Storytelling kann tagtäglich auf vielen Ebenen des Managements und der Zusammenarbeit integriert werden: Geschichten über außerordentliche Erfolge einzelner Teammitglieder, über Erkenntnisse, die man erst durch eigene Fehlschläge erlangt hat, oder über die gemeinsamen Werte machen erfolgreiche Leadership-Momente aus. Gerade Führungskräfte müssen es schaffen, dass ihnen zugehört und geglaubt wird, um ihr Team weiterzubringen. Ratschläge, Feedback und Strategie müssen eine Wirkung auf das Publikum haben, damit sie auch umgesetzt werden. Wer ein guter Geschichtenerzähler und -erzählerin ist, bringt seinen Führungsstil aufs nächste Level.

Anlässe für Leadership Storytelling

In seinem empfehlenswerten Buch »Lead with a Story«[2] nennt der Autor Paul Smith 21 Herausforderungen, denen sich Führungspersonen gegenübersehen und bei denen sie Geschichten einsetzen können bzw. sollten. Dies sind elf davon:

---

1 pwc: Three quarters of CEOs predict a return to growth in 2021: https://www.pwc.com/gx/en/news-room/press-releases/2021/pwc-ceo-survey-2021.html
2 Smith, Paul – Lead with a Story: A Guide to Crafting Business Narratives that Captivate, Convince, and Inspire (2012)

Eine Vision für die Zukunft setzen

Eine der wichtigsten Aufgaben einer Führungsperson ist, ein Team für die Zukunft zu wappnen. Die Vision ist der Kompass, der ständig vor Augen gehalten werden sollte. Doch wie bekomme ich ein Team dazu, der Vision überhaupt Bedeutung beizumessen und sie als solche anzuerkennen? Welche Geschichten kennen wir, die veranschaulichen, wie wichtig eine Vision ist? Wie können wir unser Publikum dafür begeistern, seine Aufmerksamkeit hierauf zu lenken? Smiths Beispiel ist eine Erzählung von einer Frau, die auf einer Baustelle drei Bauarbeiter trifft. Neugierig fragt sie jeden einzelnen, was sie da tun. Der erste antwortet genervt, er verlege doch ziemlich offensichtlich Steine. Der zweite antwortet, er baue eine zehn Meter hohe und 30 Meter breite Mauer, und fährt gleichzeitig den ersten an, da dieser einen Stein zu viel gelegt hat. Der dritte antwortet aufgeregt, er baue die größte Kathedrale der Welt, und beruhigt die zwei anderen, dass niemand den überstehenden Stein sehen wird, da es sich um eine Innenmauer handelt, die noch weiter verbaut wird. Geschichten wie diese können veranschaulichen, wie das Verständnis für das übergeordnete Ziel helfen kann, bessere Entscheidungen zu treffen, anderen zu helfen, eine bessere Führungsperson zu sein und generell die eigene Arbeit mehr zu schätzen.

Gerade in Change-Prozessen kann Storytelling aus Verteidigern des Status quo Akteure des Wandels hervorbringen. Die Angst vor dem Unbekannten lässt die emotionale Seite unseres Gehirns auf Hochtouren laufen. Das kann zu irrationalen Reaktionen führen, macht aber gleichzeitig auch empfänglicher für emotionale Informationen. Wir können Angst und Ungewissheit zwar nicht ausschalten. Geschichten aber können das wahrgenommene Risiko mindern und die Akzeptanz fördern, indem sie die Veränderungen und die damit verbundenen Ergebnisse vor Augen führen und die Begeisterung für diese Ergebnisse steigern. Indem sie persönlichere Verbindungen zu den Arbeitszielen erkennen, fühlen sich Mitarbeitende mehr wertgeschätzt und treiben den Wandel mit voran.

»Um effektiv mit Menschen zu kommunizieren, sollte man nicht einfach nur zu ihnen reden. Sie müssen Ihre Vision so überzeugend vermitteln, dass die Menschen erkennen, dass der von Ihnen vorgeschlagene Weg der richtige ist. Das Erzählen von Geschichten ist das A und O, wenn es darum geht, den Wandel voranzutreiben, vor allem bei Ideen, die sich noch nicht bewährt haben, weil es keinen vergleichbaren Markt gibt«, fasst es Penelope Prett, CIO von Accenture, in einem Interview aus dem Jahr 2020 zusammen.[3]

---

3 CIO – Leadership lessons from Accenture's CIO: https://www.cio.com/article/193980/leadership-lessons-from-accenture-s-cio.html

Kapitel 15
Leadership Storytelling

Abb. 15.1: Relevanz einer Vision aufzeigen

> **Do it yourself**
>
> - Wie können Sie die Vision so vermitteln, dass sich das Publikum darin wiedererkennt?

So könnte man zum Beispiel statt eines 50-seitigen Strategiepapiers eine Zeitung aus der Zukunft erstellen, mit der Vision und den wichtigsten Meilensteinen darin als Titel-Aufhänger. Oder statt ein theoretisches Zukunftsbild zu malen, kann man dies zum Beispiel auch in Form eines typischen Tagesablaufs skizzieren, wie er laut der Vision für einzelne Arbeitsbereiche im Unternehmen aussehen könnte. So können sich die Mitarbeitenden viel genauer vorstellen, welchen Einfluss die Vision auf ihr persönliches Arbeitsumfeld hat.

Kapitel 15
Leadership Storytelling

> **Do it yourself**
>
> ■ Wie können Sie die Vision so vermitteln, dass sie glaubwürdig ist?

Hierfür gibt Smith den Tipp, sich an anderen Unternehmen zu orientieren, die vor ähnlichen Herausforderungen standen. Warum sollte man sich als Teammitglied in einen langfristigen Innovations- oder Forschungsprozess einbringen, dessen Ergebnisse man ggf. gar nicht mehr selbst erleben wird? In solchen Situationen hilft zum Beispiel der Verweis auf die Unternehmensgeschichte von Nokia, die von aktiven Innovationen, statt von reaktiven Veränderungen geprägt war und somit damals den Sprung vom Papier- zum Mobiltelefonhersteller geschafft hatte.

Erfolg im Kundenservice definieren

Angestellte, die Geschenke einwickeln, die eigentlich bei der Konkurrenz gekauft wurden, die Produkte zurücknehmen, die es eigentlich gar nicht im eigenen Geschäft gibt, die den Ehemann der taubstummen Kundin anrufen, um sich nach der richtigen Größe zu erkundigen (und ihn gleich dazu überreden, ein romantisches Dinner für seine Frau zu organisieren), oder die eine bereits ausverkaufte Donna-Karan-Hose kurzerhand im Laden gegenüber kaufen und für den reduzierten Schlussverkaufspreis an die verzweifelte Kundin übergeben. All diese Anekdoten und Beispiele machen den sagenumwobenen Kundenservice der Modekette Nordstrom aus. Doch woher kommt die Motivation der Mitarbeitenden, sich so weit aus dem Fenster zu lehnen, um ihre Kunden glücklich zu machen?

DO WHATEVER IT TAKES TO TAKE CARE OF THE CUSTOMER.
JOHN W. NORSDTROM, 1901

Abb. 15.2: Nordstrom

Nordstrom kultivierte regelrecht all diese Geschichten intern und gab ihnen sogar ein eigenes Word: »heroics« (Heldentaten).

> »Wenn Nordstrom-Mitarbeitende ihre Kollegen bei einem herausragenden Kundenservice beobachten, werden sie dazu ermutigt, diese Geschichten aufzuschreiben und an ihren Filialleiter zu schicken, der den entsprechenden Kollegen öffentlich dafür lobt. Die besten Geschichten werden zudem über so viele interne Kommunikationskanäle wie möglich geteilt – verbal, digital und gedruckt.«[4]

Mitarbeitende, die besonders häufig und beeindruckend herausstechen, wurden zudem als »Customer Service All-Stars« öffentlich geehrt.

Do it yourself

- Welche Geschichten tragen dazu bei, dass Ihre Mitarbeitenden wissen, welcher Standard im Kundenservice herrscht?
- Wie können Sie intern Anekdoten und Beispiele sammeln?
- Über welche Kanäle lassen sich diese Geschichten intern am besten teilen?

Unternehmenskultur definieren

»Die Unternehmenskultur wird vom Verhalten ihrer Mitglieder bestimmt und durch die Geschichten, die sie erzählen, bestätigt.«[5]

Viele Unternehmen sagen, dass ihre Mitarbeitenden ihr wichtigstes Kapital sind. Doch wie genau äußert sich das und wie lässt sich dies glaubhaft kommunizieren? Durch Geschichten, die genau das belegen. Welchen Beitrag hat ein Unternehmen in der Vergangenheit für Mitarbeitende in Not geleistet? Halten sich auch Vorgesetzte und CEOs an die eigenen Spielregeln? In dem Buch »Building Cross-Cultural Competence«[6] vergleichen die Autoren Charles Hampden-Turner und Fons Trompenaar zwei Situationen, in denen schnell klar wird, wie die Unternehmenskultur durch die Anekdoten, die in diesem Zusammenhang kursieren, gefördert oder zunichtegemacht werden kann.

Die erste Geschichte handelt von Charles Revson, Gründer des Kosmetikunternehmens Revlon. Dieser bestand darauf, dass jeder Mitarbeiter sich zum Arbeitsbeginn in ein Logbuch an der Rezeption einträgt. Eine Empfangsdame, die gerade

---

4 Spector, Robert & McCarthy, Patrick D. – The Nordstrom Way to Customer Service Excellence: The Handbook For Becoming the »Nordstrom« of Your Industry (2012)
5 Smith, Paul
6 Hampden-Turner, Charles & Trompenaars, Fons – Building Cross-Cultural Competence: How to Create Wealth from Conflicting Values (2000)

Beispiel

ihren neuen Job angetreten war, sah, wie ein Mann das Logbuch mitnahm, und sprach ihn darauf an, dass dies nicht gestattet ist. Der Mann, der sich als Revson herausstellte, kündigte sie auf der Stelle. Demgegenüber steht das Beispiel von Tom Watson, der bis 1956 Vorstandsvorsitzender von IBM war. Eine junge Dame am Security-Schalter gestattete ihm in Gegenwart einiger Manager nicht den Zutritt zum Gebäude, da er keine Sicherheitsplakette dabeihatte. Einer der Manager fauchte sie an, ob sie denn nicht wisse, wen sie vor sich hätte. Watson jedoch gab ihr recht, beauftragte jemanden, seine Plakette zu holen, und versicherte, dass er die Regeln einhält, die er selbst macht.

Abb. 15.3: Vorgesetzte als Vorbild für Unternehmenskultur

Geschichten und Beispiele wie diese sind so oder so in jedem Unternehmen im Umlauf. Fürs Leadership Storytelling ist es daher besonders wichtig, genau jene Anekdoten, die die Unternehmenskultur belegen, aktiv zu sammeln und intern zu archivieren und zu verbreiten.

Werte etablieren

»Unternehmenswerte sind nur Worte auf Papier, bis sie herausgefordert werden.«[7] Wie bereits beim Corporate Branding und Employer Branding sind die Werte das wichtigste Bindeglied, das alle Akteure miteinander vereint und eine Community aus Kunden, Mitarbeitenden und der Geschäftsführung prägt. Ähnlich wie bei der Unternehmenskultur ist eine Auflistung der Werte jedoch nur die Theorie, solange diese Werte nicht im Unternehmen gelebt werden. Was genau Werte wie Integrität, Nachhaltigkeit, Gerechtigkeit, Einzigartigkeit, Freiheit oder Optimismus in jedem einzelnen Unternehmen individuell bedeuten, lässt sich weniger durch Stichpunkte als durch konkrete Beispiele in Form von Geschichten verständlich machen.

Unternehmen sollten daher ebenso konkrete Anekdoten finden, aufbereiten und kommunizieren, die ihre definierten Werte demonstrieren. Als erweiterte Storytelling-Herausforderung können Führungskräfte zum Beispiel Woche für Woche ein neues Beispiel aus ihrer eigenen Arbeit und der Zusammenarbeit mit ihren Kollegen und Kolleginnen identifizieren und erzählen. Wem es schwerfällt, solche Geschichten zu finden, für den hat der Autor Paul Smith noch ein paar detailliertere Indizien.

Do it yourself

- Welche Situationen gab es, wo die Geschäftsführung, eine Managerin oder jemand anderes in Ihrem Unternehmen:
  - eine wirklich schwere Entscheidung treffen musste?
  - ein Versprechen gegeben hat, das jedoch schwer einzuhalten war?
  - das Unternehmenshandbuch zurate ziehen musste, um zu entscheiden, was der richtige Weg ist?
  - bei einer Entscheidung um Hilfe in der Personalabteilung oder dem oder der Ethikbeauftragten bitten musste?
  - gebeten wurde, etwas zu tun, bei dem er oder sie sich nicht wohlfühlte?
  - sich so verhalten hat, dass es den Unternehmensgründer mit Stolz erfüllt hat?
  - mit einem Interessenskonflikt zwischen zwei Werten konfrontiert war?

Erfolgreiche Unternehmensführung heißt vor allem, dass Werte tagtäglich gelebt werden. Alltägliche Geschichten, die das belegen und an denen man sich konkret orientieren kann, wirken daher besser als eine Auflistung der Werte, die wiederum von jedem unterschiedlich interpretiert werden können.

---

7 Smith, Paul

Zusammenarbeit und Beziehungen fördern

Abb. 15.4: Gemeinsamkeiten finden durch Werte

Wenn neue Mitarbeitende oder Führungskräfte in ein Team kommen oder wenn Teams durch Hierarchien, geografische Distanz oder andere Einflüsse wenig Zusammengehörigkeitsgefühl oder gar Misstrauen untereinander haben, können Geschichten diese Beziehungen stärken. Stellen Sie sich die Situation vor, wenn eine Führungsposition mit einer neuen Managerin besetzt wird und der Vorgänger an untergeordnete Stelle rückt. Wie sollen diese beiden vermeintlichen Kontrahenten gemeinsam mit ihrem Team zusammenarbeiten können?

Beispiel: Die Corporate-Storytelling-Veteranin Evelin Clark hat genau diese Situation bei einem Teambuilding-Workshop vorgefunden und mit der Macht der Geschichten gelöst. Sie bat alle Teilnehmenden, ihre Lebensgeschichte zu erzählen. Dabei hieß es vorab, mit kindlicher Begeisterung Collagen aus Zeitschriften zu erstellen, die jeweils die Vergangenheit, die Gegenwart und die Zukunft bebildern sollten. Auch die beiden Manager kamen mit ihren Geschichten ins Rampenlicht. Obwohl sie auf den ersten Blick sehr unterschiedlich schienen, stellten sie schnell fest, dass sie den gleichen Glauben hatten, dass Familie für sie das Wichtigste ist und dass sie viele weitere gemeinsame Werte hatten. Bereits am Nachmittag des gleichen Workshops arbeiteten sie wie alte Freunde und Kollegen zusammen. »Wenn Menschen die Gelegenheit bekommen, zu erkennen, dass sie ähnliche Werte teilen, sind sie auch in der Lage, produktivere und kollaborativere Beziehungen aufzubauen. Persönliches Storytelling hilft dabei, diese gemeinsamen Werte zu erkennen.«[8]

Geschichten schaffen Verbindungen. Sie ermöglichen den Teammitgliedern, über die Berufsbezeichnung hinaus Menschen mit gemeinsamen Erfahrungen, gemeinsamen Überzeugungen und gemeinsamen Werten zu sehen. Dieser Perspektivwechsel kann es leichter machen, wenn es später darum geht, einmal um Hilfe zu bitten oder Konflikte zu lösen.

---

8   Smith, Paul

Abb. 15.5: Offenheit über persönliche Rückschläge verbindet.

Ein anderer Weg, gerade als Managerin die Verbundenheit vom eigenen Team zu gewinnen und somit auch als Führungsperson Zusammenarbeit und Erfolge zu verbessern, sind Geschichten, die Empathie hervorrufen. Eine Grundvoraussetzung dafür, dass Mitarbeitende den Weg, der durch eine Führungsperson vorgegeben wird, mitgehen, ist Vertrauen. Und um jemandem vertrauen zu können, muss man ihn oder sie kennen. Hierfür gilt es jedoch eine Prämisse über Bord zu werfen, die die geschäftsführende Zunft immer noch überwiegend pflegt: dass man keine Schwächen haben darf. Wie die Heldenreise gezeigt hat, wird ein perfekter Protagonist, der ohne Ängste, Konflikte, Herausforderungen oder auch erste Niederlagen sein Abenteuer beschreitet, kein Publikumsliebling sein. Eine Geschichte ist kein Pitch. Wenn wir wollen, dass unser Publikum, in diesem Fall unser Team, mit der Protagonistin, in diesem Fall der Managerin, mitfühlt, mitfiebert und sie unterstützt, braucht es genau diese glaubwürdigen Geschichten eines Menschen, der Höhen wie Tiefen erlebt. Mitgefühl ist dabei jedoch nicht mit Mitleid zu verwechseln. Was auch immer als Tiefpunkt im Leben einer Managerin, ob beruflich oder privat, erzählt wird, ist immer ein Katalysator für Dinge, die sie daraus gelernt hat und die ihr weiteres Leben geprägt haben: Erfahrungen, die ihr den Respekt ihres Publikums verdienen. Und dieser Respekt sorgt auch für eine bessere Zusammenarbeit. »Man schaut nicht mehr so viel auf die Uhr, wenn man mit jemandem zusammenarbeitet, an dem einen etwas liegt.«[9]

Eine dritte Möglichkeit, Geschichten für eine bessere Zusammenarbeit einzusetzen, sind berufliche Erfahrungsgeschichten. Gerade in Unternehmen, die so groß sind, dass man nicht mehr jeden Kollegen oder jede Kollegin kennt oder sieht und in kleinen, getrennten Teams an unterschiedlichen Projekten arbeitet, kann die Macht der kollektiven Geschichten bei Problemen kleine Wunder wirken. Ein Beispiel ist eine Unternehmensberatung, die über die internen Kommunikationskanäle eine monatliche Challenge unter allen Mitarbeitenden auf der ganzen Welt

---

9 Smith, Paul

organisiert. Hier beschäftigen sich alle einmal im Monat während einer Mittagspause zur gleichen Zeit mit einem konkreten Problem eines aktuellen Kunden und tauschen darüber Erfahrungen aus. Die Wahrscheinlichkeit, dass ein Teammitglied am anderen Ende der Welt bereits eine ähnliche Situation mit einem anderen Kunden hatte oder ähnliche Probleme bei ganz anderen Kompetenzteams vorkamen, ist nicht zu unterschätzen. Indem sich alle, wenn auch dezentral, wie um ein Lagerfeuer mit der gleichen Challenge beschäftigen, kommen meist allein durch frühere Erfahrungen einige Lösungsvorschläge zusammen. Diese helfen sowohl dem ursprünglichen Kollegen und seinem Kunden und lassen gleichzeitig auch die Urheber der erfolgreichsten Vorschläge glänzen.

Gerade in Zeiten, in denen Teams immer mehr durch Homeoffice und Remote-Arbeit voneinander getrennt arbeiten, kann auch ein Gefühl der sozialen Isolation entstehen. Um dem entgegenzuwirken, helfen persönliche Geschichten mehr als die Frage: »Wie geht es Ihnen?« Indem wir eher zum Erzählen motivieren, können wir es Mitarbeitenden erleichtern, ihre Isolation zu überwinden und sich zu öffnen. Eine wichtige Voraussetzung dafür ist natürlich, dass Storytelling als Kommunikationstool langfristig in der Unternehmenskultur etabliert und vorgelebt wird. Wenn Sie das Geschichtenerzählen zu einem Teil der Normen und Ihres Remote-Teams machen, wird dies zu einem gesünderen Teamzusammenhalt führen.

Vielfalt und Inklusion wertschätzen

Abb. 15.6: Vielfalt am Arbeitsplatz

»All the data we've seen, and all of my personal experience, convinces me that a diverse organization will out-think, out-innovate, and out-perform a homogenous organization every single time. Winning will come from taking full advantage of our diversity.« – A.G. Lafley, ehemaliger CEO von Procter & Gamble

(Alle Daten, die wir gesehen haben, und meine persönliche Erfahrung bestätigen mich darin, dass eine vielfältige Organisation jedes Mal besser denkt, besser Innovationen vorantreibt und besser performt als eine homogene Organisation. Erfolg wird vor allem dadurch zustande kommen, dass das volle Potenzial unserer Diversität ausgeschöpft wird.)

McKinsey hat Anfang 2015 366 Aktiengesellschaften hinsichtlich ihrer ethnischen Vielfalt untersucht[10] und festgestellt, dass der Ertrag der Firmen, die diesbezüglich im obersten Viertel liegen, 35 Prozent über dem Branchenmedian liegt. Unternehmen, die ein ausgeglichenes Gender-Verhältnis haben, machen 41 Prozent mehr Umsatz als jene, bei denen nur männliche oder nur weibliche Mitarbeiter beschäftigt sind.[11]

Allein – aber nicht nur – diese wirtschaftlichen Argumente sprechen eindeutig dafür, in der Unternehmensführung eine inklusive und heterogene Teamstruktur zu fördern. Damit einhergehend gibt es jedoch immer noch voreingenommene Meinungen und kommunikative Hürden abzubauen, um gemeinsam Entscheidungen treffen und erfolgreich zusammenarbeiten zu können.

Storytelling ist hierfür ein vielversprechendes Instrument, das auf der einen Seite helfen kann, Bewusstsein für die Wichtigkeit von Diversität und Inklusion zu schaffen. Auf der anderen Seite sind persönliche Geschichten auch ein anschauliches Spiegelbild dafür, wie sich gelebte Diversität von unterschwelligen oder offensichtlichen Vorbehalten unterscheidet.

Um gegenseitiges Verständnis füreinander zu entwickeln, ist es hilfreich, ähnlich wie bei Geschichten, die eine gute Zusammenarbeit oder die Unternehmenskultur fördern, Empathie zu pflegen, Beispiele zu illustrieren und hierfür ein Forum zu geben.

Do it yourself

- Welche negativen oder positiven Erfahrungen haben Frauen aufgrund ihres Geschlechts bereits auf ihrem Karriereweg gemacht?
- Wie sieht der Alltag zwischen Familie und Karriere bei Ihren männlichen und den weiblichen Mitarbeitern jeweils aus?
- Wurden Mitarbeitende, die zum Beispiel dunklere Hautfarbe haben, schon mit Rassismus konfrontiert, und wenn ja, wie?

---

10 Hunt, Vivian & Layton, Dennis & Prince, Sara – Why Diversity Matters, http://www.mckinsey.com/business-functions/organization/our-insights/why-diversity-matters (2015)
11 Lebowitz, Shana – Why Gender-Diverse Work Teams are the Most Productive – and Profitable, http://www.forbes.com/sites/learnvest/2014/12/22/why-gender-diverse-work-teams-are-the-most-productive-and-profitable/#26139677d1d8 (2014)

- Welche Anekdoten hat ein Mitarbeiter mit körperlicher Behinderung zum Beispiel darüber, was er immer besser konnte als seine Freunde?
- Gibt es authentische Bilder, die die Diversität in Ihrem Unternehmen veranschaulichen?
- Welche Mitarbeitenden können Sie aufgrund ihrer Karriere besonders hervorheben und ihre Geschichte erzählen?

Diversität und Inklusion helfen Organisationen, ihre Kunden auf der ganzen Welt und über verschiedene Bevölkerungsgruppen hinweg besser zu verstehen und die besten Talente zu gewinnen. Vielfalt in jeglicher Hinsicht kann dabei einen Reichtum an Erfahrungen, aber manchmal auch Reibungen bergen, die es aufzudecken gilt, um das volle, positive Potenzial auszuschöpfen.

Leitplanken festlegen, ohne starre Gesetze zu schaffen

Man setze fünf Affen in einen Käfig, an dessen Decke Bananen hängen. Eine Leiter führt bis knapp unter die Decke, doch jedes Mal, wenn ein Affe auf die Leiter geht, wird der gesamte Käfig mit kaltem Wasser besprüht. Die Affen lernen schnell, dass es keine gute Idee ist, in die Nähe der Leiter zu gehen, und verzichten demnach auch auf die Bananen. Nun wird einer der Affen ausgetauscht und ein neuer Kompagnon tritt der Gruppe bei. Er sieht die Bananen und die Leiter. Als er diese jedoch betritt, wird er von den anderen vier davon abgehalten. Es werden weitere Affen ausgetauscht, die sich nach dem ersten Versuch und der entsprechenden Attacke der anderen daran halten, nicht mehr auf die Leiter zu gehen. Das Ganze geht weiter, auch wenn die ursprünglichen fünf Affen gar nicht mehr im Käfig sind. Keiner der neuen Affen weiß eigentlich mehr, warum man nicht auf die Leiter darf. Die Richtlinie wird trotzdem von allen eingehalten und an Neuankömmlinge weitergegeben.

Diese Geschichte beruht auf einem Experiment von G.R. Stephenson aus dem Jahr 1967. Es zeigt auf simple Art und Weise, dass Verhalten nicht darüber bestimmt wird, was irgendwo niedergeschrieben und erklärt wird, sondern darüber, was belohnt oder bestraft wird. Kaum jemand merkt sich, was eigentlich im Handbuch über die Unternehmensrichtlinien und -gesetze stand. Die Geschichte eines Mitarbeiters, der dabei erwischt wurde, wie er mehrfach mit dem Essen aus der Kantine ohne zu bezahlen an der Kasse vorbeigeschlichen ist, und dafür entlassen wurde, spricht umso mehr Bände darüber, was im Unternehmen geduldet und nicht geduldet wird. Statt ellenlang festzuhalten, dass man für dies verwarnt und für das gekündigt werden kann, bieten Anekdoten nicht nur einen gewissen Unterhaltungswert, sondern bleiben auch hängen und geben eine einfache Orientierung, was laut allgemeinem, gesundem Menschenverstand die Regeln sind. Wichtig ist es jedoch, nicht nur Negativbeispiele festzuhalten, sondern auch Situationen, in denen Mitarbeitende sich in schwierigen Situationen richtig verhalten haben und dafür belohnt wurden.

Abb. 15.7: Experiment von G.R. Stephenson

Mitarbeitende motivieren

John Stephen Akhwari trat 1968 für sein Land Tansania bei den Olympischen Spielen in Mexico City im Marathon an. Während des Rennens stürzte der Athlet jedoch schwer. Rettungssanitäter wollten ihn bereits ins Krankenhaus bringen. Akhwari weigerte sich jedoch und kam mit blutenden Wunden und zerfetzten Bandagen humpelnd als Allerletzter ins Ziel, während schon kaum noch Zuschauende im Stadion waren. Ein Reporter fragte ihn, warum er unter diesen Bedingungen nicht aufgehört hat, worauf er antwortete: »Mein Land hat mich nicht über 5.000 Meilen hierher entsandt, um ein Rennen anzutreten. Sie haben mich 5.000 Meilen hierher entsandt, um es zu beenden.«

Abb. 15.8: John Stephen Akhwari kurz vor der Ziellinie

Geschichten wie diese dienen auch im Berufsalltag zur Inspiration. Wenn Mitarbeitende zum Beispiel kurz davor stehen, in ein anderes Team oder zu einem anderen Projekt oder gar komplett den Job zu wechseln, stehen sie häufig unter dem – nicht immer unangebrachten – Verdacht, ihr Engagement zu verlieren. Statt rationaler Argumente hilft eine Geschichte wie die von Akhwari dabei, Angestellte zu motivieren, bis zum letzten Moment ihr Bestes zu geben und ihr Projekt zum Abschluss zu bringen. Der erste Eindruck zählt, der letzte Eindruck bleibt.

Vielleicht fehlt Mitarbeitenden aber auch die Motivation, weil sie an einem Projekt arbeiten, das nach außen hin kaum sichtbar ist, Ruhm und Anerkennung also meistens ausbleiben. Dies ist zum Beispiel häufig bei internen Forschungsprojekten der Fall, die sich über einen langen Zeitraum hinziehen. Auch hier kann man mit Geschichten und Analogien an die Werte appellieren, die der Grund dafür sind, dass diese Talente sich genau für diesen Beruf entschieden haben. In Anlehnung an die Mentortypen kann man zum Beispiel den Pionier in ihnen ansprechen und passende Geschichten anderer Pioniere ausfindig machen.

Wissensaustausch

Untersuchungen haben gezeigt, dass Mitarbeitende bereits nach zehn Tagen 23 Prozent bessere Leistungen erbrachten, indem sie eine Sache taten: 15 Minuten pro Tag damit verbringen, darüber zu reflektieren, was sie an diesem Tag gelernt haben.[12] Mit Storytelling können Sie dieses Potenzial fördern, indem Sie Ihre Mitarbeitenden um Geschichten bitten. Wenn wir Fragen stellen, die andere zum Erzählen anregen, helfen wir ihnen, aus einem zufälligen Ereignis eine Bedeutung zu erkennen.

Tom hat acht Jahre auf den Managementposten in dem international führenden Marktforschungsunternehmen hingearbeitet. In seiner Vorstellung sah er sich jeden Tag in ein Eckbüro in der 70. Etage eines New Yorker Wolkenkratzers kommen, in dem er sich an seinen Mahagoni-Schreibtisch setzt und wichtige Projekte delegiert. Als sich dieser Traum an seinem ersten Arbeitstag als Manager tatsächlich erfüllt, kann er es sich nicht verkneifen, auch das letzte Detail dieses Klischees auszuleben. Und so bittet er die erste weibliche Mitarbeiterin, die in sein Büro kommt, darum, ihm einen Kaffee zu bringen. Bevor er auch nur einen Handgriff tat, verbreitete sich diese Geschichte in verschiedenen Varianten wie bei der stillen Post im Lauffeuer.

---

12 Di Stefano, Giada und Gino, Francesca und Pisano, Gary und Staats, Bradley R., Making Experience Count: The Role of Reflection in Individual Learning (June 14, 2016). Harvard Business School NOM Unit Working Paper No. 14-093, Harvard Business School Technology & Operations Mgt. Unit Working Paper No. 14-093, HEC Paris Research Paper No. SPE-2016-1181: `https://papers.ssrn.com/sol3/papers.cfm?abstract_id=2414478`

Max leitet von Cincinnati aus zwei Teams, eins an der Ost- und eins an der Westküste der USA. Seine Firma bittet ihn, sich für einen Standort zu entscheiden, statt von der Mitte aus zwischen beiden hin- und herzureisen. Max geht an die Westküste nach Seattle. Dort arbeiten nur vier Mitarbeitende in einem kleinen Raum mit vier Bürokabinen und einer kleinen Kaffeeküche. Diese haben sich schon darauf eingestellt, dass sich zwei wohl eine Bürokabine teilen müssen, damit der neue Chef seinen eigenen Schreibtisch hat, bis sie ein größeres Büro finden. Als Max ankommt, stellt er jedoch einen Klapptisch in die Kaffeeküche und arbeitet an diesem Platz, nicht nur für ein paar Tage, sondern bis sie eine neue Location gefunden haben. Diese selbstlose Geste hat ihm so viel Respekt von seinem Team eingebracht, wie es manche erst über Wochen oder Monate aufzubauen schaffen.

Abb. 15.9: Weggabelung

Jeder kennt das wahrscheinlich: Lektionen in Form von »Tue dies« oder »Lass das« mit dem erhobenen Zeigefinger lassen die meisten von uns nur kurz mit den Augen rollen. Eine Storytelling-Alternative wie diese Geschichten, die an der gleichen Weggabelung starten (wie benimmt sich ein neuer Manager an seinem ersten Arbeitstag), wirkt hingegen, weil das Publikum selbst seine Schlüsse ziehen kann. Fünf Kriterien machen den Erfolg solcher Vergleiche aus:

1. Eine reale Geschichte
2. Protagonisten, mit denen sich das Publikum identifizieren kann
3. Gegner und Hürden, denen sie gegenüberstehen
4. Ein Held gewinnt, einer scheitert
5. Der richtige Pfad kann eigenständig geschlussfolgert werden.

Wer jedoch keine echten Beispiele parat hat, kann die zwei Geschichten an der Weggabelung auch so erzählen, dass sie nur die letzten zwei Kriterien erfüllen und eher eine Metapher sind. Als Beispiel dafür, dass exzellente Performance auch davon abhängt, dass man über den Tellerrand hinaus nach offenen Problemen und Lösungen sucht, erzählt Paul Smith die Geschichte des dänischen Physikers Hans Christian Oersted, der an der Universität von Kopenhagen im frühen 19. Jahrhundert gelehrt hat. Während eines Elektrizitätsexperimentes im Rahmen einer Vorlesung sieht er, wie ein zufällig noch herumliegender Magnet wild ausschlägt. Er fragt seinen Assistenten, ob er so etwas schon einmal beobachtet hat, der wiederum sagt, das passiere ständig. Davon in den Bann gezogen, experimentierte Oersted monatelang damit und stellte die direkte Beziehung zwischen Elektrizität und Magnetismus fest: elektromagnetische Wellen, die dafür verantwortlich sind, wie wir Licht sehen und dass es Fernseher, Mikrowellen und Mobiltelefone gibt. Während sein Assistent das Phänomen nicht weiter interessiert hat, schaute Oersted über seinen Tellerrand, denn diese Entdeckung stand eigentlich nicht auf seiner Agenda.

Falls das erste Kriterium nicht zu erfüllen ist, weil einem einfach keine passenden Beispiele einfallen, ob aus dem eigenen Unternehmen oder als Metapher, gibt es immer noch die letzte Möglichkeit: sich eine Geschichte komplett auszudenken. Der Vorteil daran ist, dass man dadurch wieder allen anderen vier Kriterien sehr nahe kommt. Wichtig ist es jedoch auch, dem Publikum klarzumachen, dass die Geschichte ein erfundenes Beispiel ist.

Zu guter Letzt haben Geschichten vom Scheitern auch einen sehr starken Effekt darauf, wie wir uns Lektionen anderer zu eigen machen. Wie der Autor Craig Wortmann sagt: »Menschen werden von Geschichten des Scheiterns auf die gleiche Art und Weise angezogen wie bei Unfällen. Wir haben das Bedürfnis, zu sehen, was passiert ist, und zu erkennen, wie wir vermeiden können, dass uns selbst etwas Ähnliches widerfährt.«[13] Solche Beispiele sind jedoch nicht mit der schlechteren Hälfte der Weggabelungs-Geschichten zu verwechseln. Nur weil der Assistent in dem vorherigen Beispiel nichts unternommen hat, ist er noch lange nicht gescheitert. Failure-Storys müssen auch nicht von einem selbst als Führungsperson kommen. Jedoch hat es zwei Vorteile, wenn sie es tun. Man verdient Respekt und Anerkennung für eine Eigenschaft, die noch viel zu wenig von Führungskräften gezeigt wird: Bescheidenheit. Es zeigt den Mitarbeitenden, dass es wichtiger ist, die eigenen Lektionen weiterzugeben, als ein makelloses Image zu haben. Zweitens löst es Empathie im Team aus, was wiederum die Beziehung und die Zusammenarbeit stärken kann.

Coaching und Feedback geben

Viele Mitarbeitende sehen es leider immer noch als ein Zeichen der Schwäche, um Feedback, Rat oder gar ganz konkrete Hilfe zu fragen. Die Heldenreise kann

---

13 Wortmann, Craig – What's Your Story: Using Stories to Ignite Performance and Be More Successful (2006)

Führungskräften und ihren Teams helfen, diese Einstellung zu ändern, denn hier kommt die Rollenverteilung des Helden oder der Heldin und Mentors oder Mentorin im direktesten Sinne ins Spiel. Niemand wird zum Verlierer oder Nebendarsteller degradiert, wenn er oder sie den Rat eines Mentors in Anspruch nimmt. Ganz im Gegenteil: Dessen Part ist in vielen Fällen unverzichtbar, um den Helden oder die Heldin zu motivieren, neue Herausforderungen anzutreten, und um ihn oder sie dafür mit entsprechendem Wissen und Werkzeugen auszustatten. Mit dieser Feedbackkultur sehen Mitarbeitende weniger Hürden, ihre Vorgesetzten oder Teammitglieder um Rat zu bitten, wenn die richtigen Fragen anhand der Heldenreise gestellt und beantwortet werden:

Do it yourself

- Woher kommt der Held und wohin will er?
- Warum will er dahin? Was ist sein Ziel? Was ist die Belohnung?
- Welche Hindernisse und Gegner stehen ihm gerade im Weg?
- Welche Schwachpunkte werden ihm dadurch bewusst, an denen er etwas ändern möchte?
- Mit welchem Wissen und Instrumenten kann der Mentor diese ausgleichen bzw. den Helden trainieren?
- Wie sieht die neue Welt nach dem Abenteuer aus, in der der Held den Mentor evtl. nicht mehr für solche Hindernisse benötigt?

Wie kann man jedoch einen Mitarbeitenden auf einen Fehler oder eine Schwäche hinweisen, wenn diese von der jeweiligen Person selbst noch gar nicht erkannt wurde? Hier können Führungspersonen ähnlich wie beim vorherigen Punkt vorgehen, und statt aufzulisten, was schiefläuft und wie man es besser machen könnte, ähnliche Situationen und Anekdoten sammeln, mit denen der Zuhörer selbst auf die Lösung kommt und erkennt, dass sie sich auch auf seine Lage bezieht.

Kunden verstehen

Hamburger Helper ist eine amerikanische Marke für Fertig-Pastagerichte. Bevor die 28-jährige Melissa Studzinski 2004 als Brand-Managerin zu dem Unternehmen kam, waren die Umsätze des Produkts bereits seit zehn Jahren im Abwärtstrend. Mit frischem Elan machte sich Melissa daran, dies zu ändern. An ihren ersten Arbeitstagen erhielt sie drei dicke Ordner mit Daten, Statistiken, Strategiepapieren, Marktforschungsergebnissen etc. Melissa nannte sie die Todesordner. Sie konnte sie kaum tragen, geschweige denn die ganzen Informationen darin für sich verarbeiten. Daher beschloss sie mit ihrem Team, die Daten beiseitezulegen und die Kundinnen (hauptsächlich Mütter) zu Hause zu besuchen und dabei zu beobachten, was sie mit den Fertiggerichten machten.

»Ich habe alle Daten über unsere Kundinnen gelesen und kannte die Demografie auswendig. Aber es war eine ganz andere Erfahrung, in das Haus einer Kundin zu kommen und einen kleinen Moment aus ihrem Leben mitzubekommen. Eine Frau werde ich nie vergessen. Sie trug ein Kleinkind mit einem Arm an der Hüfte, während sie das Abendessen zubereitete. Wir wissen, dass Einfachheit ein wichtiges Attribut für die Zubereitung unserer Gerichte ist. Aber es ist schon etwas anderes, aus erster Hand zu sehen, wie wichtig.«

Abb. 15.10: Wie nutzen Kundinnen das Produkt im echten Leben?

Was Melissa und ihr Team mit nur wenigen Besuchen erfahren hatten, führte zu einem Umsatzwachstum von elf Prozent im Laufe des folgenden Jahres. Es stellte sich nämlich heraus, dass Hamburger Helper viel zu viele Varianten im Sortiment hatte: elf verschiedene Nudelformen mit über 30 unterschiedlichen Geschmäckern. Was Mütter und vor allem ihre Kinder aber brauchten, war genau eine Sorte, von der sie wissen, dass sie ihren Kindern verlässlich schmecken wird. Neue Sorten waren eher ein Risiko und das schiere Angebot eine Überforderung für Mütter, sich zu entscheiden.

»Wann immer ich eine Entscheidung über unsere Produkte fällen muss, denke ich an die Mütter, die ich getroffen habe, und frage mich, was sie wohl tun würden.«[14]

---

14 Heath, Chip and Dan – Made to Stick: Why Some Ideas Survice and Others Die (2010)

> **Do it yourself**
> - Welche unmittelbaren Kundenbegegnungen kann Ihr Unternehmen schaffen, damit Ihre Mitarbeitenden die Kunden und Kundinnen wirklich verstehen und Gesichter und Geschichten dahinter kennen?
> - Wie können diese Begegnungen und Erlebnisse festgehalten und weitergetragen werden?

Wie erzählen Führungskräfte Geschichten am besten?

Je höher die Position, desto mehr Zeit verbringen Manager und Managerinnen damit, mit anderen Menschen zu reden: mit Geschäftspartnern, Kunden und vor allem den eigenen Mitarbeitenden. Die häufigsten Anlässe für Storytelling kommen daher vor allem im alltäglichen Miteinander vor. Nun geben diese Situationen jedoch selten Raum für epische Erzählungen oder gar visuelle Hilfsmittel. Häufig dienen Geschichten hier als Anekdoten, die ein Argument unterstreichen und meist in weniger als einer Minute erzählt sind. Wir können in solchen Momenten daher nicht alle Kapitel einer Heldenreise durchlaufen. Eine Orientierung gibt das CAR-Modell, das sich analog zu der Dreifaltigkeit von Anfang, Mitte und Ende auf die wesentlichsten Elemente beruft: Context, Action und Result.

Abb. 15.11: CAR-Modell

»Context« ist das Pendant zu »Es war einmal ...« und der Teil, der laut Smith fatalerweise am wenigsten beachtet wird. Die Konsequenz davon ist, dass viele Geschichten verwirrend und uninteressant sind. Dieser Teil ist es, der als Hook dient, der also entweder einen Helden etabliert, in den man sich hineinversetzen kann, der uns mit einer Überraschung oder einem Mysterium fesselt oder auf anderem Wege unsere Aufmerksamkeit weckt. Ähnlich wie bei jedem »Es war einmal ...« setzt sich der Kontext aus folgenden Elementen zusammen:

> **Do it yourself**
> - Wo und wann findet die Geschichte statt?
> - Wer ist der Protagonist?
> - Was möchte er oder sie erreichen?
> - Was steht ihm oder ihr im Weg?

Das Wo und Wann ist vor allem wichtig, um der Geschichte Glaubwürdigkeit zu geben. Auf der Skala von »vor langer Zeit an einem fernen Ort« bis »letztes Jahr Weihnachten« lässt sich der persönliche, konkrete Bezug umso mehr nachvollziehen, je näher es in die Richtung Letzteres rückt.

Am wirkungsvollsten in Leadership-Situationen ist ein Protagonist, bei dem der Zuhörer sagen würde: »Das könnte auch ich sein.« Was möchte der Held erreichen, was ist das »Warum«: dass der Kunde den besten Service bekommt, dass eine bestimmte Unternehmenskultur gelebt werden kann, dass ihm bei einer Präsentation Gehör geschenkt wird oder dass sein Team gut zusammenarbeitet?

Und was steht ihm im Weg? Ein Aspekt, der ebenfalls häufig in Anekdoten fehlt und die Geschichte somit ziemlich dünn erscheinen lässt. Ohne Gegner oder Hindernis kann der Held sich nicht verändern oder lernen, das heißt, am Ende sieht es so aus, als ob er nur Glück gehabt hat. In den Kundenservice-Heroics von Nordstrom ist das Hindernis, dass es sich um Situationen handelt, in denen die Mitarbeitenden teilweise Service vor Umsatz stellen müssen, in dem Teambuilding-Beispiel müssen zwei vermeintliche Kontrahenten lernen, zusammenzuarbeiten.

Der »Action«-Teil umfasst all die Handlungen, die der Held nun unternimmt, um Hindernisse und Konflikte zu überwinden und sein Ziel zu erreichen: die Entscheidung von Melissa Studzinski, die Daten beiseitezulegen und stattdessen die Kundinnen von Hamburger Helper zu besuchen, und alles, was sie dabei erlebt und gelernt hat, oder der durchgehaltene Marathon von John Stephen Akhwari. Der Action-Teil wird deshalb häufig vorgezogen, weil er beim Erzähler am besten in Erinnerung ist. Dort geht es immerhin um all die aufregenden Dinge, die passiert sind, um das Ziel zu erreichen. Jedoch darf der Erzähler nicht vergessen, dass er einen Wissensvorsprung vor seinem Publikum hat, weshalb der Kontext-Teil nicht übersehen werden sollte.

»Result« hat drei Funktionen. Der Teil zeigt, wie die Geschichte endet. Er sollte dazu dienen, die richtige Lektion ans Publikum zu übermitteln und zu guter Letzt auch darauf zurückführen, warum die Geschichte überhaupt erzählt wurde.

Storytelling als zentrale Leadership-Aufgabe

Storytelling ist ein Werkzeug, das zuerst jede Führungsperson für sich erlernen muss, um es im täglichen Miteinander anzuwenden. Neben den persönlichen Face-to-Face-Gesprächen mit Mitarbeitenden gibt es jedoch noch viele weitere interne Kommunikationsanlässe, bei denen Geschichten ihre volle Wirkung entfalten können. In Meetings, Präsentationen, Reden und vor allem den internen Publikationen, wie zum Beispiel einer Mitarbeiterzeitschrift oder einem Newsletter, gilt es, ein Fundament für Storytelling zu legen. Und das kann nicht nur auf Bemühungen Einzelner beruhen, sondern sollte eine zentrale Priorität sein.

Das Ziel in der internen Kommunikation ist, genau wie im Marketing, dass Inhalte statt eines unkoordinierten Singsangs von verschiedenen Abteilungen zu unterschiedlichen Anlässen möglichst zentral koordiniert werden. Dafür sollte Leadership Storytelling von der Geschäftsführung gefördert und entsprechende Ressourcen bereitgestellt werden, um zu wissen, über welche Kanäle, auf welche Art und Weise und von wem die Geschichten erzählt werden.

Im Mittelpunkt des Storytelling steht der Held. Wie Sie bereits wissen, erkennen wir den Helden meist direkt in unserem Publikum, auch in der internen Kommunikation. Genau wie im Marketing ist die wichtigste Grundlage, den Helden und seine Bedürfnisse und Werte genau zu kennen. Eine Programmiererin in einem Start-up hat bestimmt ganz andere Ziele, Herausforderungen und Motivationen als eine Ärztin, die bei einer NGO arbeitet, oder ein Lagerarbeiter bei einem Versandhandel. Wenn wir diese internen Personas, von denen es in einem Unternehmen bereits sehr vielfältige Versionen geben kann, gezeichnet haben, ergeben sich daraus mehrere Fragen bzw. Indizien für die weitere Strategie, die Sie alle schon aus den vorherigen Storytelling-Kapiteln kennen.

Do it yourself

- Woher kommt der Held oder die Heldin?
- Was treibt ihn oder sie an?
- Wie unterscheidet sich seine oder ihre neue Welt von der alten?
- Welche Verbündeten und Feinde/Hürden hat er oder sie?
- Welche Bedürfnisse und Werte hat er oder sie?
- Wie kann der Mentor oder die Mentorin unterstützen?
- Welche Geschichten und Inhalte sprechen ihn oder sie an?
- Mit welchen Kanälen erreiche ich mein jeweiliges Publikum?
- Welches Level an Engagement soll bewirkt werden?

Kapitel 15
Leadership Storytelling

FROM: Satya Nadella TO: All Employees

Abb. 15.12: Satya Nadella, CEO von Microsoft

Anlässlich seines Amtsantritts als neuer CEO von Microsoft, schickte Satya Nadella am 4. Februar 2014 eine E-Mail an alle Mitarbeitenden (und die Öffentlichkeit). Mit seinen 967 Wörtern musste er es schaffen, Vertrauen zu gewinnen, Werte zu manifestieren, das Vermächtnis seiner zwei Vorgänger und die Historie von Microsoft wertzuschätzen und gleichzeitig mit seiner eigenen Vision einen Ausblick zu geben.

> [...] While we have seen great success, we are hungry to do more. Our industry does not respect tradition — it only respects innovation. This is a critical time for the industry and for Microsoft. Make no mistake, we are headed for greater places — as technology evolves and we evolve with and ahead of it. Our job is to ensure that Microsoft thrives in a mobile and cloud-first world.

> (Obwohl wir schon viele Erfolge erlebt haben, sind wir hungrig danach, mehr zu tun. Unsere Branche respektiert nicht Tradition – sie respektiert nur Innovation. Es ist eine entscheidende Ära für unsere Branche und für Microsoft. Versteht mich nicht falsch, wir sind für Größeres bestimmt – mit dem Fortschritt der Technologie und mit unserem Fortschritt mit und vor ihr. Unsere Aufgabe ist es, sicherzustellen, dass sich Microsoft in einer mobilen Welt, in der die Cloud zählt, gut entwickeln wird.)

→ Die Herausforderung: In einer Branche, die von Innovation bestimmt wird, darf sich Microsoft nicht auf seinen Lorbeeren ausruhen.

> [...] I am 46. I've been married for 22 years and we have 3 kids. And like anyone else, a lot of what I do and how I think has been shaped by my

family and my overall life experiences. Many who know me say I am also defined by my curiosity and thirst for learning. I buy more books than I can finish. I sign up for more online courses than I can complete. I fundamentally believe that if you are not learning new things, you stop doing great and useful things. So family, curiosity and hunger for knowledge all define me.

(Ich bin 46. Ich bin seit 22 Jahren verheiratet und habe drei Kinder. Und wie bei jedem anderen wird vieles, was ich denke und tue, von meiner Familie und meinen gesamten Lebenserfahrungen geprägt. Viele, die mich kennen, sagen, dass meine Neugier und mein Wissensdurst mich auszeichnen. Ich kaufe mehr Bücher, als ich eigentlich zu Ende lese. Ich abonniere mehr Online-Kurse, als ich eigentlich abschließe. Ich glaube fest daran, dass man aufhört, großartige und hilfreiche Dinge zu tun, wenn man aufhört, Neues zu lernen. Familie, Neugier und Wissensdurst definieren, wer ich bin.)

→ Es ist nicht die einfachste Aufgabe, mit Zigtausenden Mitarbeitenden und der breiten Öffentlichkeit in einer E-Mail persönliche Gemeinsamkeiten herzustellen. Familienwerte sind der breiteste und am einfachsten zu verstehende gemeinsame Nenner. Die persönlichen Eigenschaften, die er in den Mittelpunkt stellt, sind Neugier und Lernwillen, beides Grundvoraussetzungen für Innovationen, wie er später immer wieder aufgreifen wird. Jedoch gibt er auch zu, dass trotz aller Ambition auch er an seine Grenzen kommt. Dass er mehr Bücher kauft, als er eigentlich liest, oder Online-Kurse anfängt, die er nicht beendet, ist ein charmanter Weg, eine kleine Schwäche zuzugeben, mit der sich wohl auch die meisten identifizieren können.

[...] Why am I here? I am here for the same reason I think most people join Microsoft — to change the world through technology that empowers people to do amazing things. I know it can sound hyperbolic — and yet it's true. We have done it, we're doing it today, and we are the team that will do it again.

(Warum bin ich hier? Ich bin aus denselben Gründen hier wie die meisten bei Microsoft – um die Welt mithilfe von Technologie zu verändern und Menschen zu ermöglichen, unglaubliche Dinge zu tun. Ich weiß, es kann übertrieben klingen – aber dennoch ist es wahr. Wir haben dies bereits erreicht, wir machen es auch heutzutage, und wir sind das Team, das dies auch wieder tun wird.)

→ Die Vision wird mit der Vergangenheit, Gegenwart und Zukunft verbunden.

[...] Why are we here? In our early history, our mission was about the PC on every desk and home, a goal we have mostly achieved in the developed world. [...]

Beispiel

(Warum sind wir hier? In unserer frühen Geschichte war unsere Mission: ein PC auf jedem Schreibtisch in jedem Haus, ein Ziel, das wir in den Industrienationen weitestgehend erreicht haben.)

→ Herkunftsgeschichte

As we look forward, we must zero in on what Microsoft can uniquely contribute to the world. The opportunity ahead will require us to reimagine a lot of what we have done in the past for a mobile and cloud-first world, and do new things.

(Wenn wir nach vorne schauen, müssen wir alles darauf setzen, was Microsoft einzigartig der Welt beisteuern kann. Die Möglichkeiten der Zukunft erfordern von uns, viele Dinge, die wir in der Vergangenheit getan haben, für eine mobile, Cloud-basierte Welt neu zu erfinden und neue Dinge zu tun.)

→ Zukunftsgeschichte

[...] Qi Lu captured it well in a recent meeting when he said that Microsoft uniquely empowers people to »do more.« This doesn't mean that we need to do more things, but that the work we do empowers the world to do more of what they care about — get stuff done, have fun, communicate and accomplish great things. This is the core of who we are, and driving this core value in all that we do — be it the cloud or device experiences — is why we are here.

(Qi Lu hat es treffend in einem Meeting kürzlich zusammengefasst, als er sagte, dass Microsoft auf einzigartige Weise Menschen ermöglicht, ›mehr zu tun‹. Das bedeutet nicht, dass wir mehr Dinge tun müssen, sondern dass die Dinge, die wir tun, der Menschheit ermöglichen, mehr davon zu machen, was ihr wichtig ist – Dinge erledigen, Spaß haben, Großartiges kommunizieren und erreichen. Das ist unser Kern, und diesen zentralen Wert in allem, was wir tun, voranzutreiben – sei es die Cloud oder digitale Erlebnisse –, ist der Grund, warum wir hier sind.)

→ Wer sind die Helden? Was wollen sie erreichen? Was sind ihre Wachstumsbedürfnisse? Wie will Microsoft sie dabei unterstützen?

Fazit

Wie die Beispiele von Microsoft zeigen, kann ein einzelner Mitarbeiter als Held die Werte eines gesamten Unternehmens vertreten, wie bei »88 Acres«, dem ersten Artikel auf »Microsoft Stories«. Genauso wie der CEO selbst, der das Vertrauen Hunderttausender Mitarbeitender, Millionen von Kunden und Kundinnen, Journalisten und Journalistinnen und zahlreicher Aktionäre gewinnen muss. Auf der anderen Seite wiederum können Storys auch von der Konkurrenz erzählt werden, wie Apple mit seiner »I'm a Mac«-Kampagne gezeigt hat. Die Geschichte eines Unternehmens wird nicht nur von einer Person geschrieben. Damit trotzdem eine möglichst einheitliche Dramaturgie entsteht, ist es wichtig, dass Storytelling vor allem im Unternehmen gelebt wird, dass alle Teammitglieder verstehen, in welcher Werte-Welt sie sich befinden, wie die Vision aussieht und was ihr noch im Wege steht. Dann können sie es auch weitergeben, um eine Unternehmenskultur zu schaffen, die Menschen mit gleichen Einstellungen vereint, und um in der tagtäglichen Interaktion mit den Kunden die Basis dafür zu schaffen, dass diese sich nicht nur mit den Produkten identifizieren, sondern mit der Marke im Ganzen als Partner auf der eigenen Heldenreise.

Beispiel

E-Mail von Satya Nadella an alle Microsoft-Mitarbeitenden:
http://news.microsoft.com/2014/02/04/satya-nadella-email-to-employees-on-first-day-as-ceo/

Teil IV

Wie finden Unternehmen Geschichten?

In diesem Teil:

- **Kapitel 16**
  Storylistening.............................269
- **Kapitel 17**
  Checklisten...............................277

Kapitel 16

Storylistening

Abb. 16.1: Zuhören, um Geschichten zu finden

»Wie Zeitungsreporter gehen wir über den Campus, immer auf der Suche nach Menschen und Momenten, die Microsoft, seine Vision und Werte definieren,« erzählte mir Steve Wiens von Microsoft.

»Wir haben uns natürlich auch mit den Leuten in den Höfen unterhalten, sind morgens um sechs Uhr rausgefahren, bevor die Müllabfuhr und die Straßenreinigung losgingen, und haben uns mit den Mitarbeitern ausgetauscht«, so René Heymann über den Pitch für die Kampagne der Berliner Stadtreinigung.

»Eine Umfrage von Dove zur Zufriedenheit mit dem eigenen Aussehen mit über 6.400 Frauen aus der ganzen Welt hat ergeben, dass nur zwei Prozent der deutschen Frauen sich selbst als schön bezeichnen. Und diese Komplexe bezüglich des Aussehens entstehen bereits im jungen Alter.«

Meyer Logistik porträtiert seine Mitarbeiter als Menschen mit privaten Leidenschaften, deren Arbeitsphilosophie mit den Metaphern ihrer echten Hobbys veranschaulicht wird.

All diese Unternehmen haben ihre Geschichten gefunden, indem sie vor allen Dingen beobachtet und zugehört haben. Einer der wichtigsten Grundpfeiler und auch der Ziele des Storytelling ist es, die Bedürfnisse des Publikums zu erkennen und widerzuspiegeln, Empathie zwischen Erzähler und Zuhörer zu schaffen. Unternehmen, die Geschichten erzählen wollen, müssen daher zuerst einmal den Geschichten ihrer Mitarbeitenden und Kunden zuhören. Die Heldenreise ist ein idealer Ausgangspunkt, die richtigen Fragen zu stellen:

> **Do it yourself**
> - Wer bist du?
> - Wie sieht/sah deine gewohnte Welt aus?
> - Wie sieht ein typischer Tag in deinem Leben aus?
> - Was zeichnet dich aus?
> - Was willst du erreichen?
> - Warum?
> - Wie willst du es erreichen?
> - Was steht dir dabei im Weg?
> - Was sind deine Ängste?
> - Wer ist auf deiner Seite, wer nicht?
> - Wie kann ich dich dabei unterstützen?
> - Wie sähe eine ideale neue Welt aus? Wie siehst du dich in der neuen Welt?
> - Wie hast du dich durch das Abenteuer verändert?

Weitere Aspekte, wie der Plot, in dem sich die Heldin sieht, welche Werte sie ausmachen, und viele mehr, bieten noch weitere Fragen und Antworten.

Die Empathy Map, die im Rahmen des Design-Thinking-Ansatzes entwickelt wurde, hilft, sich in die Situation der Kunden und Mitarbeitenden hineinzuversetzen und all diese aufschlussreichen Informationen zu sammeln und zu sortieren.

- **Worte:** Welche Wörter fallen in den Antworten sehr häufig oder stechen besonders hervor?
- **Taten:** Welche Handlungen beschreibt der Gesprächspartner? Welche Beispiele nennt er oder sie, um die Fragen zu beantworten?
- **Gedanken:** Was sind rationalen Begründungen, Argumentationen etc.? Was sagt das über seine oder ihre Weltansicht aus?
- **Gefühle:** Welche Gefühle beschreibt er oder sie im Zusammenhang mit den Erinnerungen und Wünschen? Welche Gefühle lassen sich durch die Antworten und Worte ableiten?

EMPATHY MAP

WORTE
Welche Wörter fallen in den Antworten sehr häufig oder stechen besonders hervor?

GEDANKEN
Was sind seine rationalen Begründungen, Argumentationen etc.? Was sagt das über seine Weltansicht aus?

TATEN
Welche Handlungen beschreibt der Gesprächspartner?

Welche Beispiele nennt er, um die Fragen zu beantworten?

GEFÜHLE
Welche Gefühle beschreibt er im Zusammenhang mit seinen Erinnerungen und Wünschen?

Welche Gefühle lassen sich durch seine Antworten und Worte ableiten?

Abb. 16.2: Empathy Map

Diese persönlichen Gespräche lassen sich zusätzlich noch durch quantitative Umfragen oder durch Beobachtungen anderer validieren oder anreichern. Wenn es um die Kunden geht, kann man zum Beispiel auch Mitarbeitende im Kundenservice, im Verkauf und in der Produktentwicklung befragen, genauso wie »Verbündete« der Kunden. Wenn es sich zum Beispiel um ein Produkt handelt, das sich hauptsächlich an Mütter richtet, kann es auch sehr aufschlussreich und eine spannende Quelle für Geschichten sein, die Väter, Kinder, besten Freundinnen oder Großeltern einzubeziehen. Auch für das Leadership und Employer Storytelling gibt es neben den eigentlichen Mitarbeitenden weitere Quellen: deren individuelle Vorgesetzte, Kollegen, Kunden, Familien und Freunde.

Zu guter Letzt sollte man sich all diese Fragen auch selbst stellen. »Ich möchte Ihnen heute drei Geschichten aus meinem Leben erzählen. Nichts Besonderes, einfach drei Geschichten.« Steve Jobs hat nicht einfach nur über irgendwelche Erinnerungen aus seinem Leben gesprochen. Er hat sich genau die Episoden herausgesucht, die auch einen wichtigen Einfluss auf seine Heldenreise hatten – ausschlaggebende Momente, Herausforderungen oder Veränderungen – und die ein Spiegelbild seiner Werte und der Vision von Apple sind. Jedes Unternehmen und jeder Unternehmer sollte sich daher auch selbst befragen, was die entscheidenden Momente auf seiner jeweiliger Heldenreise sind.

Um daraus ganz konkrete Geschichten und Kampagnen zu entwickeln, gibt es unzählige Kreativitätstechniken, von offenen Brainstormings über Brainwriting, Assoziationsketten und Mindmaps bis hin zur Walt-Disney-Methode, in der eine Idee aus der Sicht eines Träumers, eines Realisten und eines Skeptikers betrachtet wird. Wenn Sie sich an all die Beispiele zurückbesinnen, die in diesem Buch erwähnt wurden, wird Ihnen vor allem eine Herangehensweise auffallen, die auch die gerade genannten Interviews rechtfertigen.

Perspektivwechsel

Beispiel

Prudential hat mit seiner »Day One«-Kampagne das Image des Altersheims umgedreht. Neubewohner von Altersheimen teilen Eindrücke ihres ersten Tages dort und somit den Start in ein neues Leben.

Patagonia lässt in der Dokumentation »Worn Wear« Outdoor-Abenteurer über ihre spannendsten Expeditionen, jedoch vor allem aus Sicht ihrer Ausrüstung, erzählen.

Intel feiert seine Mitarbeiter, wie den USB-Erfinder, wie Rockstars.

General Electric erzählt in dem Video »Childlike Imagination – What My Mom Does at GE« aus der Sicht eines Kindes, was man dort als Mitarbeiter realisieren kann.

In seinem »Last«-Spot richtet Nike das Rampenlicht auf die letzte Person, die bei einem Marathon einläuft, nicht die erste.

Eine Panflöte aus Plastik steigert in dem Projekt »Significant Objects« ihren Wert um das 63-Fache, weil sie aus der Sicht eines Botschafters beschrieben wird.

Mit der Kampagne »The Man Your Man Could Smell Like« dreht Old Spice den Spieß um. Obwohl es um Männerkosmetik geht, findet die Konversation vor allem mit Frauen statt.

All diese Geschichten sind deshalb so besonders, weil sie nicht den gewohnten Blickwinkel wählen, sondern gewohnte Situationen mit einer neuen Sichtweise angehen.

Beispiel

Ein weiteres Paradebeispiel ist die Kampagne #worldstoughestjob, dessen Kernstück ein YouTube-Video ist, das über 25 Millionen Mal aufgerufen wurde.

Dort sieht man Bewerber und Bewerberinnen, die sich auf die echte Stellenanzeige »Director of Operations« gemeldet haben und denen der Recruiter nun per Videogespräch die Stellenanforderungen vorstellt: ständige Beschäftigung im Stehen und in Bewegung, 135 Stunden die Woche (oder mehr), ohne Pausen, vorzugsweise mit einem Abschluss in Medizin und Finanzen, an Feiertagen steigt die Arbeitsbelastung sogar, und das alles ohne Gehalt. Die ungläubigen Blicke auf der anderen Seite des Videocalls sprechen Bände. Als der Recruiter auflöst, dass es

Millionen Menschen gibt, die diesen Job bereits machen, nämlich Mütter, bleibt kein Herz unberührt.

Abb. 16.3: #worldstoughestjob-Bewerbungsvideo

Die Kampagne wurde von der Grußkarten-Website cardstore ins Leben gerufen und ist ein wunderbares Beispiel für viele Aspekte des Storytelling. Hook, Hold und Payoff fesseln das Publikum durch den provokanten Titel und den Mystery-Plot, der erst ganz zum Schluss aufgelöst wird, mit einer Erkenntnis, die allen die Augen öffnet. Ohne kitschige Bilder, was Mütter ihren Kindern bedeuten, werden Menschen mit unterschiedlichstem Background in einer unvorhersehbaren Situation damit konfrontiert, die Bewerber im Video und die Zuschauenden gleichermaßen. Die Aussage hinter dem Video spiegelt die Werte und die Vision des Unternehmens wider (»Make a meaningful connection anytime, anywhere«). Transmedial wird die Geschichte fortgesetzt, indem Zuschauende ihren Müttern mit dem Hashtag »worldstoughestjob« auf Twitter danken können.

Do it yourself

- Welche Wegbegleiter hat der Held?
- Was ist ihre Sichtweise auf das Thema, den Helden und dessen Konflikte?

Social Media Monitoring

Die sozialen Medien bieten nicht nur unzählige neue Wege und Möglichkeiten, Geschichten zu erzählen. Auch wenn die beste Recherche dadurch zustande kommt, sich von seinem Schreibtisch wegzubegeben, sind Facebook, Twitter & Co ebenfalls eine wahre Fundgrube für alle Storylistener. Vom eigenen Computer aus kann man sich virtuell dahin begeben, wo die Kunden und potenziellen Mitarbeitenden sich schon befinden, wo sie über ihre täglichen Erlebnisse sprechen, Fra-

Kapitel 16
Storylistening

gen äußern und sich austauschen. Eine einfache Google-Suche nach »Forum« plus der jeweiligen Nische gibt uns einen konkreten Einblick darin, welche Probleme und Hinweise Nutzer direkt miteinander diskutieren. All dies sind auch Aufhänger für eine Geschichte. Auch in den Kommentaren zu Themen-relevanten Blog- oder Facebook-Posts oder über Twitter erhält der Corporate Storyteller zig Inspirationen. Mit spezialisierten Social-Media-Monitoring-Tools lassen sich Hashtags, einzelne Begriffe oder Phrasen und die entsprechenden Kanäle beobachten, um immer auf dem Laufenden zu bleiben.

Die Echtzeit-Beobachtung der sozialen Medien ist für viele Unternehmen zwar noch eine ziemlich neue Herausforderung. Wer dies aber meistert, kann damit punkten, an den Konversationen teilzunehmen und auf die Geschichten aufzuspringen, die sowieso schon stattfinden. Bisher gibt es nur wenige Beispiele in Deutschland für Echtzeit-Storyteller. Einer davon ist das Unternehmen Sixt, die zumindest auf aktuelle Pressethemen, wie Bahnstreik, Pferdefleischskandal oder Bundestagswahlen, innerhalb weniger Tage eine schlagkräftige Antwort haben.

Beispiel

Oreo setzte die Messlatte in den sozialen Medien. Der Kekshersteller buchte während des Super Bowls einen millionenschweren Werbespot. Als der Strom ausfiel, reagierte das Social-Media-Team prompt mit dem Bild aus Abbildung 16.4. Mit dem Kommentar, dass Oreo-Kekse auch im Dunkeln »getunkt« werden können, erzielte das Unternehmen über 13.500 Re-Tweets auf Twitter.

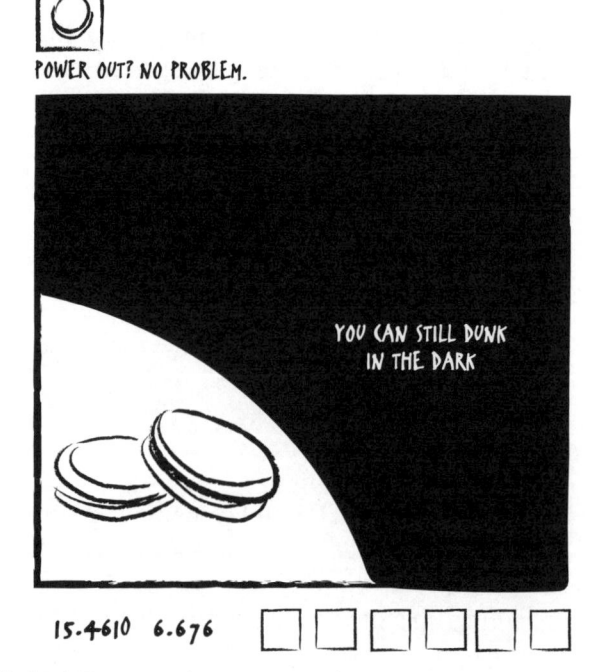

POWER OUT? NO PROBLEM.

YOU CAN STILL DUNK IN THE DARK

15.4610   6.676

Abb. 16.4: Twitter-Reaktion von Oreo beim SuperBowl-Stromausfall

Kapitel 16
Storylistening

Und Messlatte ist keine Übertreibung. Als Beyoncé kurz vor dem Super Bowl 2016 im Februar ihren neuen Song »Formation« veröffentlichte, waren alle Augen auf die Seafood-Restaurantkette »Red Lobster« gerichtet. Wenn man in einem Song eines der größten Popstars der heutigen Zeit erwähnt wird, beobachten viele Leute mittlerweile erwartungsvoll, wie darauf in den sozialen Medien von dem jeweiligen Unternehmen reagiert wird und ob man die Geschichte weiterspinnt. Red Lobster reagierte, allerdings erst acht Stunden später und mit einem äußerst einfallslosen und werblichen Tweet, der definitiv nicht in die Geschichte des Brand Storytelling eingehen wird. Auch wenn das Unternehmen allein durch die Erwähnung von Beyoncé einen Umsatz-Boost von 33 Prozent verbuchen konnte, war das Gespött auf Twitter und Facebook groß, und zog sich auch weiter in die traditionellen Medien.

Beispiel

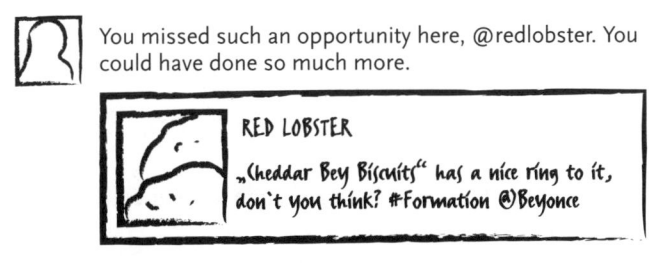

> You missed such an opportunity here, @redlobster. You could have done so much more.
>
> **RED LOBSTER**
> „Cheddar Bey Biscuits" has a nice ring to it, don't you think? #Formation @Beyonce

Abb. 16.5: Reaktion von Red Lobster auf Beyoncé-Song

Weitere Story-Ideen

Zu weiteren Hilfsmitteln, die neben Mindmaps, Brainstormings, Perspektivwechsel und Storylistening Ideen für Geschichten hervorbringen können, gehören unter anderem:

- Sich von erfolgreichen Kampagnen inspirieren lassen
- An aktuellen oder wiederkehrenden Ereignissen orientieren (z.B. globale Sportevents, Oscar-Verleihung, Wahlen etc.)
- Eine Verknüpfung zu Popkultur-Beispielen schaffen, die bei der Zielgruppe besonders beliebt sind (z.B. Star Wars, die Serie »Friends«, das Dschungelcamp etc.)
- What if/Was wäre, wenn … (eine Übung, die zum Übertreiben einlädt, um auf neue Ideen zu kommen, z.B. was wäre, wenn es kein Handwerk gäbe)
- Wortassoziationen – Ein zufälliges Wort, wie zum Beispiel Regenschirm oder Kindergarten soll mithilfe von Geschichten mit dem Unternehmen, dessen Produkten, Mitarbeitenden oder Kunden in Verbindung gebracht werden.
- 6-3-5-Methode – Sechs Teilnehmende schreiben jeweils drei Begriffe auf, nach fünf Minuten reichen sie ihr Blatt nach links und der Nachbar verbessert oder erweitert jeden Begriff, so lange, bis jeder Teilnehmende jedes Blatt in der Hand hatte.

Abb. 16.6: Ausschnitt aus einer Kampagne von »Das Handwerk«

- Zeitreise – Wie hätten Menschen in der Vergangenheit ein bestimmtes Problem gelöst, wie in der Zukunft?
- 6-Hüte-Methode – Ähnlich wie bei der Walt-Disney-Methode wird ein Thema aus unterschiedlichen Perspektiven beleuchtet: objektiv/neutral, subjektiv/ganz persönliche Meinung, kritisch, optimistisch, ganz alternative Ansätze, moderierend.

Beispiele

»World's Toughest Job« von cardstore.com:
https://www.youtube.com/watch?v=rSpv-_FdJVY

Oreo-Tweet zum Super-Bowl-Stromausfall:
https://twitter.com/oreo/status/298246571718483968

Red-Lobster-Tweet zum Beyoncé-Song:
https://twitter.com/redlobster/status/696193227477684224/photo/1

Werbespot von »Das Handwerk«:
https://www.youtube.com/watch?v=1TwIUgd7eb0

Kapitel 17

Checklisten

	Unternehmen	Kunden		Mitarbeiter	
		Persona 1	Persona 2	Persona 1	Persona 2
Erster Akt					
Woher kommt der Held? Wie sieht seine alte/gewohnte Welt aus?					
Was zeichnet den Helden aus? Welche Werte hat er?					
Welches Ziel hat er? Welche Vision gibt es? Welche Bedürfnisse hat er?					
Was ist der Auslöser für diese Vision/Bedürfnisse?					
Was steht ihm dabei von außen im Weg? Wer oder was sind seine Gegner und Hindernisse?					
Welche Schwächen hat er? Was steht ihm von innen im Weg?					
Wer sind seine wichtigsten Begleiter?					
Zweiter Akt					
Auf welchem Weg kommt der Held zum Ziel?					
Welche Konflikte gibt es und wie löst er sie?					
Wie verändert sich der Held durch die Reise?					

	Unternehmen	Kunden		Mitarbeiter	
		Persona 1	Persona 2	Persona 1	Persona 2
Dritter Akt					
Wie sieht die neue Welt aus?					
Was ist die Belohnung?					
Erzählen					
Welche Medien, Kanäle und Technologien werden genutzt?					
Welches Level an Engagement soll erzielt bzw. gesteuert werden?					
Wie sieht die visuelle Welt aus?					
Welche Geschichten und Anekdoten sind bereits vorhanden? Welche Konflikte und Erfolgserlebnisse gab es bereits?					
Gab es Momente des Scheiterns und was hat der Held daraus gelernt?					

Das Unternehmen als Mentor

- Welche Werte spielten bei der Gründung eine Rolle und waren ggf. eine Motivation für die Gründung?
- Welche Werte verkörpern Ihre Produkte und Leistungen?
- Welche Werte können Sie aus persönlichem Interesse glaubhaft vertreten?
- Welche Wachstumsbedürfnisse möchten Sie bei Ihren Kunden und Mitarbeitern fördern?
- Besteht die Gefahr, dass Sie bisher mit Angst und Anspielung auf Defizitbedürfnisse Ihr Publikum adressiert haben?
- Wie können Sie diese durch Wachstumsbedürfnisse ersetzen?
- Welche Rolle(n) wollen Sie als Mentor spielen (Motivation, Wissen, Werkzeuge, Aufopferung)?
- Können Sie einen eigenen Archetyp für Ihr Unternehmen finden?

- Welche anderen Unternehmen sind Ihrem Archetyp ähnlich?
- Können Sie genauer definieren, womit Sie Ihren Helden (Mitarbeiter/Kunden) befähigen wollen?
- Welchen individuellen Charakter können Sie dem gewählten Mentortyp geben?
- Welche individuellen Werte zeichnen Sie aus?
- Wie wollen Sie mit Ihren Helden sprechen?

Plot

- Gibt es einen großen Rivalen, eine Mutprobe oder eine andere Herausforderung, gegen den Ihre Helden antreten müssen? ==> Monster besiegen?
- Hat Ihr Held das zentrale Bedürfnis, sich weiterzuentwickeln? ==> Vom Tellerwäscher zum Millionär
- Hat Ihr Held ein bestimmtes Objekt der Begierde, etwas Wertvolles im materiellen oder immateriellen Sinne, das er erlangen möchte? ==> Suche/Quest
- Gibt es eine Möglichkeit für Ihren Helden, für einen begrenzten Zeitraum an einen neuen Ort zu kommen, um neue Inspiration, Erfahrungen und Perspektiven zu gewinnen? ==> Reise und Rückkehr
- Wollen Sie Ihren Helden durch Überraschung, Verwirrung und der entsprechenden Auflösung auf eine neue Erkenntnis bringen? ==> Komödie?
- Welche Fehlentscheidungen macht Ihr Held, die ihm den Untergang bringen könnten? ==> Tragödie
- Wollen Sie Ihrem Helden ein neues Bild von sich selbst und/oder der Welt um ihn herum geben? ==> Wiedergeburt

Charaktere

- Wollen Sie einen fiktionalen oder nicht-fiktionalen Charakter einsetzen?
- Hat Ihr Unternehmen charismatische Führungspersönlichkeiten?
- Welche Mitarbeiter können Sie für Ihr Storytelling einsetzen?
- Welche Geschichten haben sie bei Ihnen im Unternehmen bzw. mit Ihren Kunden erlebt?
- Welche Kundengeschichten können Sie einsetzen?
- Welche prominenten Testimonials könnten mit ihren Werten und ihrem Image zu Ihnen passen?
- Können Sie Ihrem Publikum ein Erlebnis bieten, mit dem es Ihre Werte und Vision am eigenen Körper erfährt?

Kampagnen und Content

- Mit welchen Charakteren kann sich Ihr Publikum identifizieren?
- Welchen Plot hat die Geschichte?
- Welche Bedürfnisse und Werte verkörpert sie?
- Was ist der Hook? Wie bekommen Sie die Aufmerksamkeit?
- Wie bauen Sie Spannung auf und halten die Aufmerksamkeit?
- Was nimmt das Publikum aus Ihrer Geschichte mit? Was ist der Payoff?
- Welcher Kanal und welches Medium sind als zentraler Kern der Geschichte in Bezug auf ihre Form und den gewünschten Grad des Engagements geeignet?
- Auf welchen Kanälen und mit welchen Medien lässt sich die Geschichte fortsetzen bzw. die Story-Welt weiter ausbauen?
- Welche Ressourcen und Expertise gibt es hinsichtlich Text, Bild, Video, Event und weiteren Mitteln?
- Welche Kanäle sind bereits in Ihrem Unternehmen etabliert?
- Wie einfach ist der Kanal auffindbar bzw. wie gut lässt es sich von anderen Kanälen dorthin vernetzen?
- Wie einfach ist es, von diesem Kanal aus zu teilen und zu weiteren Interaktionen anzuregen?

Employer Branding

- Wofür stehen Sie als Unternehmen?
- In welche Richtung gehen Sie für die Zukunft?
- Wie ist es, in Ihrem Unternehmen zu arbeiten?
- Welche Menschen werden in Ihrem Unternehmen glücklich arbeiten können?
- Was macht Sie als Arbeitgeber interessant?
- Was ist Ihre Employer Value Proposition?
- Welche Berufsbilder und Tätigkeitsbereiche machen Ihr Unternehmen aus?
- Was motiviert Ihre Mitarbeiter?
- Wie beschreiben Ihre eigenen Mitarbeiter Ihr Unternehmen?
- Welche Schlüsselpersonen auf Führungs-, Teamleiter- und Angestellten-Ebene sind charismatische Testimonials?
- Auf welchen Kanälen können Sie Talente erreichen?
- Welche Ressourcen haben Sie, um Mitarbeitergeschichten zu erzählen? Welche Medien sind am besten geeignet?

Leadership

- Welche Geschichten kennen Sie, die veranschaulichen, wie wichtig eine Vision ist?
- Wie können Sie die Vision so vermitteln, dass sich das Publikum darin wiedererkennt?
- Wie können Sie die Vision so vermitteln, dass sie glaubwürdig ist?
- Wie können Sie Erkenntnisse und neue Maßnahmen so kommunizieren, dass Ihre Mitarbeiter wie in einem Quest-Plot mit auf die Reise genommen werden?
- Welche Geschichten tragen dazu bei, dass Ihre Mitarbeiter wissen, welcher Standard im Kundenservice herrscht?
- Wie können intern Anekdoten und Beispiele gesammelt werden?
- Über welche Kanäle lassen sich diese Geschichten intern am besten teilen?
- Welche unmittelbaren Kundenbegegnungen kann Ihr Unternehmen schaffen, damit Ihre Mitarbeiter die Kunden wirklich verstehen, Gesichter und Geschichten dahinter kennen?
- Wie können diese Begegnungen und Erlebnisse festgehalten und weitergetragen werden?

Marco Hassler

Von Data-driven zu People-based Marketing

Erfolgreiche Digital Marketing Strategien in einer Privacy First Ära

Mit First-Party Daten, MarTech und Kundenzentrierung zu Marketing auf Steroiden

Zeitgemäßes und personenzentriertes Marketing ohne Cookies: von Data-driven zu People-based Marketing

First-Party Daten und Customer Data Platforms: von der Sammlung von Nutzerdaten über die kanalübergreifende Identifikation der Nutzer bis hin zur Erfolgsmessung

Customer Journeys mit Always-on Marketing-Programmen orchestrieren: die richtige Botschaft zum richtigen Zeitpunkt an die richtige Person

People-based Marketing ist als Evolution von Data-driven Marketing die nächste Stufe im digitalen Marketing. Es löst kanalspezifische Kampagnen, Daten in Silos und nicht konsistente Kundenerlebnisse ab, fokussiert sich stattdessen komplett auf den Nutzer und schafft die Grundlage für eine vertrauensvolle Beziehung in einer Privacy First Ära. Anhand eines übergreifenden Nutzerprofils und geeigneter Technologie lässt sich damit die richtige Botschaft zum richtigen Zeitpunkt an die richtige Person liefern.

In diesem Buch zeigt Marco Hassler praxisnah, wie People-based Marketing Schritt für Schritt umgesetzt werden kann:
- die Sammlung von Nutzerdaten mit der Identifikation des Nutzers über alle Kanäle hinweg
- die Einholung von Zustimmungen in einem herausfordernden datenschutzrechtlichen Umfeld
- die Marketing-Technologie und -Architektur, die dafür notwendig ist
- die Gestaltung gesamter Marketing-Programme auf Basis einer Inbound- und Always-on-Philosophie

Den Abschluss bildet die Erfolgsmessung von Maßnahmen für ein gelungenes People-based Marketing.

ISBN 978-3-7475-0410-9

Probekapitel und Infos erhalten Sie unter:
www.mitp.de/0410

Stichwortverzeichnis

6-3-5-Methode 275
6-Hüte-Methode 276

A

Action 260
AIDA-Modell 29
Aimaq von Lobenstein 180
airbnb 78, 146
    Breaking down walls 85
    Employer Branding 233
    Plot 132
    Vision 70
Akhwari, John Stephen – Marathon 253
Alternate Reality Games (ARG) 171
Always 120
Amnesty International 86
Analogie 225
Apple 68
    Cliffhanger 163
    Diversität 150
    I'm a Mac, I'm a PC 76
    Jobs, Steve 57, 271
    Mentor 97
    Plot 116
    Stanford-Rede 57
Archetyp 94
    Typübersicht 104
Audi 123
Audio 195
Aufbau von Geschichten
    Aristoteles 37
    Campbell, Joseph 44
    Drama in fünf Akten 37
    Freytag, Gustav 24, 37
    Heldenreise 44, 54
    Vogler, Christopher 55
Auflösung 25
Aufmerksamkeit 153
Ausreißer 207

B

Barmer 102
Bedürfnispyramide 90
Ben & Jerry's 86

Berentzen
    Unfake 180
Bericht 202
Berufseinsteiger 236
Blick
    lenken 192
Blickwinkel 272
Bodyform 144
Booker, Christopher – The Seven Basic Plots 115
BSR – Berliner Stadtreinigung
    Employer Branding 231
    Storylistening 269
    We kehr for you 31
Budweiser
    Heldenreise 60
    Lost Dog 42, 60, 157
Buzzfeed 158

C

cardstore
    Worlds Toughest Job 273
CAR-Modell 259
Change over Time 204
Charakter
    Beliebtheit der Typen 148
    fiktionaler 144
    Kunden 145
    Markenfans 147
    Mitarbeitende 145
    zentraler 143
Charaktere
    Beliebtheit bei verschiedenen Altersgruppen 148
Chipotle
    The Scarecrow 143
Cinderella 2.0 165
Cliffhanger 163
Coca-Cola
    Mentor 93
    Vision 69
    Visuelles Storytelling 187
Context 259
Cortisol (Stresshormon) 24
Crossmedia 169

D

Daten-Storytelling 199
Davenport, Thomas H. – Big Data at Work 200
DELSEY Paris 122
Dénouement 25
Destination 177
Deutsche Telekom 96
Disney
    Magic Happens 97
Diversität 149, 251
Dopamin (Glückshormon) 25
Dove
    Beauty Sketches 61, 127, 158
    Diversität 150
    Heldenreise 61
    Mentor 93, 101
    Plot 127
    Real Beauty 146
    Seitenzahl 101
    Storylistening 269
    Visuelles Storytelling 187
Drill-down 205
Drittel-Regel 193

E

Edeka 159
    Supergeil 156
einhorn
    Mentor 109
    Plot 136
Einstudieren
    mentales 29
Emotionale Informationen 26
Emotionales Storytelling 226
Empathie 26
Empathy Map 270
Employee Storytelling 234
Employer Branding 231
Erinnerungen 160
Erklärende Umfrage 202
Etsy
    Handmade Portraits 196
Expedia 203
Explanatory survey 202

F

Faktoren 206
Farbe 191
Feedbackkultur 257
Finding Nemo 38
Flashback 160
Flashforward 162
Fokus 192

Forrest Gump 185
Franchise 170
Fremdwörter 224

G

Gehirn 20
    Kortex 22
Gehirnregion
    verschiedene Sinne 23
General Electric
    Childlike Imagination 100
    Mentor 100
    Perspektivwechsel 272
    The Sounds of GE 197
General Motors 123
Geschichte
    Aufbau 24
    und Gehirn 20
    warum 29
Gilbert, Miriam – Data Stories 212
Glückshormon 25
GoldieBlox 71
    Mentor 93
Google
    Mentor 103
    Reunion 103
GoPro 81
Grafik
    Daten 212
Gründergeschichte 137
Gründungsgeschichte 135

H

Hamburger Helper 257
Happy End 83
Harry Potter 169
Heath Chip/Dan – Made to Stick 224
Heldenreise 44, 54
    Aufbruch 45
    Budweiser 60
    Campbell, Joseph 45
    Dove 61
    Feedbackkultur 257
    Storytelling 70
    Unternehmen 130
    Vogler, Christopher 55
Heureka-Geschichte 203
Heymann, René – Heymann Brandt de Gelmini 231
Heymann Brandt de Gelmini 31
Hold 159
Honda 82
    Ferris macht blau 123
Hook 155
Hornbach 82

I

IBM
  Leadership 246
Identifikation
  mit Protagonisten 157
IKEA
  bookbook 80
Ikea
  Anklopfen 160
Informationen
  emotionale 26
Inklusion 252
In medias res 161
Innerer Konflikt 82
Innocent Drinks
  Mentor 108
  Payoff 153
Intel
  Perspektivwechsel 272
  Plot 118
  Sponsors of Tomorrow 118
Intersection 206
Island 80

J

Jägermeister 135
Janssen Deutschland
  Mentor 100
  Testimonials 149
Jeep
  Built Free 95, 158
Jenkins, Henry – Convergence Culture 169
Johnny Walker
  The Man Who Walked Around the World 134

K

Karriereseiten von DAX-Unternehmen
  Employer Branding 238
  Visueller Gender-Kontrast 189
Kausalbeziehung 203
Kennedy, John F. – Mondlandung 224
Komödie 123, 137
Konflikt 75
  innerer 82
  Mangel an 83
Kontext 259
Kontrast 190, 205
Kontrolle
  abgeben 171
Kopplung
  neuronale 23
Kreuzung 206

L

LegalEagle 100
Lenovo 103
Liebherr
  Mr. Torque 220
Listerine 89
Logik
  narrative 22

M

Maersk 219
Mangel an Konflikten 83
Maslow, Abraham Harold – Bedürfnispyramide 90
Mayfield, Ross – The Power Law of Participation 175
Mentales Einstudieren 29
Mentor 93
  Alchemist 100
  Archetyp 94
  Architekt 103
  Detektiv 103
  Friedenswächter 101
  Heiler 104
  Kapitän 98
  Magier 97
  Muse 99
  Narr 97
  Orakel 101
  Pionier 95
  Professor 100
  Rebell 96
  Rewe 99
  Seitenzahl 101
  Verteidiger 99
  Zeuge 102
Mentorpersönlichkeit
  suchen 94
Metapher 225
Meyer Logistik 145, 223
  Storylistening 269
Microsoft
  I'm a Mac, I'm a PC 76
  Leadership 262
  Microsoft Stories 14
  Nadella, Satya 262
  Storylistening 269
Mitarbeitergeschichte 234
Moleskine 137
Monster
  Plot 133
Motor-Flugzeug 67
Mulan 78
Muster 156

N

Nachhaltigkeit 106
Nadella, Satya – Microsoft-CEO 262
Narration 200
Narrative Logik 22
Neuronale Kopplung 23
Nike
    Anti-Rassismus 78
    Kaepernick 79
    Last 98
    Mentor 98
    Perspektivwechsel 272
    Plot 116
    Vision 69
Nokia 138
Nordstrom
    Leadership 244
    Plot 135

O

Odysseus 45
Old Spice
    Destination 177
    Responses 178
    Transmedia 171
Oreo 274
Osmann, Murad – Reisereportage 193
Outlier 207
Oxytocin 26

P

Partizipation 171
Patagonia
    Mentor 106
    Perspektivwechsel 272
    Visuelles Storytelling 188
    Werte 86
Payoff 153
Penny 157
Penske 223
Persil 72
Personalabteilung 236
Perspektive 193
Perspektivwechsel 272
Plot
    Ausreißer 207
    Change over Time 204
    Drill-down 205
    Intersection 206
    Komödien 123, 137
    Kontrast 205
    Kreuzung 206
    Monster 115, 133
    Outlier 207
    Quest 119, 134
    Rags-to-Riches 117, 133
    Rebirth 126
    Reise und Rückkehr 121, 135
    Sonderfall 207
    Suche 119, 134
    Tragödien 124, 137
    Typenübersicht 115
    vom Tellerwäscher zum Millionär 117, 133
    Warum 202
    Was 202
    Wendepunkt 206
    Wie 202
    Wiedergeburt 126, 138
    Zoom-out 205
Portmanteau 171
Pratten, Robert – Getting Started with Transmedia 176
Prediction 202
PricewaterhouseCoopers
    PwC Jobmatcher 236
Prudential
    Day One 127, 272
Puppo 102
Pyramidenmodell 38
    Freytag, Gustav 38
    und Heldenreise 45
    Werbeclips 42

R

Red Bull
    Flugtag 147, 149
    Storydoing 147
    Stratosphärensprung 81
Red Lobster 275
Reporting 202
Result 260
Revlon 245
Rolling Stone Magazin 191
Rückblende 160
Rule of Thirds 193

S

Sachs, Jonah – Story Wars 86, 89
Schindlers Liste 162
Schweden
    Twitter 146
Sichtweise 272
Significant Objects 30, 272
Sinek, Simon – Start with Why 67
Singapore Airlines
    The lengths we go to 134

Sixt 274
Skittles
    Update the Rainbow 173
Smith, Paul – Lead with a Story 241
Smith-College-Studie
    Kurzfilm mit Dreiecken 21
Sonderfall 207
Split-Brain-Patient 20
Spotify 211
Stabilo 191
Starbucks 69
Star Wars
    Aufbau einer Geschichte 38
    Heldenreise 45
    Transmedia 168
Stellenbeschreibung 236
Stephenson, G.R. – Experiment mit Affen und Bananen 252
Stereotyp 95
Stille 196
Storydoing 147
Storylistening 28, 269
Story-Schritte nach Pixar 59
Storytelling
    visuelles 185
Stresshormon 24
SUCCESs 224
Suche nach Sinn 22
Super-Bowl-Studie 42

T

Tagesschau
    Countdown 162
Tatort-Untersuchung 203
TED
    Mentor 93
    Vision 69
Thai Life Insurance
    Unsung Hero 79
The Truman Show 156
Tiananmen-Platz 185
Tiananmen Square 78
Tirol 138
TOMS Shoes
    Mentor 104
    Plot 136
Tony's Chocolonely 133
Tragödie 124, 137
Transmedia 165
Transmedia Storytelling 169
Twitter
    Schweden 146

U

Uber 78
    Plot 132
Umfrage
    erklärende 202
Unternehmen
    Heldenreise 130
Unternehmenskultur 245

V

Verständnis
    Erzähler, Story, Publikum 26
vfa – Verband der forschenden Pharma-Unternehmen 183
Video 194
Vision 67, 242
Visuelles Storytelling 185
Volkswagen 137
Volvo Trucks
    The Epic Split 228
Vorahnung 162
Vorgang
    im Bild darstellen 190
Vorher-Nachher-Vergleich 190
Vorhersage 202
Vorschau 161

W

Warren Buffett 226
Warum-Geschichte 202
Was-Geschichte 202
Washington Post
    The Depth of the Problem 208
Was wäre, wenn-Methode 275
Wendepunkt 206
Werbeclip
    Pyramidenmodell 42
Werte 86
What if-Methode 275
Wie-Geschichte 202
Wien Tourismusportal 187
Wortassoziation 275
Wren
    First Kiss 99
    First-Kiss 157
Wright, Orville/Willbur, Motorflugzeug 67

Z

Zeitreise 276
Zoom-out 205
Zuhören 269

Ines Eschbacher

Content Marketing
Das Workbook
Schritt für Schritt zu erfolgreichem Content

2. Auflage

Von der Content-Strategie über die -Planung, -Erstellung und -Distribution bis hin zum -Controlling

Mit umfangreichem Kapitel zum Schreiben guter Webtexte

Zahlreiche Beispiele, praktische Checklisten und Aufgaben

Content Marketing ist heutzutage kein Nice-to-have, sondern vielmehr ein unverzichtbarer Bestandteil in jedem Marketing-Mix des Unternehmens. Es geht dabei um nützlichen Content, der dem Konsumenten in unterschiedlichsten Alltagssituationen das Leben erleichtert. Doch guter Content alleine reicht längst nicht mehr aus. Die Konsumenten wünschen sich relevante Informationen und Content, der wirklich weiterhilft und offene Fragen beantwortet. Oder Content, der begeistert und ein Lächeln ins Gesicht zaubert – ob auf der Website, im Blog oder auf Social Media, ob als Text, Bild oder Video.

Mit diesem Buch erhältst du eine Schritt-für-Schritt-Anleitung, die dich von Anfang bis zum Ende auf deinem Weg zu einem erfolgreichen Content Marketing begleitet und dir bei der praktischen Umsetzung zur Seite steht. Die Autorin führt dich schrittweise durch die fünf Phasen des Content-Marketing-Zyklus: von der Definition von Marke, Zielen und Zielgruppen über die strategische Content-Planung, -Erstellung und -Distribution bis hin zum -Controlling.

In jedem Kapitel findest du Aufgaben und Challenges sowie zahlreiche Checklisten und Tipps, die dich bei der konkreten Umsetzung unterstützen. Zusätzlich bietet dir das Workbook genug Platz für deine eigenen Notizen, damit du sofort loslegen kannst.

Das Workbook richtet sich an Content-Marketing-Newbies und an alle, die mit ihren Content-Marketing-Maßnahmen inhaltlich und strategisch durchstarten möchten.

Probekapitel und Infos erhalten Sie unter:
www.mitp.de/0413

ISBN 978-3-7475-0413-0